Eugen Trapp

Welterbe Regensburg

Ein kunst- und kulturgeschichtlicher Führer
zur Altstadt Regensburg mit Stadtamhof

Mit einem Beitrag von Lutz-Michael Dallmeier

SCHNELL + STEINER

Umschlag vorne: Luftbild der Regensburger Altstadt

Abbildungsnachweis

S. 15 Stolz/Ferstl

S. 71, 190 Achim Bunz, München

S. 115 (Veröffentlichung mit Genehmigung des Staatlichen Bauamtes Regensburg), 144, 154 Roman von Götz, Regensburg

S. 159, 161 Fürst Thurn und Taxis Museen, Foto: Clemens Mayer

S. 178 Fotostudio Zink, Regensburg

S. 227 Baualtersplan der Stadt Regensburg VIII, Fig. 28

S. 229 nach KDB III, Abb. 100

S. 240 Fürst Thurn und Taxis Hofbibliothek

Alle übrigen Aufnahmen Peter Ferstl, Regensburg

Karten, Klappeninnenseiten und Rundgänge: Stadt Regensburg, Amt für Stadtentwicklung, Abteilung Vermessung und Kartographie

Bibliografische Information Der Deutschen Bibliothek

Die Deutsche Bibliothek verzeichnet diese Publikation in der Deutschen Nationalbibliografie; detaillierte bibliografische Daten sind im Internet über <http://dnb.ddb.de> abrufbar.

1. Auflage 2008

© 2008 Verlag Schnell & Steiner GmbH, Leibnizstr. 13, D-93055 Regensburg

© Text, Abbildungen (wenn nicht anders angegeben) und Grafiken: Stadt Regensburg

© Layout: Verlag Schnell & Steiner GmbH

Umschlaggestaltung: grafica, Regensburg

Satz: Vollnhals Fotosatz, Neustadt a.d. Donau

Druck: Erhardi Druck GmbH, Regensburg

ISBN 978-3-7954-2064-2

Weitere Informationen zum Verlagsprogramm erhalten Sie unter:www.schnell-und-steiner.de

Inhalt

Vorwort des Oberbürgermeisters

Die UNESCO (Organisation der Vereinten Nationen für Bildung, Wissenschaft, Kultur und Kommunikation), eine Unterorganisation der Vereinten Nationen, die sich 1945 konstituierten, mit dem Ziel, den Weltfrieden zu sichern, ist zuständig für Bildung, Wissenschaft und Kultur. Eines ihrer Ziele ist es, ein gemeinsames Erbe der Menschheit zu definieren, für das alle Völker der Erde verantwortlich sind, und sich zu verpflichten, es der Nachwelt zu erhalten. Vor diesem geistigen Hintergrund hat die UNESCO 1972 das „Internationale Übereinkommen zum Schutz des Kultur- und Naturerbes der Welt" verabschiedet. Diese sogenannte Welterbekonvention haben inzwischen 184 Staaten unterzeichnet. Die fachliche Kompetenz über die weltweit verbindlich geführte Liste der Welterbe-Stätten liegt beim Welterbe-Komitee der UNESCO, das in denkmalpflegerischen Fachfragen von ICOMOS (International Council of Monuments and Sites) beraten wird.

Den 1500 Seiten umfassenden Antrag der Stadt Regensburg erarbeitete auf Initiative von Kulturreferent Klemens Unger das Amt für Archiv und Denkmalpflege unter der Leitung von Dr. Heinrich Wanderwitz. Mein besonderer Dank gilt allen beteiligten Mitarbeitern, die sich bedingungslos engagierten, um die historische, kunsthistorische und kulturhistorische Dimension Regensburgs wissenschaftlich darzustellen.
Am 13. Juli 2006 fiel in Vilnius die Entscheidung: Die Altstadt Regensburg mit Stadtamhof wird in die Welterbe-Liste der UNESCO eingetragen. Die Regensburger Altstadt konnte mit ihren knapp 1000 Denkmälern im Welterbe-Areal Weltrang für sich geltend machen.
Das Prädikat Welterbe bedeutet für die Stadt Regensburg die Verpflichtung, den Bestand im Sinne der Welterbekonvention zu schützen und zu erhalten. Dies ist in einem lebendigen, sich entwickelnden Stadtorganismus eine städtebauliche Herausforderung. Oberste Priorität genießen dabei Schutz und Pflege der Denkmalsubstanz.

Die vorliegende Publikation ist die Einlösung des Versprechens, das die Regensburger Delegation der UNESCO am 13. Juli 2006 in Vilnius gemacht hat. Mein besonderer Dank gilt dem Autor Herrn Dr. Eugen Trapp, der auch die wesentlichen Teile des Antrags erarbeitet hat. Dank gebührt auch dem Stadtarchäologen Dr. Lutz-Michael Dallmeier für seinen Beitrag, den Rundgang entlang den Überresten des römischen Legionslagers. Ein besonderer Dank gilt dem Stadtfotografen Peter Ferstl für die den Text begleitenden Abbildungen. Für die Überlassung von Bildvorlagen ist der Thurn und Taxis Hofbibliothek, den Kunstsammlungen des Bistums Regensburg, dem Lehrstuhl für Baugeschichte, Historische Bauforschung, Denkmalpflege der TU München, dem Staatlichen Bauamt Regensburg und dem Historischen Museum der Stadt Regensburg zu danken. Ebenfalls nicht unerwähnt bleiben darf das Engagement des Verlags Schnell & Steiner, der die wirtschaftliche Verantwortung für diese Publikation übernimmt.

Hans Schaidinger
Oberbürgermeister

Vorwort des Autors

In dem vom 13. bis ins 18. Jahrhundert gewachsenen Regensburger Rathaus sind noch immer zentrale Teile der Stadtverwaltung untergebracht. Dies ist bezeichnend für Regensburg. Seine Altstadt hat sich trotz aller strukturellen Veränderungen ungebrochene Vitalität bewahrt. Der Aspckt der Lebendigkeit sollte, soweit es der knappe Rahmen zuließ, auch in diesem Führer Platz finden. Ziel war es daher, Gebäude und Straßen nicht nur in ihrem architektonischen Erscheinungsbild zu beschreiben, sondern auch eine Idee davon zu geben, welche Rolle sie im mittelalterlichen Stadtgeschehen spielten.

Das Mittelalter bildet den zentralen zeitlichen Bezugspunkt des Buches. Es ist die Epoche, in der Regensburg jenes geistige, politische, wirtschaftliche und architektonische Profil erwarb, dem es seine Eintragung in die Welterbeliste der UNESCO verdankt. Dieses Prädikat bezieht sich auf die gesamte mittelalterliche Stadtlandschaft beiderseits der Donau und damit auf ein Areal, das durch einen außergewöhnlich dichten Bestand an Baudenkmälern gekennzeichnet ist. Diese Fülle und die Erfordernisse eines noch halbwegs handlichen Buches zwangen zu strikter Auswahl. Wesentliche Kriterien hierfür waren Anschaulichkeit und Zugänglichkeit.

Das Welterbegebiet wird in acht stadtgeschichtlich definierten Rundgängen erschlossen, denen jeweils eine historische Einführung sowie ein Übersichtsplan vorangestellt sind. Den roten Faden bildet der mittelalterliche Baubestand. Wenn dennoch der erste Rundgang, den dankenswerterweise der Regensburger Stadtarchäologe Dr. Lutz-Michael Dallmeier verfasst hat, den gebauten Überresten des römischen Legionslagers gewidmet ist, dann deshalb, weil die Entwicklung der mittelalterlichen Stadt in vielfacher Hinsicht von antiken Vorgaben ausging. Zeugnisse nachmittelalterlicher Architektur und Kunst sind nur dann beschrieben, wenn es der thematische Zusammenhang erfordert oder der Verlauf eines Rundgangs nahelegt.

Gebäude, die ganz oder teilweise als Museum genutzt sind, sind im Text mit ⌂ gekennzeichnet. Ergänzende Angaben zu den auf den Rundgängen berührten Museen finden sich im Anhang. Dieser enthält ferner eine Auswahl an weiterführender Literatur zur Geschichte, Architektur und Kunst des mittelalterlichen Regensburg.

Das Buch will kein Staddtführer, sondern ein handlicher, kunst- und kulturgeschichtlich ausgerichteter Wegbegleiter sein für alle, die sich speziell zur Erkundung des Welterbes „Altstadt Regensburg mit Stadtamhof" aufmachen.

Eugen Trapp

Die historische Regensburger Stadtlandschaft als Teil des Welterbes der UNESCO

Vor dem Hintergrund der beiden verheerenden Weltkriege konstituierten sich 1945 die Vereinten Nationen (United Nations, UN). Oberstes Ziel dieses Staatenbündnisses war und ist die Sicherung des Weltfriedens. Eine Unterorganisation der Vereinten Nationen, die speziell für Bildung, Wissenschaft und Kultur zuständige UNESCO (United Nations Educational, Scientific and Cultural Organization), verabschiedete 1972 das „Internationale Übereinkommen zum Schutz des Kultur- und Naturerbes der Welt". Diese so genannte Welterbekonvention wurde inzwischen von 184 Staaten unterzeichnet. Ihr Grundgedanke besteht darin, dass die internationale Staatengemeinschaft Verantwortung für Kultur- und Naturdenkmäler übernimmt, deren Erhaltung im Interesse der Menschheit liegt. Solche herausragenden, universal bedeutenden Denkmäler werden in die seit 1978 geführte Welterbeliste eingetragen. Diese umfasst derzeit 830 Kultur- und Naturerbestätten in 138 Staaten.

Als erstes deutsches Kulturdenkmal wurde 1978 der Aachener Dom mit der Pfalzkapelle als Schlüsselwerk nachantiker christlicher Architektur und als Symbol der mittelalterlichen Erneuerung des römischen Reiches in die Welterbeliste aufgenommen. Eingetragen sind aber auch ganze historische Altstädte, sofern diese vom Welterbe-Komitee als einzigartig und in ihrer Gesamtheit als erhaltenswert eingestuft werden. In Deutschland sind dies in der Reihenfolge ihrer Eintragung die Altstädte von Lübeck (1987), Goslar (1992), Bamberg (1993), Quedlinburg (1994), Stralsund und Wismar (2002). Dazu kam am 13. Juli 2006 die Altstadt von Regensburg.

Worin liegt die außergewöhnliche universale Bedeutung der Regensburger Altstadt? Seit dem Ende des Zweiten Weltkriegs, als die historischen Zentren von Köln, Nürnberg und vielen anderen Städten in Schutt und Asche lagen, gibt allein die Regensburger Altstadt noch ein authentisches Bild einer mittelalterlichen deutschen Großstadt. Als einer der Hauptorte des

Hl. Römischen Reiches und als Fernhandelsstadt war Regensburg von kontinentaler Bedeutung. Um die Mitte des 12. Jahrhunderts gehörte die Stadt mit ihren etwa 15 000 Einwohnern zu den volkreichsten Zentren des deutschen Sprachraums. Der Reichtum und die internationalen Beziehungen der Regensburger Kaufmannschaft fanden, durch alle Phasen des Mittelalters hindurch, ihren Niederschlag in einzigartigen architektonischen Lösungen.

- Regensburg bietet den größten zusammenhängenden Bestand an originaler romanischer und gotischer Architektur nördlich der Alpen.
- Regensburg war das bedeutendste Zentrum mittelalterlicher Baukultur in Süddeutschland.
- Regensburg vereint in seinem Denkmalbestand in für Deutschland einmaliger Weise Zeugnisse politischer und konfessioneller Repräsentation.

Der Bestand an originaler romanischer und gotischer Architektur ist, da die Regensburger Altstadt von den Kriegszerstörungen weitestgehend verschont geblieben ist, seit 1945 singulär. Das urbane Geflecht aus öffentlichen Gebäuden, bürgerlichen Wohnbauten, Kaufmannspalästen und Handwerkerhäusern sowie aus bedeutenden Kirchen, Klöstern und Stiften ist ein authentisches Zeugnis der andernorts in Deutschland untergegangenen oder allenfalls fragmentarisch erhaltenen mittelalterlichen Stadtkultur. Dazu kommt in Regensburg die besondere Komplexität der Binnenstruktur, in der sich die Geschichte der Pfalzstadt ebenso spiegelt wie jene der Bischofsstadt und jene der binnenländischen Fernhandelsmetropole.

Die zahlreichen aus Stein gebauten romanischen und gotischen Bürgerhäuser mit ihren Geschlechtertürmen sind ein hervorragendes Beispiel für einen Gebäudetypus, der – von Italien beeinflusst – in dieser Dichte und Anschaulichkeit nördlich der Alpen einzigartig ist. Neben diesem hervorragenden Bestand an frühen Steinbauten besitzt Regensburg mit dem um 1250 datierten Haus Keplerstraße 2 auch das wohl älteste vollständig erhaltene Holzhaus Deutschlands.

Die urbane Kontinuität von der Antike über das frühe ins hohe Mittelalter ging in Regensburg einher mit wachsender politischer und wirtschaftlicher Bedeutung. Herzog Arnulf von Bayern ließ zwischen 917 und 920 die gesamte westliche Vorstadt mit dem weitläufigen Areal der Abtei St. Emmeram befestigen. Einen vergleichbaren Verteidigungsbau gab es vor der Jahrtausendwende in keiner anderen europäischen Stadt. Es handelt sich dabei um die erste nachantike Stadterweiterung nördlich der Alpen. Sie ist noch heute teilweise im Stadtgrundriss ablesbar.

Als römisches Legionslager, als frühmittelalterliches Zentrum des ostfränkischen Reichs, als beliebter Tagungsort von Reichsversammlungen bis in die Neuzeit und vor allem als Sitz des Immerwährenden Reichstags von 1663–1803 war Regensburg Schauplatz europäischer Geschichte.

Durch die Epochen hindurch hat in Regensburg politische Repräsentation ihren baulichen Niederschlag gefunden. So errichteten die Römer gerade hier, am nördlichsten Punkt der Donau, unter Kaiser Trajan im Jahre 179 n. Chr. das Legionslager Castra Regina, das noch heute im Stadtgrundriss ablesbar ist. Nach dem Abzug der römischen Soldaten entwickelte sich im nordöstlichen Bereich des Legionslagers ab dem 6. Jahrhundert das erste politische Zentrum Bayerns. Bis 788 blieb Regensburg Hauptsitz der agilolfingischen Herzöge, dann wurde es neben Frankfurt wichtigster Pfalzort des ostfränkischen Reiches, Hauptstadt der bayerischen Herzöge des 10. Jahrhunderts, bevorzugter Tagungsort von Reichsversammlungen bis zum Dreißigjährigen Krieg und Sitz des Immerwährenden Reichstags von 1663 bis zu dessen Auflösung 1803.

All diese stadtgeschichtlichen Phasen haben ihre sichtbaren baulichen Spuren hinterlassen: die mächtigen römischen Lagermauern mit ihrem Nordtor (Porta Praetoria), die karolingischen Pfalzen am Alten Kornmarkt und bei St. Emmeram, die Kloster-, Bischofs- und Grafenhöfe des 11. Jahrhunderts, die Sitzungs-räume des Immerwährenden Reichstags und die dazugehöri-gen Gesandtschaftshäuser.

Ferner finden sich noch in seltener Differenziertheit bauli-che Zeugnisse lokaler, politisch unabhängiger Herrschaftsmit-telpunkte, die es innerhalb der Mauern der Freien Reichsstadt gab. Seit 739 ist Regensburg dauerhaft Sitz eines Bischofs. Dessen Bedeutung illustrieren der Dom, die Dompfarrkirche St. Ulrich, der Bischofshof und die Domherrenhöfe. Außerdem gab es drei reichsunmittelbare, d. h. direkt dem König unter-stellte Klöster: St. Emmeram, Ober- und Niedermünster. Die ehemalige Benediktinerabtei St. Emmeram und das einstige Damenstift Niedermünster sind noch heute baulich erlebbar; lediglich vom Damenstift Obermünster sind seit 1945 nur noch Reste erhalten.

In keiner zweiten deutschen Stadt ist politische Repräsen-tation in ihrer ganzen Vielschichtigkeit und epochenübergrei-fenden Kontinuität noch heute im Stadtbild so gut ablesbar wie in Regensburg. Selbst in den einstigen kaiserlichen Residenz-städten Prag und Wien sind die aus dem Mittelalter erhaltenen baulichen Zeugnisse politischer Repräsentation bei weitem jün-geren Datums und zudem stärker überformt.

Schließlich verfügt Regensburg mit dem Schloss der Fürsten von Thurn und Taxis, dessen gut erhaltener mittelalterlicher Kern die Gebäude der säkularisierten Reichsabtei St. Emmeram sind, über eine der bedeutendsten europäischen Fürstenresi-denzen des 19. Jahrhunderts.

Neben der politischen fand auch die konfessionelle Reprä-sentation ihren baulichen Niederschlag. Als südöstlichste evan-gelische Reichsstadt wurde Regensburg im 16. Jahrhundert zum Vorposten für die Verbreitung der lutherischen Lehre nach Österreich, Ungarn und die heutigen Staaten Slowenien und Kroatien. Diese Schlüsselfunktion wird noch an zwei monu-

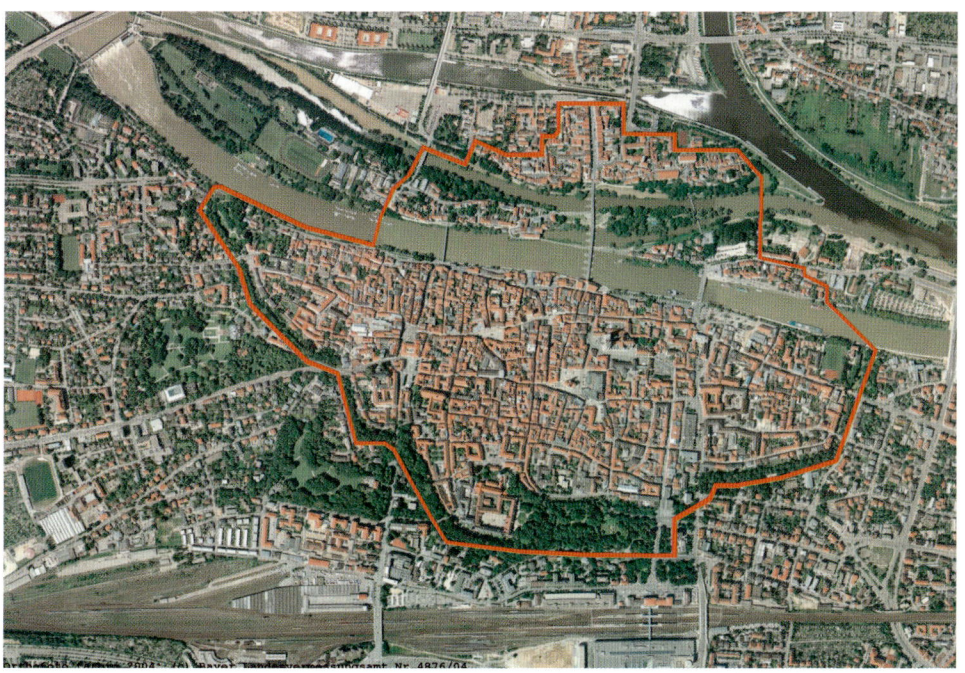

Die Stadt Regensburg aus der Luft (2004). Rot eingezeichnet das Welterbe-Areal (Kernzone)

mentalen Sakralbauten anschaulich: an der Neupfarrkirche und an der Dreieinigkeitskirche. Während die erste als katholische Wallfahrtskirche begonnen wurde, setzt sich die zweite mit den Mitteln der Architektursprache demonstrativ vom katholischen Kirchenbau der Zeit ab. Die Dreieinigkeitskirche ist ein Schlüsselwerk süddeutscher Sakralbaukunst des Protestantismus. Vom späten 16. Jahrhundert bis 1732/33 suchten Abertausende von Protestanten aus den österreichischen Gebieten auf der Flucht vor der Rekatholisierung bei ihrer Regensburger „Muttergemeinde" um Aufnahme an.

Besaß die protestantische Reichsstadt Regensburg nach außen hin große Strahlkraft für die evangelischen Christen im südöstlichen Mitteleuropa, war sie in ihrem Inneren von zahlreichen Besitztümern der katholischen Kirche geprägt. Die konkurrenzhafte Koexistenz der beiden Konfessionen hat vom

16. bis ins 18. Jahrhundert vielfach baulichen Niederschlag gefunden. Dieser tritt heute noch allenthalben im Stadtbild in Erscheinung. Ebenso ist auch die Geschichte der 1519 vertriebenen jüdischen Bewohner wieder authentisch erlebbar, seit ein archäologisches Untergeschoss am Neupfarrplatz einige Keller des mittelalterlichen Ghettos zugänglich macht.

Dass all diese historischen Zusammenhänge in Regensburg durch bauliche Zeugnisse lebendig werden, die im Original auf uns gekommen sind, ist in erster Linie der – in letzter Minute aus militärtaktischen Gründen entschiedenen – kampflosen Übergabe der Stadt an die Amerikaner am 27. April 1945 zu verdanken. Noch drei Tage zuvor waren Domprediger Dr. Johann Maier, der Rentner Josef Zirkl und der Gendarmerie-Hauptwachtmeister a. D. Michael Lottner wegen ihres Einsatzes für die Rettung Regensburgs als Saboteure von den Nationalsozialisten hingerichtet worden.

　　Die Baupolitik der Wirtschaftswunderjahre hat in Regensburg zwar einige schmerzhafte, verglichen mit anderen deutschen Großstädten aber doch geringe Wunden an der historischen Bausubstanz und am historischen Stadtgrundriss verursacht. Die bedeutendsten Baudenkmäler der Stadt wie der Dom, das Rathaus, die Steinerne Brücke, die romanischen Sakralbauten oder auch die gotischen Bettelordenskirchen stehen noch immer in ihrem gewachsenen urbanen Beziehungsgeflecht und ragen nicht wie Solitäre aus einer mehr oder weniger austauschbaren Nachkriegsbebauung heraus.

Sowohl die Quantität als auch die hohe Qualität des historischen Baubestandes der Regensburger Altstadt führten dazu, dass nach Inkrafttreten des Bayerischen Denkmalschutzgesetzes (1973) die gesamte historische Stadtlandschaft beiderseits der Donau 1976 als „Ensemble Altstadt Regensburg mit Stadtamhof" (Abb. S. 15) in die Denkmalliste des Freistaates Bayern eingetragen wurde. Dieses 182,8 Hektar umfassende Areal

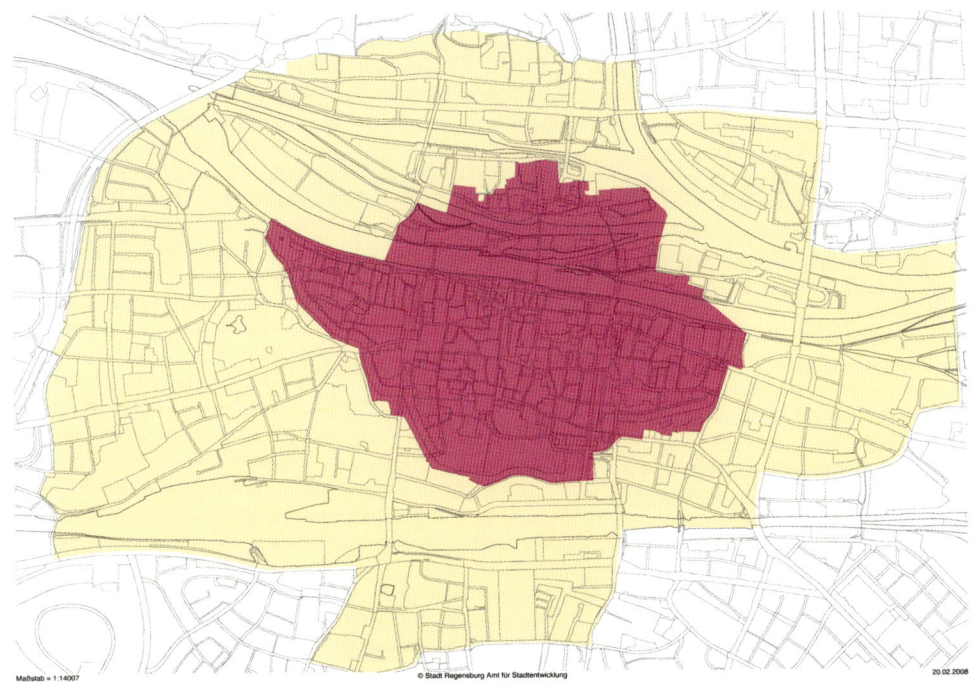

Maßstab = 1:14007

© Stadt Regensburg Amt für Stadtentwicklung

20.02.2008

Um die Kernzone des Welterbe-Areals (violett) legt sich eine Pufferzone (beige).

wurde 1982 im Sinne der Haager Konvention als ein bei bewaffneten Konflikten zu schützendes Kulturgut definiert. Auch die UNESCO und deren denkmalfachliche Gutachterorganisation ICOMOS (International Council on Monuments and Sites) haben sich nun für die Schutzwürdigkeit des *gesamten* Regensburger Denkmäler-Ensembles ausgesprochen. Denn auch die Randbereiche, deren Denkmälerbestand auf den ersten Blick zum Teil wenig spektakulär wirken mag, geben in ihrer baulichen Entwicklung ein – in sich wiederum reich differenziertes – Bild von der Entwicklung des mittelalterlichen Regensburg: im Westen ein ehemaliges Handwerkerviertel, im Osten ein lange Zeit nur locker bebautes Gebiet mit einstmals intensivem Gartenbau, auf den Donauinseln die Quartiere der Fischer und Schiffer, im Norden der Steinernen Brücke schließlich das St. Katharinenspital und Stadtamhof. Letzteres präsentiert sich, nachdem es während der fünfeinhalb Jahrhunderte währenden Reichsfreiheit Regensburgs bis 1810 im wittelsbachischen „Ausland" lag, als bayerische Landstadt. Dennoch sind die mittelalterlichen Ursprünge Stadtamhofs und seine urbane Genese untrennbar mit der Lage am Nordende der Steinernen Brücke und im Umfeld des (einst reichsstädtischen) St. Katharinenspitals verbunden. Daher ist Stadtamhof trotz seiner politisch bedingten Sonderentwicklung integraler Bestandteil des Regensburger Denkmälerensembles.

Um diese Kernzone des Welterbeareals legt sich eine ebenfalls von der UNESCO festgeschriebene Pufferzone (Abb. S. 17). Diese übersteigt die Fläche des Altstadtensembles um ein Mehrfaches und dient zu dessen Schutz. So sind etwa in der Pufferzone Bauten zu verhindern, die durch Höhe oder Volumen das Erscheinungsbild des Welterbes beeinträchtigen könnten.

Gerade in einem lebendigen Stadtorganismus, der sich sozial und ökonomisch stets weiterentwickelt, gibt es einen permanenten Druck zur baulichen Veränderung. Diese muss in einer für das Welterbe verträglichen Weise stattfinden. Oberste Priorität genießen Schutz und Pflege der Denkmalsubstanz. Wo Neubauten möglich oder im Sinne einer Stadtreparatur sogar erforderlich sind, gilt es, den historischen Stadtgrundriss sowie die Proportionen und Gestaltungsprinzipien des baulichen Umfelds zu respektieren.

Das Regensburger Stadtwappen, Glasmalerei im Chorscheitelfenster der Neupfarrkirche

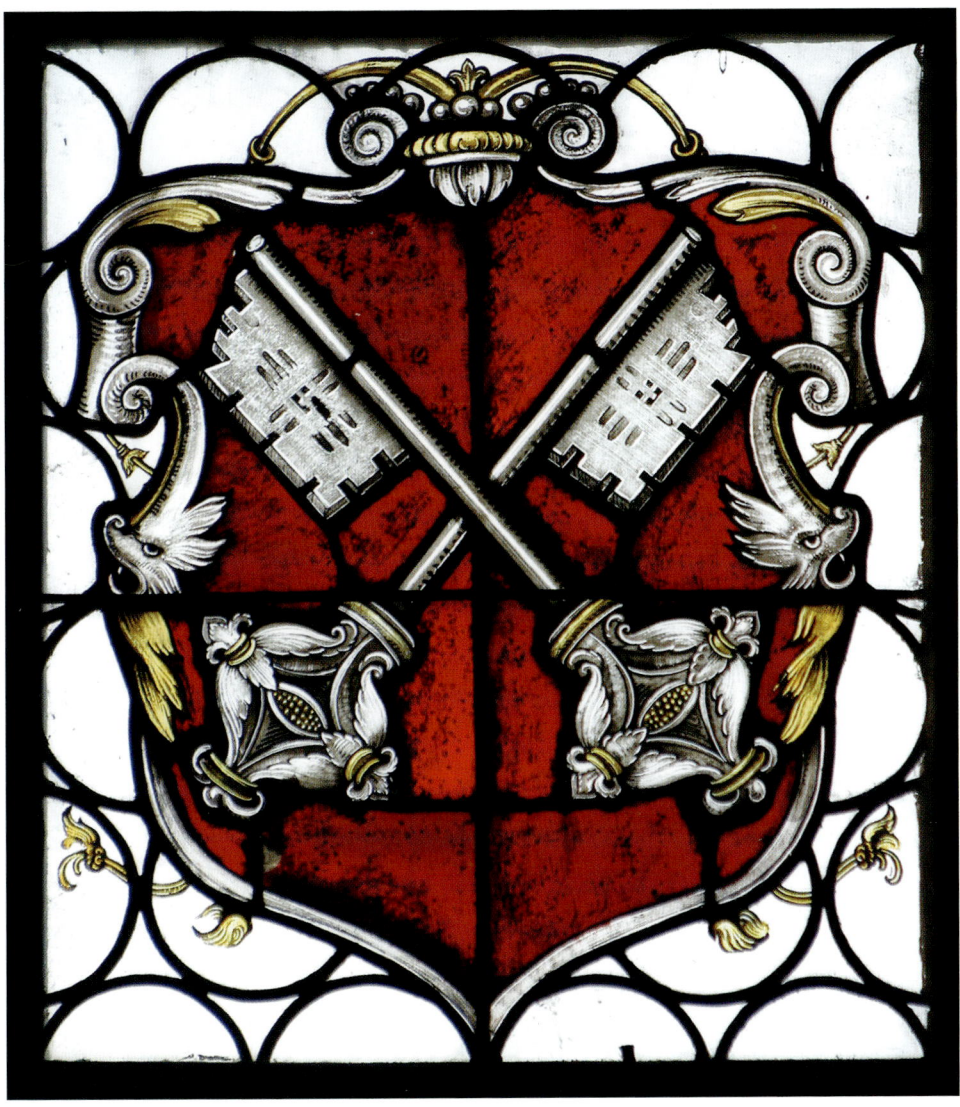

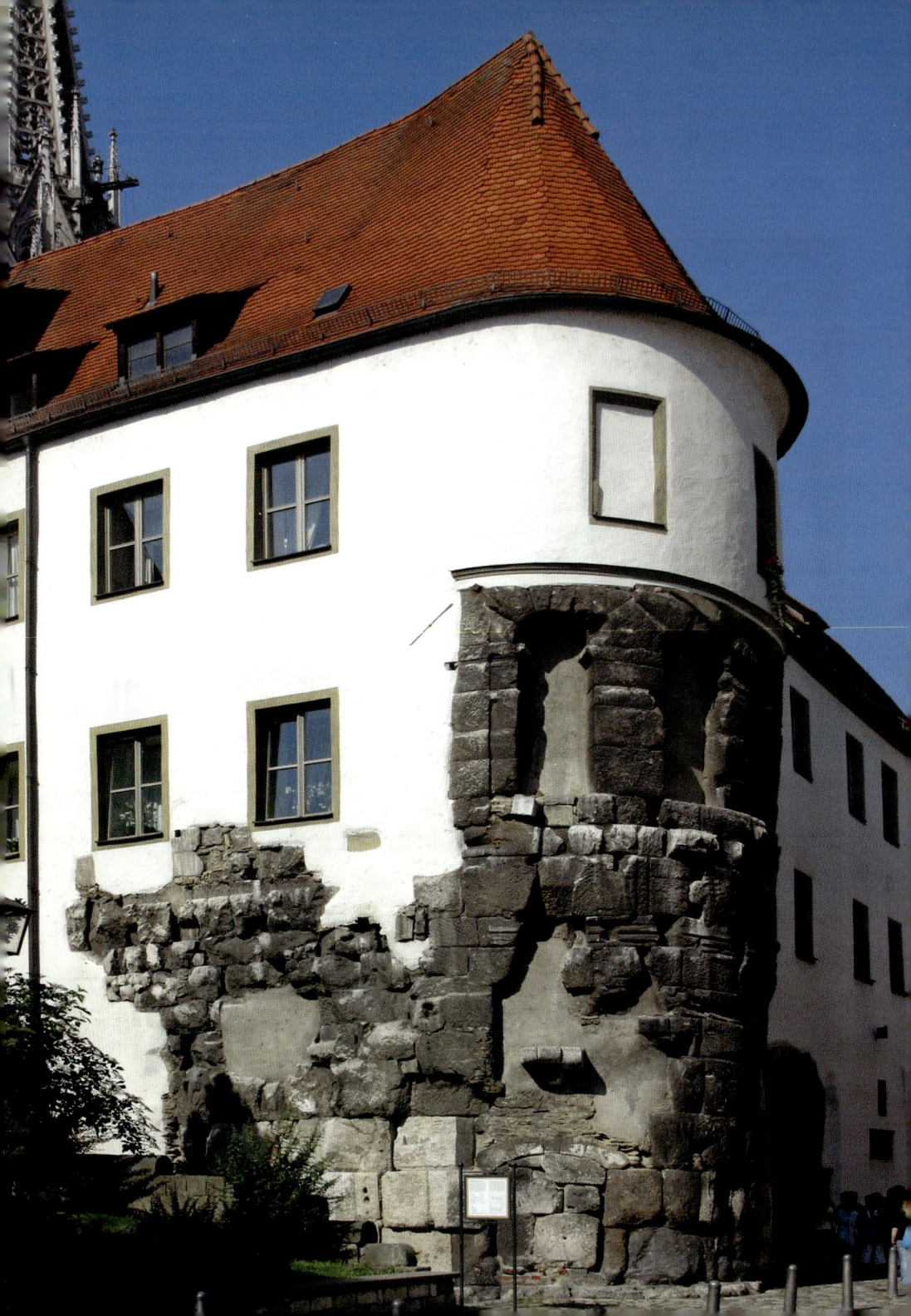

Römische Legionslagermauer und Porta Praetoria

Im Jahr 179 n. Chr. bezogen die römischen Truppen ein monumentales Militärlager, das als Nachfolger für das zerstörte Kastell von Regensburg-Kumpfmühl nun unmittelbar vor dem südlichen Ufer der Donau positioniert wurde. Es diente der Stationierung der 3. Italischen Legion, deren etwa 5000 Soldaten eine bedeutende Rolle für die Sicherung der Donaugrenze der Provinz Raetien gegen das freie Germanien einnahmen. Als zeitgenössische Namen des Lagers kommen die überlieferten Bezeichnungen *Castra Regina*, *Reginum* oder einfach *Legio* in Frage.

Das mit vier Toren versehene Legionslager, die „Keimzelle" des späteren Regensburg, besaß die Form eines 450 x 540 m großen Rechtecks von etwa 25 Hektar Größe. Im Bereich der Altstadt finden sich noch vielfach erhaltene Teile der einst grabenbewehrten Außenmauer. Sie wies bei einer Stärke bis 2,5 m ursprünglich etwa 8 m Höhe auf, besaß 22 Mauertürme und war mit einer Erdhinterschüttung (*agger*) versehen. Als einziger Wehrbau an Rhein und Donau erhielt das Regensburger Legionslager Mauerschalen aus kolossalen Steinquadern. Die Befestigung aus Kalk- und Sandsteinen bestand ohne Vorgängerbau von Anfang an in dieser Form.

Der allergrößte Teil der antiken Innenbebauung – das Achsenkreuz der beiden Hauptstraßen, Principia (Kommandantur), Wohnquartiere der Legionäre und Offiziere, Lazarett, Thermen usw. – liegt unter meterdicken Kulturschichten begraben. Die Nordseite des Lagers ist noch heute durch den Verlauf der Straßen Unter den Schwibbögen – Goliathstraße exakt abzulesen. Der gegenwärtige Häuserbestand am Kohlenmarkt bezieht sich in seiner Rundung von der Goliathstraße zur Wahlenstraße noch deutlich auf die ehemalige römische Nordwest-Ecke, wobei die antike Lagermauer selbst dort nirgends erhalten ist. Deren Westflanke entspricht der Linie Wahlenstraße – Augustinerplatz – Steckgasse, die östliche Seite folgt der Adolf-Kolping-Straße über den Schwanenplatz nach Süden hin bis zur archäologischen Freizone der Südost-Ecke vor dem Ernst-Reuter-Platz. Die südliche Flanke wird durch den Fuchsengang und seine gedachte Verlängerung nach Westen hin, etwas nördlich des St.-Peters-Weges, bestimmt.

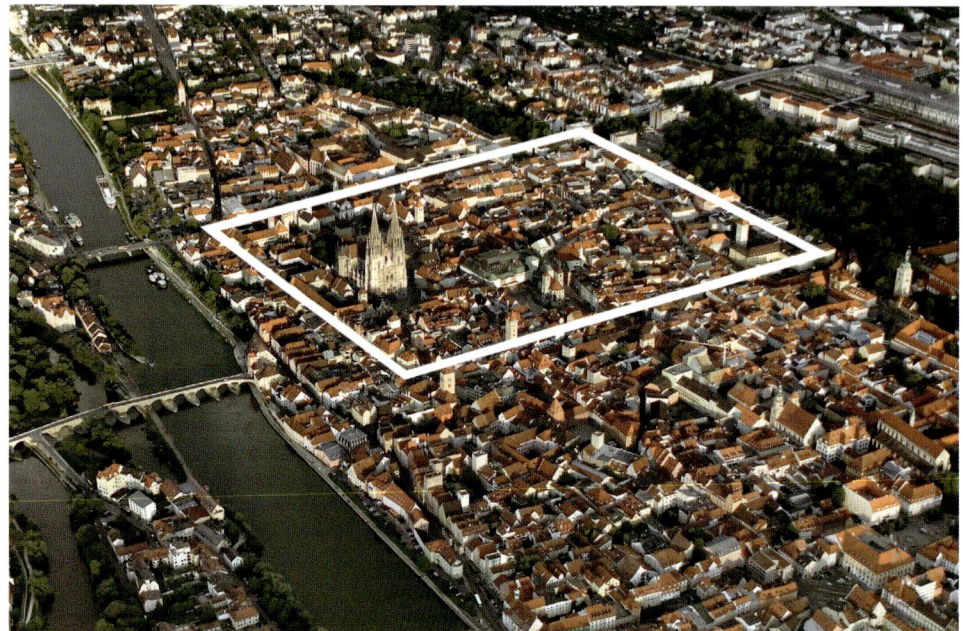

Eine ausgedehnte Zivilsiedlung schloss sich – naturgemäß mit Ausnahme der nördlichen Donauseite, wo der Strom auch den Limes bildete – in allen Himmelsrichtungen unmittelbar an das Militärlager an. Diese *canabae legionis* sind in ihrer westlichen Ausdehnung am besten erforscht und reichten bis zum heutigen Alleengürtel. In der Peripherie der Siedlung bzw. entlang der Ausfallstraßen befanden sich mehrere Friedhöfe mit Tausenden von Bestattungen.

Projektion des Umrisses des römischen Legionslagers in das heutige Stadtbild. Besonders deutlich zeigt sich noch heute der Verlauf der Befestigungsanlage in den Linien der Wahlenstraße bzw. Oberen und Unteren Bachgasse sowie der Goliathstraße und Unter den Schwibbögen.

Auch nach Abzug der Römer zu Beginn des 5. Jahrhunderts blieb deren Befestigung noch für viele Jahrhunderte in Gebrauch. Während des Frühmittelalters und der Karolingerzeit weitestgehend unverändert, wurde um 920 die ehemals römische Westflanke zugunsten der ersten Stadterweiterung aufgegeben und gründlich beseitigt. Größere Abschnitte der antiken Süd- und Ostflanke behielten dagegen sogar für die Dauer von über 1600 Jahren ihre Funktion, bis sie letztendlich im Laufe des 19. Jahrhunderts überbaut oder entfernt wurden.

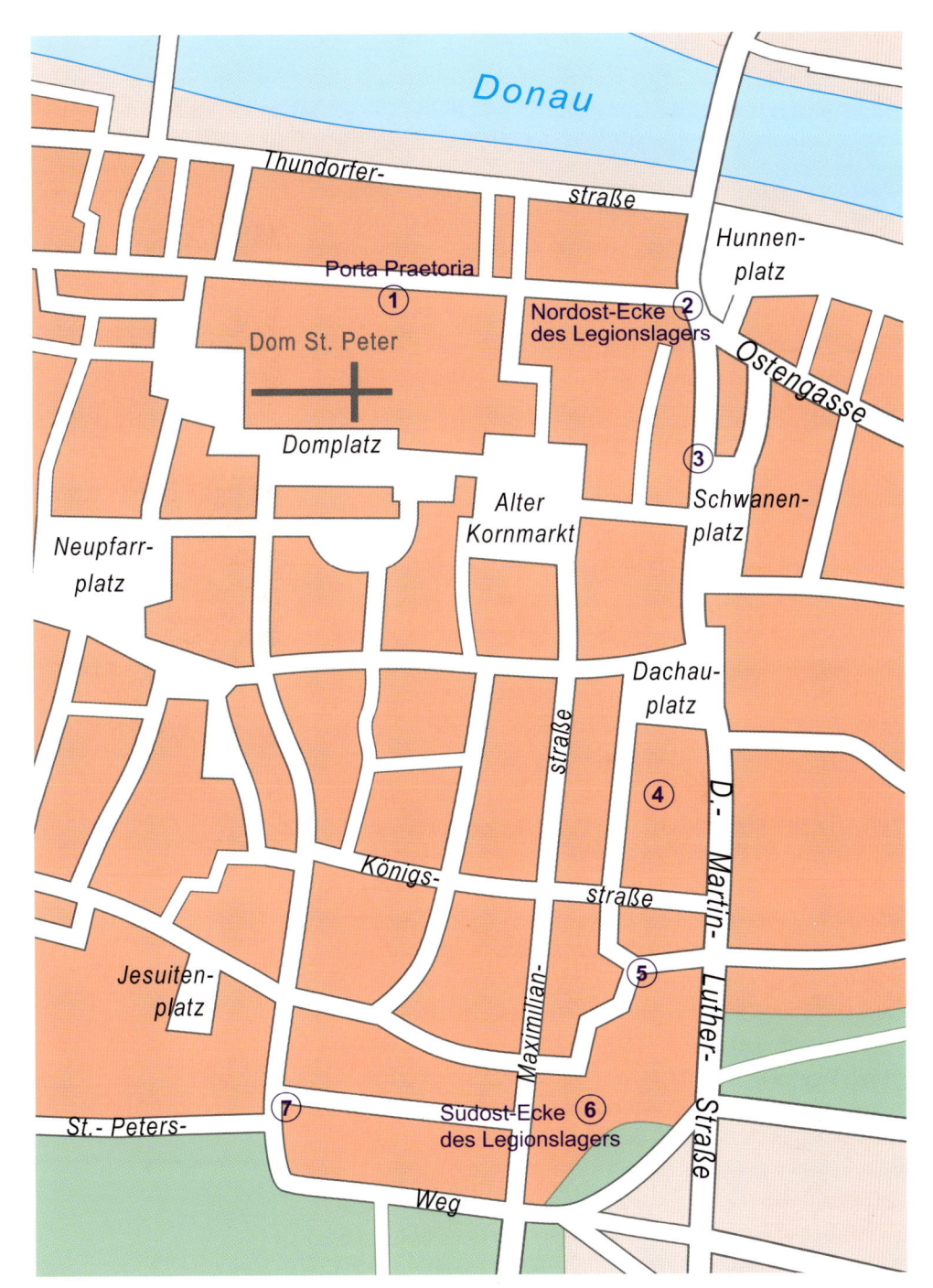

Donau

Thundorfer-straße

Porta Praetoria ①

Hunnen-platz

Nordost-Ecke des Legionslagers ②

Ostengasse

Dom St. Peter

③

Schwanen-platz

Domplatz

Neupfarr-platz

Alter Kornmarkt

straße

Dachau-platz

④

D.-Martin-Luther-Straße

Königs-

straße

Maximilian-straße

Jesuiten-platz

⑤

⑦

Südost-Ecke des Legionslagers ⑥

St.-Peters-

Weg

Nicht zuletzt wegen ihrer Widerstandsfähigkeit blieben viele Teilstücke der römerzeitlichen Mauer vom Abbruch verschont, so dass man schon allein angesichts ihrer Quantität von der wichtigsten antiken Anlage in Süddeutschland sprechen darf. Bedingt durch die Tatsache, dass der Stadtboden seit der Römerzeit um einige Meter in die Höhe „gewachsen" ist, hat man heute teils den Eindruck, dass die ehemals aufgehenden Teile der Legionslagermauer tief im Boden liegen. Einige Abschnitte erhielten sich somit auch unterhalb von Gebäuden in den Kellern, wo sie allerdings in der Regel für den touristischen Besucher nicht zu besichtigen sind.

Für die Konstruktion der „Römermauer", wie sie die Regensburger nennen, zeichnen sich nach neuesten Forschungen zwei Phasen ab: Über einem Fundament, bestehend aus trockener Bruchsteinstückung und einer doppelten Quaderlage, sitzt ein Sockel mit typischer äußerer Abschrägung als ehemals unterste freistehende Steinlage. Darüber folgen, ebenfalls mörtellos gesetzt, die Großquader der Wandschalen, welche aber nur an wenigen Stellen mehr als eine Steinlage aufweisen. Darüber findet sich als zweite Phase ein Bruchsteinwerk aus zweitverwendeten Quadern oder Werksteinen, beides in Mörtel gesetzt.

Porta Praetoria

Vor der antiken **Porta Praetoria (1)** stehend lässt sich ein Eindruck über die ehemalige Ausdehnung des Legionslagers gewinnen: Nach Westen hin blickt man am Bischofshof vorbei, dessen Fassade genau auf der Lagermauer steht, bis hin zur Einmündung der Goliathstraße in den Kohlenmarkt. Dort befand sich in der Römerzeit die nordwestliche Rundung der Mauer. In die gegenüberliegende Richtung nach Osten blickend folgt man mit der Straße Unter den Schwibbögen der antiken Mauerflucht bis hin zur Öffnung des St.-Georgen-Platzes, wo sich noch heute die nordöstliche Ecke befindet.

Die Porta Praetoria, das größte erhaltene antike Baudenkmal in Süddeutschland und eines der Wahrzeichen der Stadt Regensburg, gilt als bedeutendster Römerbau an der ganzen Donau.

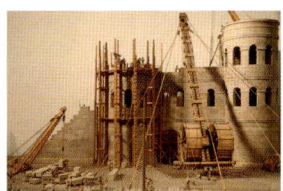

Die Baustelle der römischen Porta Praetoria als Modell. Eindrucksvoll ist hier die aufwendige Erstellung der Steinbefestigung aus etwa 40.000 Kubikmetern Kalk- und Sandstein nachvollziehbar (Historisches Museum Regensburg).

Ihr ist in Deutschland nur das römische Stadttor von Trier, die Porta Nigra, zur Seite zu stellen. Sie ist das nördliche, dem damals feindlichen Germanien zugewandte Tor im Geviert des Legionslagers. Die weiteren drei Tore sind nur noch als Fundamentreste tief im Boden erhalten.

Die Wiederentdeckung der heute sichtbaren Teile der Porta Praetoria erfolgte im Jahr 1885, veranlasst durch Umbauarbeiten und den Abbruch eines Sudhauses, das an der Stelle der heute östlich anschließenden Freifläche stand. Bis dahin war das Tor zugesetzt und daher unkenntlich, bedingt durch die Überbauung der ehemaligen römischen *Via Praetoria* (Lagerhauptstraße) im hohen Mittelalter und spätestens durch Anbauten des bischöflichen Brauhauses von 1649 und später. Noch 932 war das Tor als *porta aquarum* bekannt und offenbar auch genutzt, bevor es dann – spätestens nach der Errichtung der Steinernen Brücke zur Mitte des 12. Jahrhunderts bzw. des südlichen Torturmes vor 1307 – seine Funktion wegen der Umstrukturierung der Stadtbefestigung verlor.

Der heute sichtbare Baubestand besteht in der Hauptsache aus vier Elementen, die alle in die Nordfassade des Bischofshofs integriert sind: der Ostturm (im Erdgeschoss und einem Obergeschoss erhalten); der westliche Torbogen; die Zusetzung aus wiederverwendeten Großquadern an Stelle des östlichen Torbogens; die Reste der Quadermauer im unmittelbaren Anschluss des ehemaligen Westturms. Die Toranlage, insbesondere der Turm, trägt deutliche Spuren bzw. Beschädigungen der langen Nutzungszeit, vor allem durch nachrömische Anbauten, wovon Balkenlöcher und Fenstereinbrüche sowie ein mit Großquadern wieder zugesetzter Türdurchbruch auf der Ostseite stammen. Die antiken Oberflächen haben sich dadurch nur spärlich erhalten.

Die Reste der Porta Praetoria erheben sich bis etwa 11 m Höhe über das heutige Straßenniveau, wobei die gesamte Sockel-

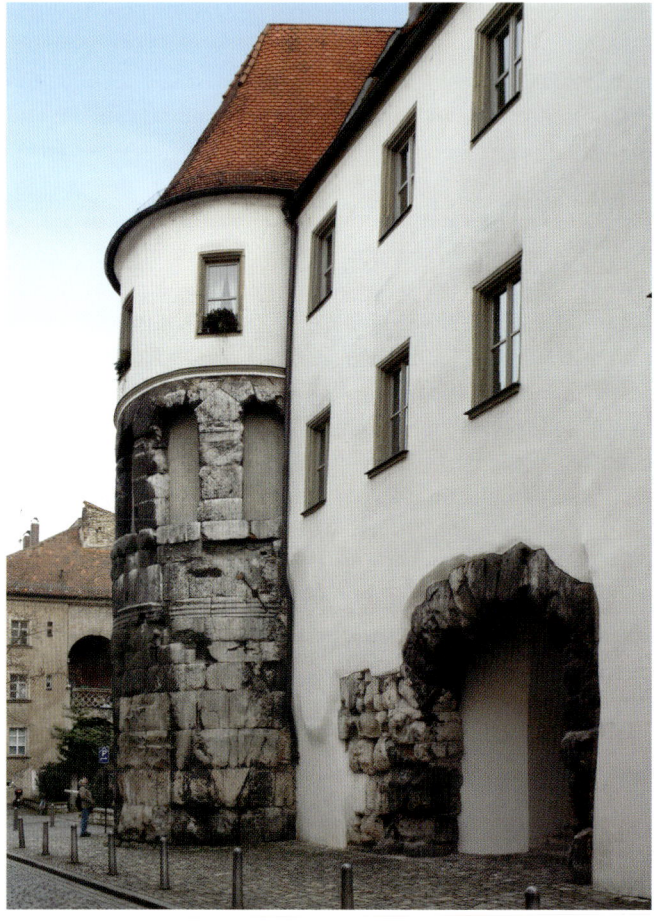

Die römische Porta Praetoria, wieder aufgedeckt ab 1885. Als Nordtor des Legionslagers stand sie unmittelbar vor dem Donau-Limes und war somit gegen das feindliche Germanien gerichtet.

zone noch 1 m tief im Erdreich steckt. Bei angenommenen drei Geschossen dürfte die Gesamthöhe der Türme ehemals etwa 20 m betragen haben.

Der Ostturm ist als halbrund vorspringender Flankenturm ausgebildet und besteht aus monumentalen Kalksteinquadern, die ohne Mörtel aufeinandergesetzt sind. Der Turm trägt in etwa 5 m Höhe ein relativ gut erhaltenes Gesims, welches sich ehemals auf einen Architrav bezog. Erst jüngste bauforscherische Untersuchungen erbrachten den Beweis, dass die Porta Praetoria in der Architektursprache der korinthischen Ordnung angelegt wurde. Bei genauerer Betrachtung sind am Ostturm noch die Reste dreier Pilaster ablesbar, am deutlichsten noch an dessen Westseite. Vollendet wurde die Bauzier bewiesenermaßen nie, wobei die Toranlage selbst aber bis zur Funktionstüchtigkeit fertig gestellt war.

Über einer vorkragenden Quaderlage sitzt das Obergeschoss des Turmes, welches mit fünf Rundbogenfenstern durchbrochen ist. Deren Zwischenpfeiler besitzen noch verhältnismäßig gut erhaltene Profilierungen an den Kämpfern. Darüber verläuft wiederum ein Gesims als Überleitung zu einem ehemals zweiten Obergeschoss. Dessen heute sichtbare Substanz stammt jedoch aus nachrömischer Zeit und ist in die Hotelnutzung einbezogen.

Der Bogen der etwa 4 m breiten und ehemals 6 m hohen Toröffnung besteht aus 13 aufeinander zugerichteten, allerdings nicht ganz präzise als Kreissegmente ausgebildeten Steinblöcken. Noch leidlich gut mit Teilen seiner Profilierung erhalten ist der Kämpferblock unter dem östlichen Bogenansatz. Sein Gegenstück auf der Westseite des Bogens ist dagegen bis zur Unkenntlichkeit beschädigt. Da seit der Römerzeit die Kulturschichten im Inneren des Legionslagers meterdick angewachsen sind, führt nun eine steil ansteigende Treppe durch den Torbogen hinauf in den Innenhof des Bischofshofes. In antiker Zeit jedoch verlief – etwa einen Meter unter dem heutigen Laufniveau – von hier aus die *Via Praetoria* in gerader Linie zu den *Principia* in der Lagermitte.

Das zwischen Turm und Bogen sichtbare unregelmäßige Quadermauerwerk ist die Zusetzung eines ehemals zweiten Torbogens, deren Grund und Zeitstellung noch nicht geklärt werden konnten. Die Anhaltspunkte für die Lage des nicht mehr vorhandenen Westturmes, dessen Grundriss im Gehsteigpflaster nachgebildet ist, stützen sich auf archäologische Sondagen. Nur einige Quader der Lagermauer, die unmittelbar an den Turm anschlossen, sind noch erhalten. Sonst sind unter der Fassade des Bischofshofs im Übrigen keine weiteren römischen Bauteile mehr verborgen.

Um die Flucht der Legionslagermauer nach Osten hin weiter zu verfolgen, ist es lohnenswert, folgende „Passpunkte" zu betrachten: An der Ostseite des Turmes ist der ehemalige Anschluss der Mauer anhand des Abschlusses der beiden genannten Gesimse ablesbar. Auch die vorkragende Quaderlage des Obergeschosses bezieht sich auf den Maueranschluss. Ferner findet sich an versteckter, aber zugänglicher Stelle noch ein Stück Quadermauerwerk der Lagermauer, das etwa 25 m nach Osten vom Turm entfernt in das Erdgeschoss der renaissancezeitlichen Loggia des Anwesens Unter den Schwibbögen 2 integriert ist.

Nordost-Ecke des Legionslagers

Noch bis zu einer Höhe von etwa 3 m ist am St.-Georgen-Platz die nordöstliche Ecke der Legionslagermauer erhalten **(2)**. Deren Entdeckung im Jahr 1905 resultierte aus dem Abbruch der so genannten Pfandamtsbuchhaltung, eines Anbaues des schon 1868 abgebrochenen mittelalterlichen Hallertores. Hierbei wurde auf der Westseite auch die Wand der mittelalterlichen Kapelle St. Georg und Afra mit ihren romanischen Fenstern freigelegt.

Das unregelmäßig gesetzte Quadermauerwerk lässt keine der typischen Bauelemente der ursprünglichen Erbauungsphase – vorspringender Sockel oder Ansätze eines Eckturmes – mehr erkennen. Die Außenseiten der Quader sind nirgends mehr erhalten. Lediglich die unteren zwei bis drei Quaderlagen könnten noch zur ersten Phase der Lagermauer gehören. Im oberen Bereich ist eine Reihe von Spolien mit teils nach außen gekehrten so genannten Wolfslöchern (Aufnahmen für Hebevorrichtung) verbaut, die unschwer als wiederverwendete Architekturteile von Steinbauten aus dem Legionslager erkennbar sind. Da ins-

Die Mauerrundung der Nordost-Ecke des römischen Legionslagers, wiederentdeckt 1905, war ursprünglich etwa zehn Meter hoch. Ein steinerner Eckturm, wie an der Südost-Ecke noch erkennbar, darf auch hier angenommen werden.

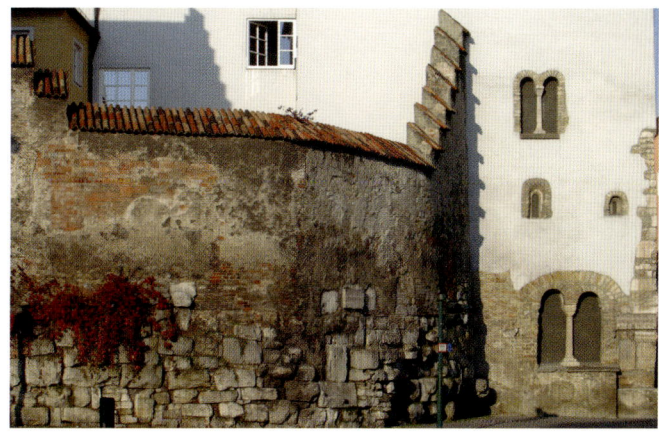

besondere im Scheitelbereich des Bogens keinerlei Spuren eines zu erwartenden Eckturmes erhalten sind, ist hier an eine oder mehrere Reparatur- oder Wiederaufbauphasen zu denken.

Die Aufmauerung über den Quadern stammt zwar erst aus jüngerer Zeit, vermag aber an ihrem höchsten Punkt einen Eindruck von der ehemaligen Dimension der Lagermauer zu geben. Auch der Durchbruch mit Treppenaufgang zur Erhardigasse – man beachte den Unterschied zum meterhoch angewachsenen Höhenniveau innerhalb des Legionslagers – entstand in nachrömischer Zeit.

Ostflanke der Legionslagermauer an der Adolf-Kolping-Straße

Wendet man sich mit der Biegung der Lagerecke in die Adolf-Kolping-Straße, begleitet man von nun an über eine Strecke von über 500 m die Ostflanke der römischen Befestigungsmauer, die noch in einigen Abschnitten sichtbar erhalten ist **(3)**. Entlang der Adolf-Kolping-Straße ist die Quadermauer zunächst auf gut 100 m Länge in die Hausfassaden integriert. Der Teil unter der Durchfahrt des Kolpinghauses – in den 1950er Jahren bei Neubaumaßnahmen eingestürzt und wiedererrichtet – kann zwar nicht als Musterbeispiel gelten, dennoch lässt sich sehr

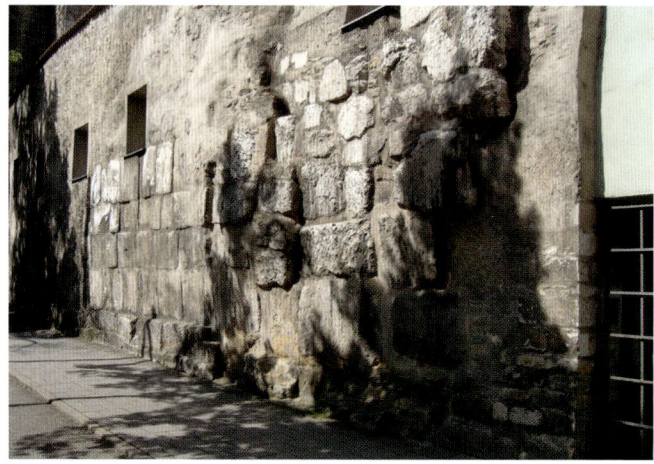

Teile der Ostflanke der römischen Legionslagermauer an der Adolf-Kolping-Straße. Hier befinden sich die besterhaltenen Quaderlagen der ersten Bauphase.

anschaulich der vorspringende Sockel ablesen. Er zeigt den untersten Bereich der ehemals sichtbar aufgehenden Lagermauer und somit auch den römischen Laufhorizont an. Weiter nach Süden zu sind lediglich einige Abschnitte des Sockels erhalten, bis sich bis etwa 15 m vor der Fußgängerpassage, die den Chor der profanierten Kirche St. Peter und Paul durchbricht, wieder aufgehendes Quadermauerwerk anschließt. Auf einer Strecke von etwa 5 m Länge ist dort ein Mauerabschnitt erhalten, der mit vier unverändert gesetzten Quaderlagen als besterhaltenes bekanntes Beispiel der ersten Bauphase gelten darf.

Auf der weiteren Strecke steigt das Gelände heute leicht an, weshalb sich der Mauersockel allmählich unter dem Gehsteigniveau verliert. Bis zur Unterbrechung durch die Pfluggasse sind dort noch bis zu drei Quaderlagen der Mauer erhalten, die sich ebenso wie der Sockel in unterschiedlichen Erhaltungszuständen zeigen.

Ostflanke der Legionslagermauer unter dem Parkhaus am Dachauplatz

Bis zum nächsten frei zugänglichen Teilstück der Lagermauer sind gut 150 m zurückzulegen. Der Weg zum Dachauplatz führt an der Ostseite des Karmelitenklosters (vgl. S. 63) vorbei, welches die Römermauer überbaut hat. Die folgende Einmündung der Drei-Kronen-Gasse entspricht in etwa der Situation der römischen porta principalis dextra, des östlichen Lagertores. Teile dessen Fundaments wurden im 19. Jahrhundert ausgegraben, wobei auch die berühmte steinerne Gründungsinschrift gefunden wurde, welche die Datierung der Fertigstellung des Legionslagers in das Jahr 179 n. Chr. gestattet. Die monumentale Steintafel ist im Historischen Museum der Stadt Regensburg ausgestellt, das sich in unmittelbarer Nähe, nämlich auf der gegenüberliegenden Straßenseite, befindet.

Dem Bau des Parkhauses D.-Martin-Luther-Str. 2 im Jahr 1971 fielen fast 50 m der Legionslagermauer zum Opfer. Immerhin konnte aber ein Teilstück der Mauer von etwa 70 m Länge und bis zu fünf Quaderlagen Höhe erhalten bleiben, das im Untergeschoss besichtigt werden kann **(4)**. Abgesehen von der Südostecke stellt es den längsten am Stück erhaltenen Abschnitt der römischen Befestigungsmauer dar.

Eindrucksvoll ist der über die gesamte Länge erhaltene abgeschrägte Sockel, der zusammen mit der ersten aufgehenden

Fragmente der monumentalen Bauinschrift des römischen Legionslagers, gefunden im Bereich des Osttores. Diese Gründungsurkunde erlaubt die Datierung der Fertigstellung des Lagers in das Jahr 179 n. Chr. unter Kaiser Marc Aurel (Historisches Museum Regensburg).

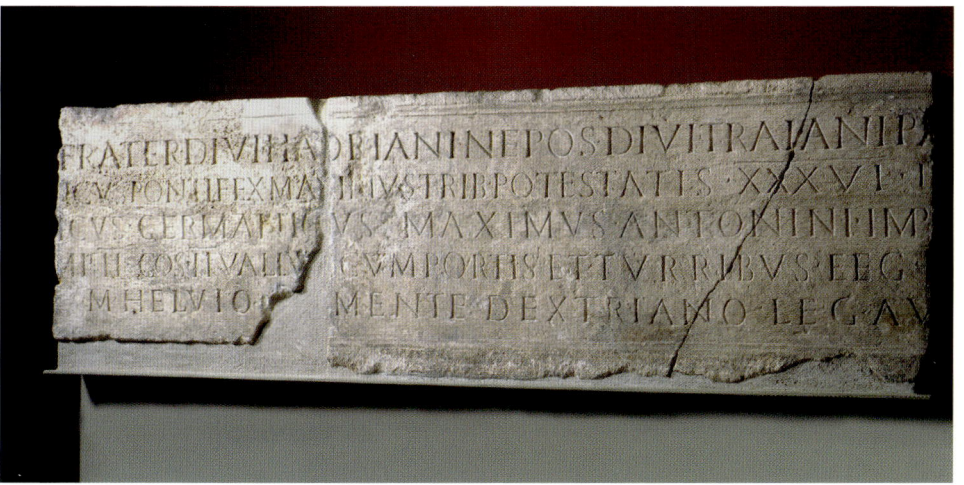

Quaderlage aus Kalk- und Sandstein noch zur ersten Phase der Lagermauer gehört. Die darüber folgenden Steinlagen stammen in der Hauptsache von Umbaumaßnahmen aus der Zeit des 3. Jahrhunderts, die sich ursächlich auf die Errichtung eines unmittelbar dahinter liegenden, langgestreckten Gebäudes (*fabrica*) beziehen.

Beim Verlassen des Parkhauses beachte man wieder die Höhendifferenz vom römischen Laufhorizont, der dem Mauersockel entspricht, zum heutigen Straßenniveau.

Teilstück der römischen und mittelalterlichen Befestigungsmauer an der D.-Martin-Luther-Straße

Wenn auch nur ein etwas entfernter Einblick von der Nordseite des Anwesens D.-Martin-Luther-Str. 10 in dessen abgesenkten rückwärtigen Bereich möglich ist, ist er dennoch lohnenswert. Denn der hier erhaltene, etwa 20 m lange Mauerabschnitt zeigt den deckungsgleichen Verlauf von römischer und mittelalterlich-neuzeitlicher Befestigung über einen Zeitraum von mindestens 1600 Jahren **(5)**. Nur bis hierher ist ein derart lange während übereinstimmender Mauerverlauf gegeben, da nur einige Meter weiter nördlich um 1300 die Befestigung der Stadterweiterung nach Osten im rechten Winkel ansetzte. Über lediglich zwei

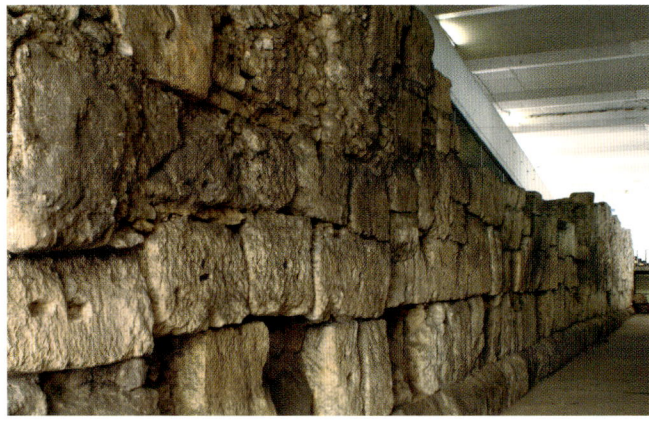

Die Ostflanke der römischen Legionslagermauer unter dem Parkhaus am Dachauplatz, mit 70 Metern das längste erhaltene Teilstück der Befestigungsmauer.

Teilstück der römischen und mittelalterlichen Befestigungsmauer im rückwärtigen Bereich des Gebäudes D.-Martin-Luther-Straße 10. An dieser Stelle präsentieren sich mindestens 1600 Jahre ununterbrochene Nutzungsgeschichte der Befestigungsmauer.

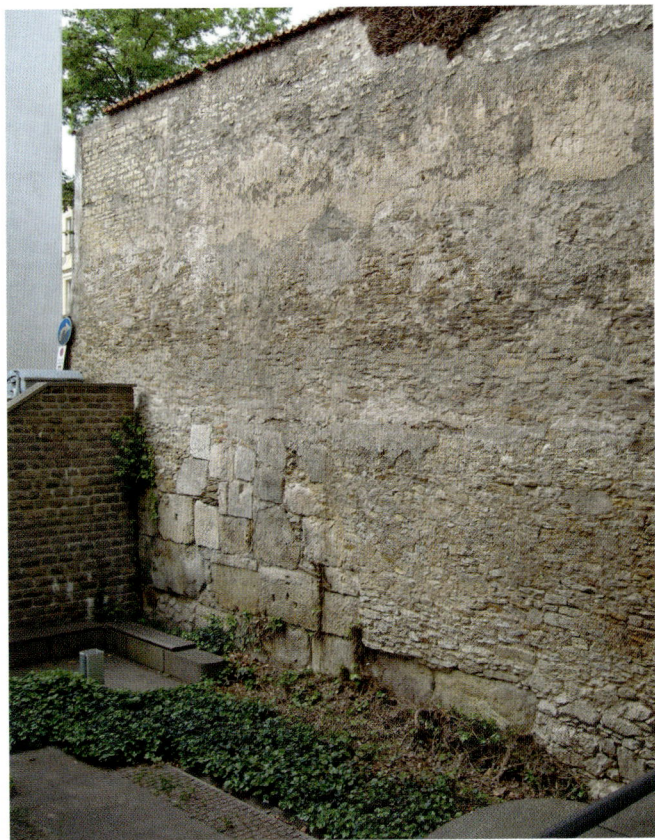

erhaltenen römischen Sockelquadern liegen hauptsächlich Spolienquader bis etwa 4 m Höhe. Darüber folgt als kleinteiliges Bruchsteinmauerwerk die mittelalterliche Stadtmauer.

Südost-Ecke des Legionslagers und mittelalterlichen Befestigungsmauer

Der weitere Weg in südlicher Richtung führt am langgestreckten Anwesen D.-Martin-Luther-Str. 12 vorbei, dessen Errichtung Anfang der 1950er Jahre bedauerlicherweise Anlass zur vollständigen Zerstörung von über 30 m der Legionslagermauer war.

Vor der Einmündung zum Ernst-Reuter-Platz wendet man sich nach rechts und steigt zu einer Denkmalzone hinab. Sie entstand nach archäologischen Ausgrabungen in den Jahren 1955 und 1961, ausgelöst durch die Errichtung der umliegenden Hochhäuser.

Eindrucksvoll präsentiert sich die Rundung der südöstlichen Ecke des Legionslagers **(6)**, welche übrigens einen erheblich größeren Radius als die Nordost-Ecke aufweist. Noch fast überall gut nachvollziehbar ist der Sockel, dessen typische Abschrägung aber meist nur leidlich gut erhalten ist. Darunter liegt wegen des relativ weit abgesenkten Geländes noch ein Teil der Fundamentzone frei. Bis zur ersten aufgehenden Quaderlage, die aus der ersten Phase noch in Teilen erhalten ist und aus Sandsteinen besteht, ist die Mauer mörtellos gefügt. Darüber folgt das Spolienmauerwerk, welches ebenso wie diverse Ausflickungen bereits zu römischer Zeit in Mörtel gesetzt wurde. Im Bereich des Scheitels der Mauerrundung sind insbesondere im Fundamentbereich die Spuren eines ehemals leicht nach außen springenden Mauerturmes zu erkennen. Ob die darüberliegende großflächige Zusetzung aus Bruchsteinmauerwerk schon in römischer Zeit vorgenommen wurde, ist ungeklärt.

An der rechts folgenden geraden Nordflanke ist zu beachten, dass nur der Sockel und die untersten beiden Quaderlagen in originalem Verband aus römischer Zeit stammen. Das darüber liegende Mauerwerk wurde in den 1950er Jahren mit wiederverwendeten römischen Quadern neu aufgebaut. Ganz im Norden schließen sich Reste des Stumpfes eines mittelalterlichen Stadtmauerturmes an, was den deckungsgleichen Verlauf von römischer und mittelalterlicher Stadtbefestigung an dieser Stelle belegt. Dies unterstreicht auch der vorgelagerte Rest der Zwingermauer mit Zwingertürmchen des 14. Jahrhunderts.

An der ehemaligen *Porta Decumana*

Nach der Südost-Ecke ist für den touristischen Besucher kein weiteres Stück der südlichen Legionslagermauer zu besichti-

Die Südost-Ecke des Legionslagers und ein Teil der mittelalterlichen Zwingermauer, freigelegt in den 1950er Jahren, präsentieren sich in einer archäologischen Freizone nördlich des Ernst-Reuter-Platzes.

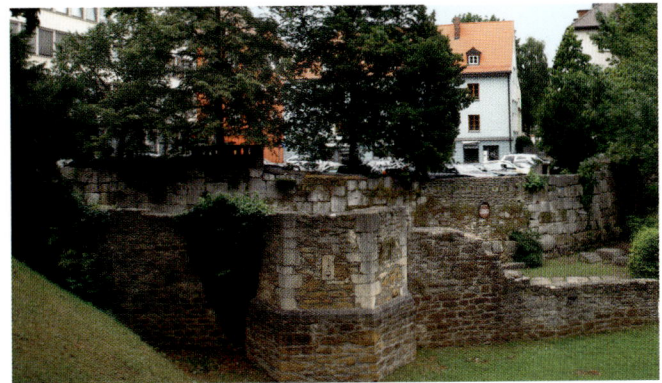

gen, denn die wenigen bislang freigelegten Teile verbergen sich in privaten Anwesen. Auf dem Weg von der Maximilianstraße ausgehend durch den Fuchsengang, dessen südliche Hausfassaden exakt über dem Verlauf der Lagermauer stehen, gewinnt man immerhin einen Eindruck von der Ausdehnung des Legionslagers. An der Einmündung zur Fröhliche-Türken-Straße in den St.-Peters-Weg ist man an der Stelle der einstigen *Porta Decumana* angelangt. Dieses Tor, das man sich als Gegenstück zur Porta Praetoria vorstellen darf, diente als südliches Ausfalltor des Legionslagers und befand sich in der Mitte der etwa 450 m langen südlichen Mauerflanke. Als mittelalterlicher Nachfolger stand hier das Peterstor, von welchem ebenfalls – bis auf Reste der südlich anschließenden Brücke und des Stadtgrabens – nichts mehr sichtbar erhalten ist.

Ein kleiner Ausschnitt der anschließenden römischen Quadermauer bzw. der mittelalterlichen Stadtmauer ist im Erdgeschoss des Anwesens **Fuchsengang 2 (7)**, einem Café, integriert. Die an der gegenüber liegenden Straßenseite vermauerten Steinquader täuschen jedoch den weiteren Verlauf der römischen Lagermauer an dieser Stelle nur vor. Sie wurden bei Bauarbeiten Anfang des 20. Jahrhunderts der originalen römischen Mauer, die in Wirklichkeit etwas weiter nördlich fluchtet, entnommen und als Reminiszenz an diese Stelle versetzt.

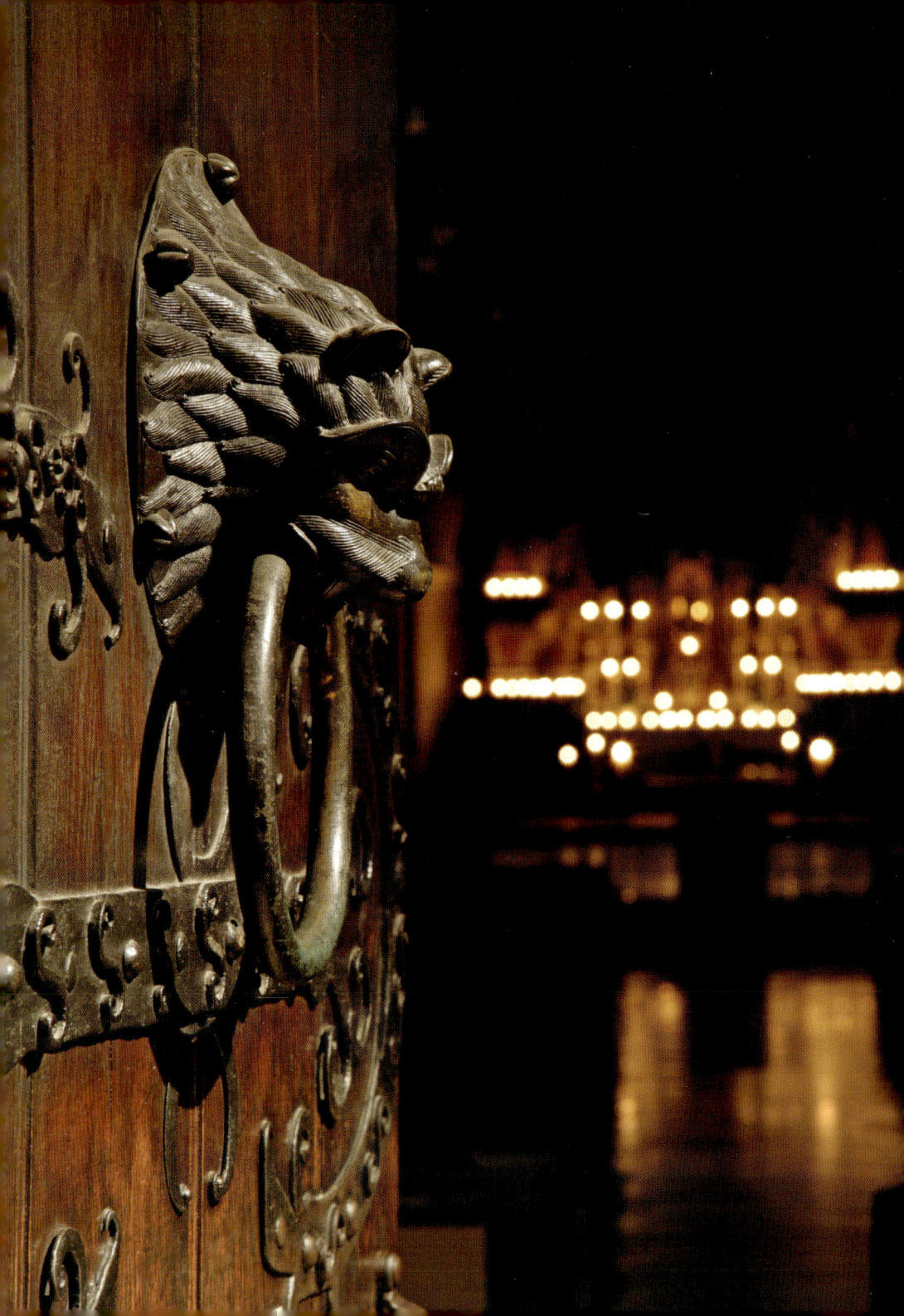

Die Stadt der Bischöfe, der Herzöge und der Könige

Der Rundgang erschließt den nordöstlichen Bereich des ehemaligen römischen Legionslagers. An diesem Ort scheint sich nach dem Abzug der 3. Italischen Legion ab dem 4. Jahrhundert eine spätantike Festungsstadt entwickelt zu haben, die wiederum zur Keimzelle der frühmittelalterlichen Herzogsstadt geworden ist. Ab dem 6. Jahrhundert residierten hier die Herzöge aus dem Geschlecht der Agilolfinger. Sie machten Regensburg zur ersten Hauptstadt Bayerns und förderten, indem sie Bischöfe an ihren Hof holten, die Verbreitung des Christentums. Kirchlich unterstand Regensburg damals dem Patriarchen von Aquileia. Der hl. Bonifatius richtete 739 ein kanonisches Bistum mit Sitz in Regensburg ein.

Der Freisinger Bischof Arbeo verfasste um 770 die erste Beschreibung der Stadt. Danach war *Rataspona* uneinnehmbar, aus Quadern erbaut, mit hochragenden Türmen und mit Brunnen reichlich versehen.

Der Frankenkönig Karl der Große setzte 788 den agilolfingischen Herzog Tassilo III. ab und ergriff in Regensburg von Bayern Besitz. Ludwig der Deutsche errichtete im 9. Jahrhundert im Bereich des heutigen Alten Kornmarkts seine Königspfalz. Damit wurde unter den Karolingern der nordöstliche Bereich des einstigen Römerlagers zum Zentrum der ostfränkischen Königsmacht. Damals nahm die Bedeutung Regensburgs als Ort von Reichsversammlungen ihren Anfang, die bis zum Ende des Hl. Römischen Reichs andauern sollte.

Im Umkreis des politischen Zentrums entstanden die als „Höfe" bezeichneten Niederlassungen auswärtiger Bischöfe, Äbte und Grafen. Damit war bis um die erste Jahrtausendwende die städtebauliche Grundstruktur des Viertels abgeschlossen. Seine weitere, wechselvolle Geschichte zwischen kirchlicher, herzoglicher und phasenweise auch kaiserlicher Repräsentation ist an den einzelnen Baudenkmälern bis heute erlebbar.

Dom St. Peter

Der **Dom (1)** ist neben der Steinernen Brücke eines der Wahrzeichen Regensburgs. Eine dem Apostelfürsten Petrus geweihte Bischofskirche ist erstmals 778 und, noch eindeutiger, 852 erwähnt. In der ersten Hälfte des 11. Jahrhunderts erhielt die

Niedermünster, Westportal mit bronzenem Türzieher (Anfang 13. Jh.)

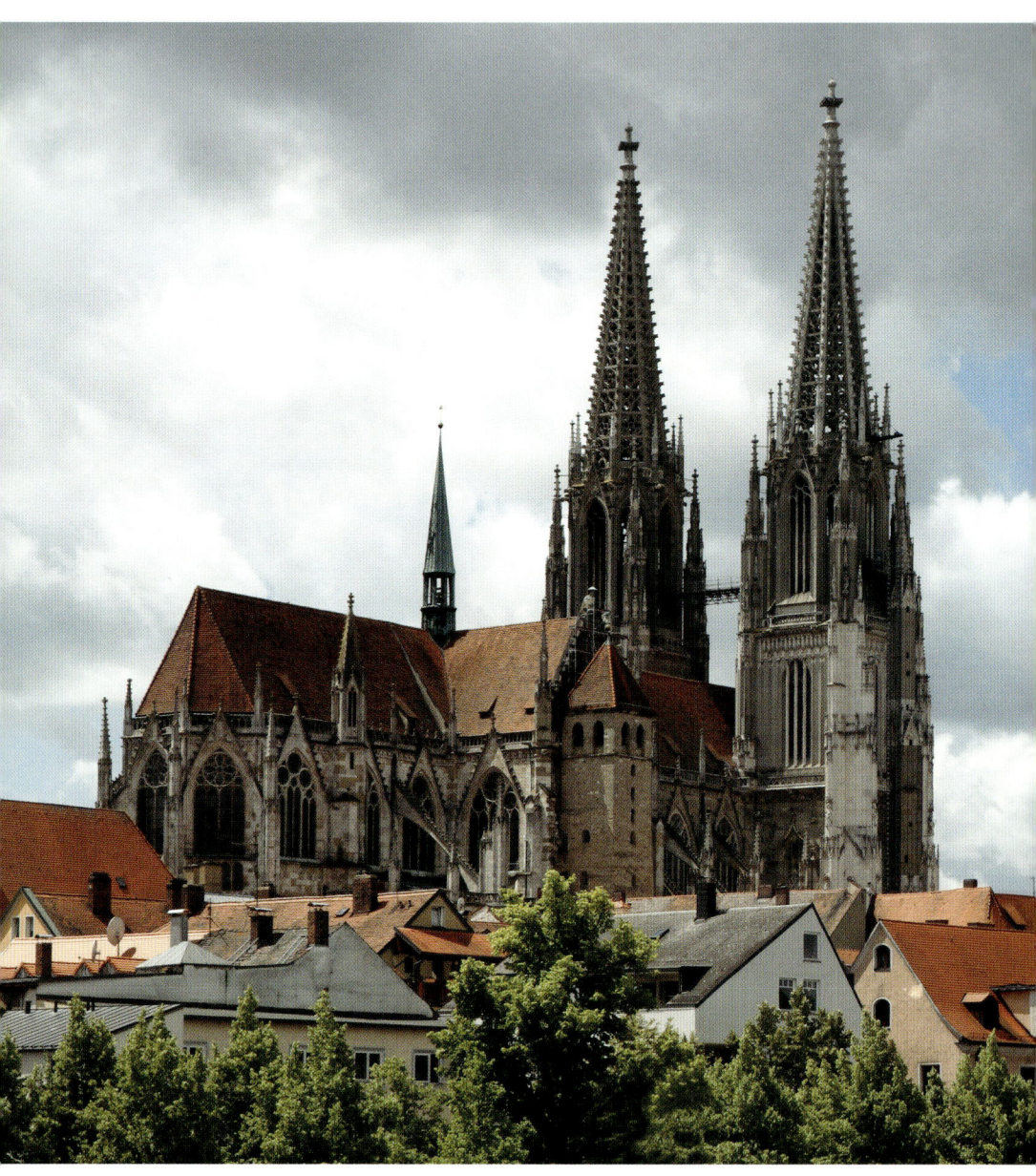

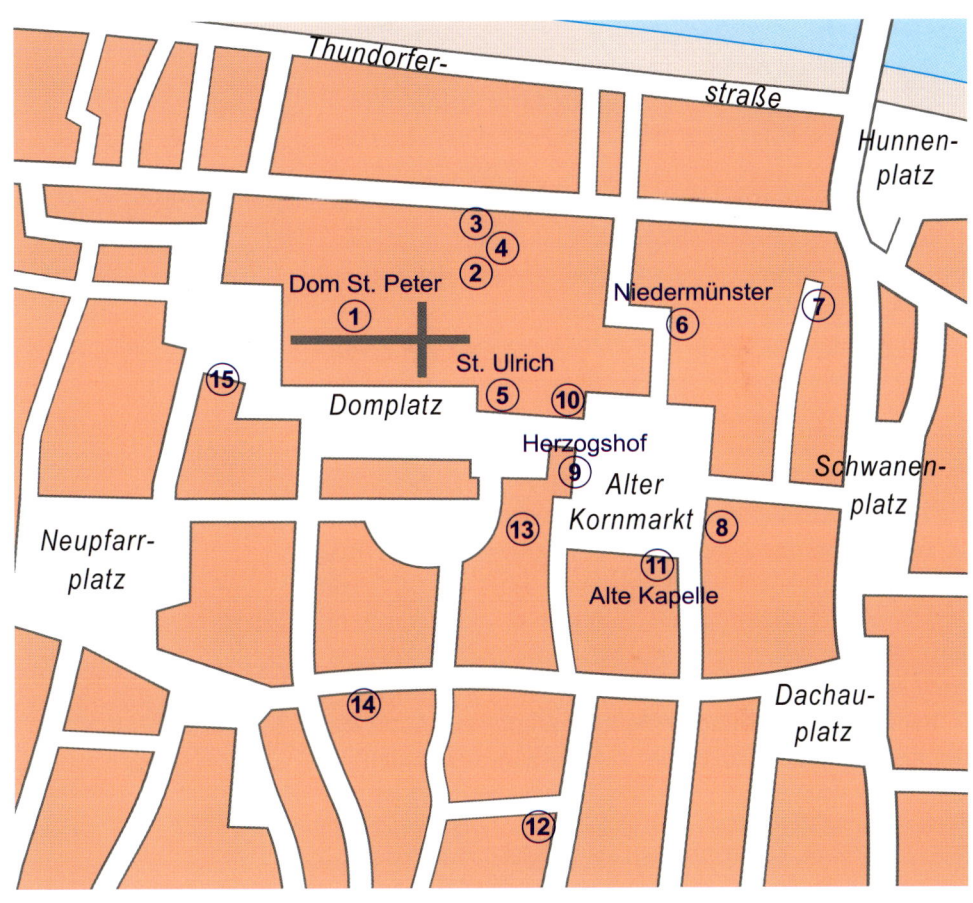

Thundorfer-
straße

Hunnen-
platz

3
4
2
Dom St. Peter
1

Niedermünster
6
7

St. Ulrich
Domplatz
5 **10**

15

Herzogshof
9 Alter
Kornmarkt **8**

13

Schwanen-
platz

Neupfarr-
platz

11
Alte Kapelle

14

Dachau-
platz

12

Die auf Fernsicht angelegte
Nordseite des Doms. Vor der
Querhausfassade steht noch
der im 11. Jh. erbaute Nordturm des früheren Doms.

damals bestehende dreischiffige Basilika einen westlichen Erweiterungsbau mit Krypta, zwei Türmen und Atrium. Der nördliche der beiden Türme ist bis heute erhalten (vgl. S. 46).

Nach einem Brand dieser bis ins 13. Jahrhundert immer
wieder veränderten Anlage kam es ab 1273 auf Initiative des
städtischen Patriziats zum Bau des heutigen, im Wesentlichen
noch im Mittelalter vollendeten Doms. Dieser wuchs auf eng
umgrenztem Grund zunächst zügig von Osten nach Westen,
kam dort aber vorübergehend ins Stocken, da sich hier die

alte Stiftskirche St. Johannes (vgl. S. 75ff.) und eine an diese angebaute Nikolauskapelle befanden. Erst nach der Zustimmung des Stiftskapitels zum Abbruch dieser beiden Sakralbauten 1381 war der Weg frei für die Ausführung der nördlich des Südturms gelegenen Teile der Westfassade. An ihr wurde bis zum Ende des Mittelalters weitergebaut. Die Vollendung der Türme unterblieb schließlich aus finanziellen Gründen. Nicht mehr verwirklicht wurde auch der gotische Vierungsturm.

Der Regensburger Dom ist die einzige im klassischen französischen Sinne erbaute Kathedrale östlich des Rheins; zudem kann er als der bedeutendste und am besten dokumentierte gotische Bau Süddeutschlands gelten.

Ab 1415 kennen wir die Baumeister: Auf Wenzel Roritzer († 1419) folgten Andreas Engel († 1456), Konrad Roritzer († 1477), Matthäus Roritzer († 1495) und Wolfgang Roritzer (1514 als antikaiserlicher Rädelsführer enthauptet). Erhard Heydenreich († 1524) und dessen Bruder Ulrich, der noch bis um 1538 tätig war, hatten auf die Architektur des Domes keinen nennenswerten Einfluss mehr.

Im Zuge der romantischen Begeisterung für das Mittelalter ließ König Ludwig I. von Bayern das Innere ab 1828 „purifizieren", d.h. von seiner nachmittelalterlichen Ausstattung befreien. Von 1859 bis 1869 kam es nach langjährigem Drängen des Königs durch Dombaumeister Franz Joseph Denzinger zum Ausbau der Türme und 1870–72 zur Vollendung der Querhausgiebel.

Äußeres

Die städtebaulich dominante Rolle des Doms ist dadurch noch gesteigert, dass sich der gewaltige Baukörper auf einem über 3 m hohen, begehbaren Sockel erhebt. Die ältesten Bauteile befinden sich im Osten. Der steil aufragende, in drei Seiten des Achtecks geschlossene Hauptchor beeindruckt durch die großzügige Durchfensterung der oberen Partien, während die

Originell war die Idee, den Dom auf einem hohen Sockel zu errichten.

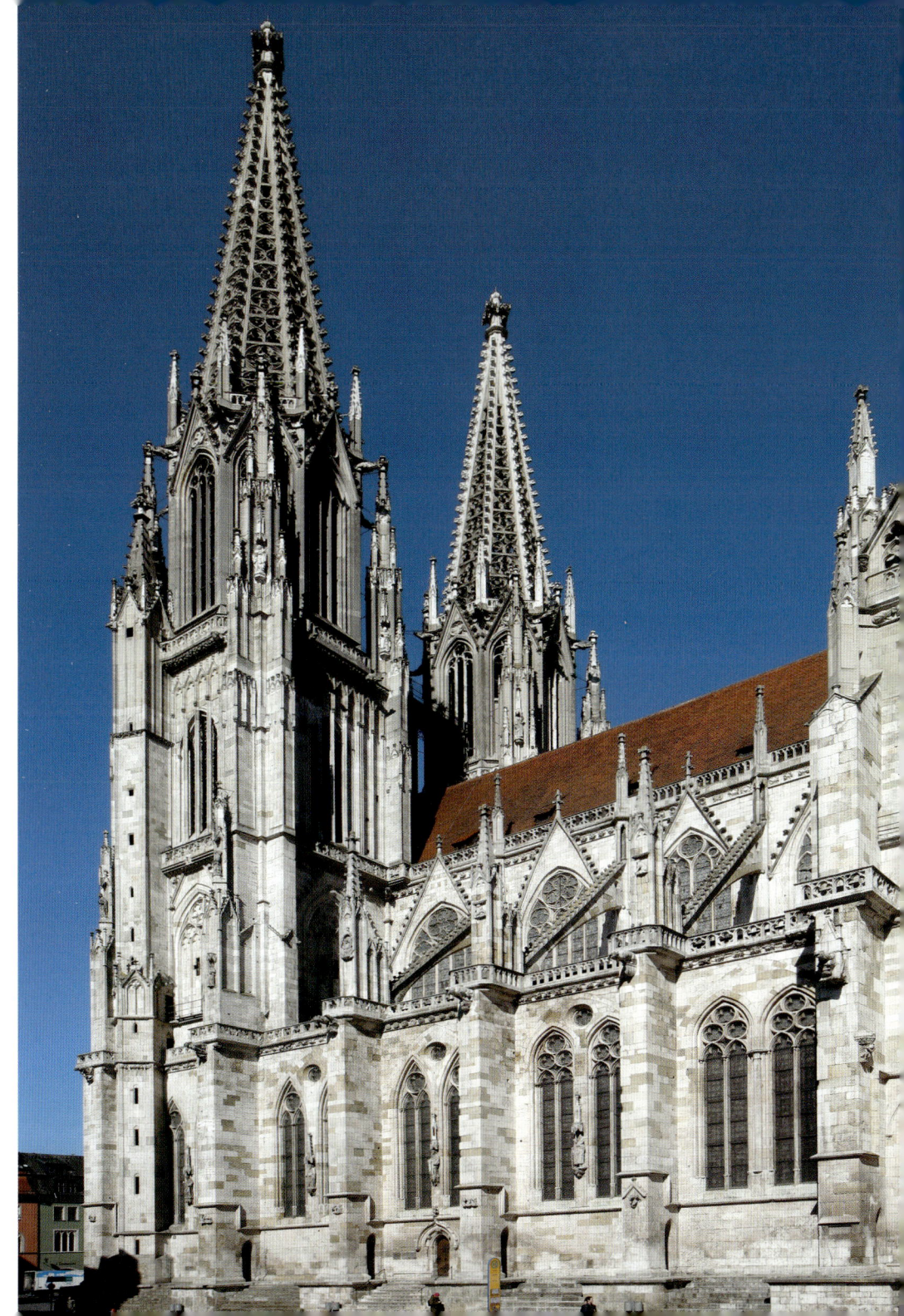

massive Sockelzone noch einen konservativeren Baumeister verrät. Im Unterschied zum klassischen französischen Kathedralschema fehlen Chorumgang und Kapellenkranz.

Den beiden Nebenchören sind nach Osten mehrgeschossige Anbauten vorgelagert, so dass ihre Stirnseiten sowie die Flanken des Hauptchors nach außen nur eingeschränkt wirksam werden. Im Erdgeschoss des südlichen Anbaus befindet sich der Zugang zur Nikolauskapelle. Die um 1280 entstandene Darstellung des Heiligen im Tympanon zeigt noch die ursprüngliche Farbfassung.

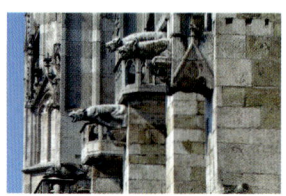

Wasserspeier an der südlichen Langhausfassade des Doms. Als dämonische Wesen gestaltet, sollten sie Unheil fernhalten.

Besser noch als der Chorbereich lässt die südliche Querhausfassade durch den Kontrast zwischen der blockhaften unteren und der transparenten oberen Zone den um 1300 vollzogenen Baumeisterwechsel erkennen. Der Regensburger Dom wurde fortan im modernen Stil der französischen Hochgotik errichtet. Durchaus originell ist das den Bogenzwickeln des Obergadens vorgeblendete Stabwerk, das seine Fortsetzung im Giebel findet. Dieser wurde erst 1868–71 von J. Denzinger aufgesetzt, und zwar steiler als im Mittelalter geplant. Das Tympanon des von Fialen flankierten Portals zeigt nachträglich eingefügte Skulpturen: die Apostel Petrus und Paulus (um 1370) sowie die Kreuzigung Christi (um 1320). Gleichzeitig mit dem Bau hingegen entstand die Petrusfigur zwischen den beiden Fenstergruppen des Triforiums (um 1310/15).

Am Langhaus, das architektonisch die im oberen Chor- und Querhausbereich entwickelte Gestaltung fortführt, wird der Skulpturenschmuck dichter. Wegen ihres entschlossenen Ausdrucks bemerkenswert ist die Figur des hl. Christophorus (um 1325/30) im zweiten Joch von Osten. Interessant für das Bilddenken der Zeit sind auch die vier allegorischen Reliefs an den Strebepfeilern, darunter – rechts neben dem Seiteneingang – eine sog. Judensau (um 1330/40): Die als Todsünden geltenden Laster der Völlerei und Wollust wurden antisemitisch interpretiert, indem Juden an den Zitzen eines Schweins saugen. Am westlich benachbarten Strebepfeiler erscheint Samson, der als

Blick vom Rathausturm auf den Dom. Die durchbrochenen Turmhelme wurden 1859 bis 1869 aufgesetzt.

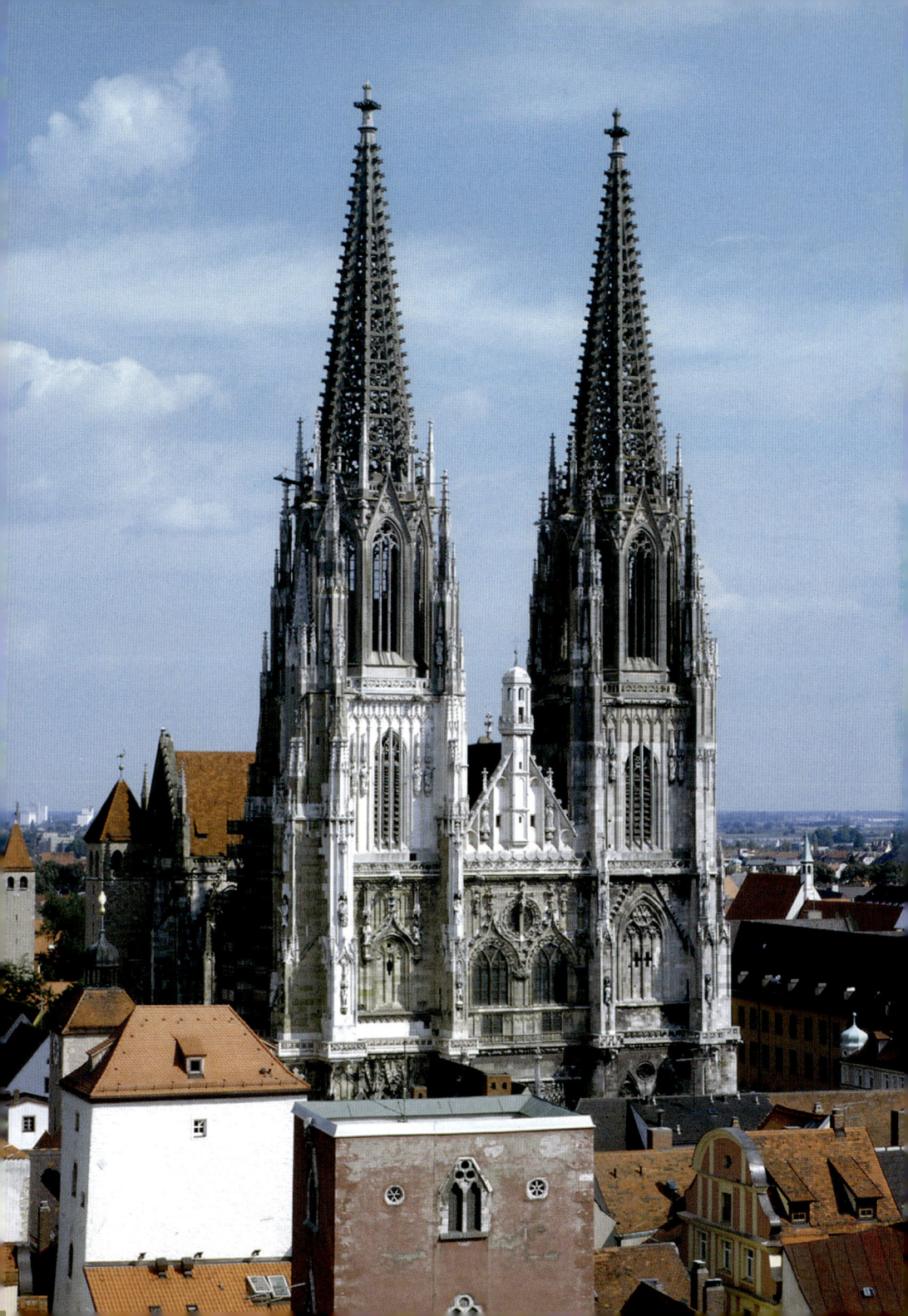

alttestamentarischer Typus Christi den Gegenpol zur „Judensau" bildet. Dadurch wurde das traditionelle Thema der Gegenüberstellung von Ecclesia und Synagoge anekdotisch erweitert.
In diesem Sinne zeigen auch die äußeren beiden Reliefs links die
Jungfrau mit dem Einhorn, eine traditionelle Allegorie auf Maria
und Christus, und rechts einen Drachen als Bild des Teufels.

Die mächtige, reich mit Skulpturen geschmückte Westfassade wuchs, ausgehend vom Erdgeschoss des Südturms, ab der
Mitte des 14. Jahrhunderts eher schleppend empor. Die Arbeiten zogen sich bis zur vorläufigen Vollendung des Nordturms
über etwa 180 Jahre hin. Von ca. 1530 bis ins 19. Jahrhundert
endeten die beiden Türme oberhalb des Glockengeschosses.
Die Oktogongeschosse und die gänzlich in Maßwerk aufgelös-
ten Helme wurden von 1859 bis 1869 aufgesetzt.

Trotz ihrer langen Bauzeit und mehrmaliger Planungskorrek-
turen besitzt die Westfassade ein hohes Maß an architektonischer Homogenität. Verglichen mit dem Idealtypus gotischer
Kathedralfassaden fehlt die große zentrale Fensterrose. Dafür
ist die Mittelachse durch eine Vorhalle über dreieckigem Grundriss betont, so dass die Fassade eine räumliche Dimension er-
hält. Eigenwillig ist auch der darüberliegende Fassadenaufbau.
So befinden sich im Mitteltrakt anstelle der Fensterrose zwei
von Kielbogen überfangene Fenster, über denen ein Rundfens-
ter sitzt. Diesem ist ein Kruzifix vorgeblendet, unter dem Petrus
im Schiff (Wappen des Regensburger Domkapitels) erscheint.
Der bis 1487 aufgemauerte Giebel wird vom sog. Eicheltürm-
chen bekrönt.

Am Südturm sind, dem Baufortgang entsprechend, bis unterhalb des Glockengeschosses die Gestaltungsprinzipien der
südlichen Langhausfassade weitergeführt. Auffallend klein ist
das Portal; im Tympanon eine originale Darstellung der Befrei-
ung Petri aus dem Gefängnis (um 1345). Zwischen den Lan-
zettfenstern darüber befindet sich eine weitere Figur des
Apostels. Der jüngere Nordturm entspricht im Portalbereich
weitgehend dem Südturm. Das Relief im Tympanon zeigt die

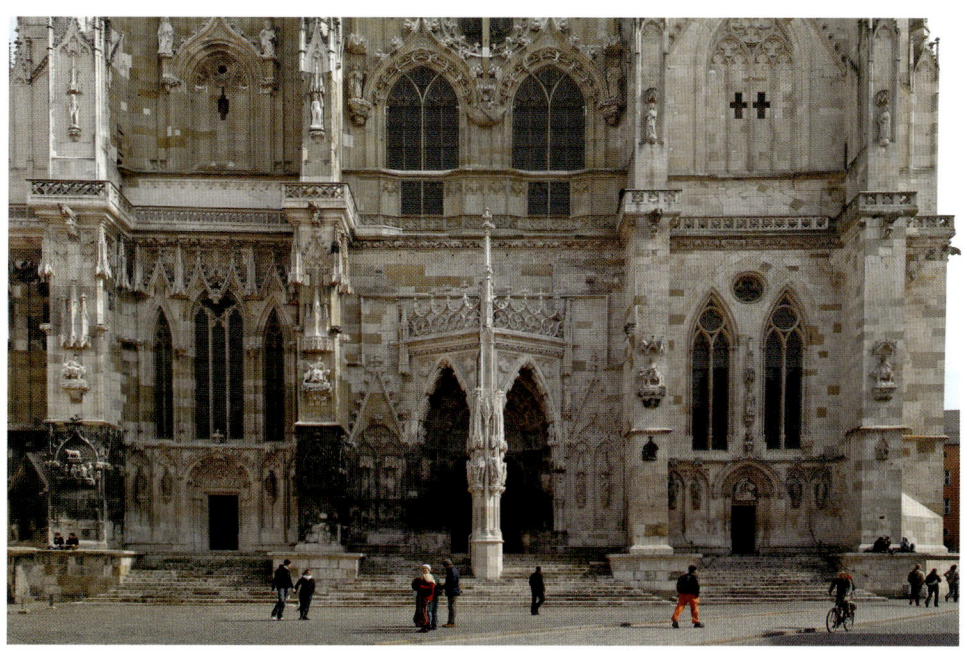

Dom, Westfassade.
Die Portalvorhalle über
dreieckigem Grundriss war
ursprünglich zweigeschossig
konzipiert.

Übergabe der Gesetzestafeln an Moses (um 1410/20). Unter dem übrigen Skulpturenschmuck ikonographisch besonders bemerkenswert sind die vier an den Strebepfeilern von Nord- und Südturm angebrachten Darstellungen reitender Könige, die nach der Vision des Propheten Daniel die vier Weltreiche verkörpern. Von Süd nach Nord handelt es sich um Nebukadnezar (Babylonien), Julius Cäsar (Rom), Alexander d. Gr. (Griechenland) und Cyrus (Persien). Die um 1350/60 (Südturm) und um 1410/20 (Nordturm) entstandenen Originale wurden 1898/99 durch Kopien ersetzt.

Künstlerischer Höhepunkt der Fassade ist das Hauptportal mit seiner Triangel-Vorhalle. Diese sollte, wie der Baubefund und ein im Domschatz aufbewahrter Fassadenriss von 1390/1400 beweisen, ursprünglich wohl ein Obergeschoss erhalten. Ausgeführt wurde zwar lediglich ein Altan, der von der Innenempore aus zu betreten war, doch dürfte der Balkon auch in dieser reduzierten Form der Präsentation von Reliquien gedient haben. Verglichen mit anderen Portalvorbauten fällt die höchst ungewöhnliche dreieckige Grundform auf, die lediglich am Nordportal des Erfurter Doms einen Vorläufer hat.

Der von 1385 bis 1410 entstandene, äußerst qualitätvolle Skulpturenschmuck von Hauptportal und Vorhalle ist der umfangreichste gotische Figurenzyklus Regensburgs. Stilistisch unterstreichen diese Bildwerke die überregionale Schlüsselfunktion der Regensburger Domplastik für die Vermittlung französischer Einflüsse nach Osten. Die 22 Reliefs in den Archivolten des Portals zeigen Szenen aus dem Marienleben und der Kindheit Jesu. Die Relieffelder des Tympanons schließen mit Tod, Grabtragung, Himmelfahrt und Inthronisation das mariologische Programm ab. Am Trumeau nämlich erscheint nicht die Gottesmutter, sondern Petrus als Papst. Der Bischof von Rom wird in den innersten Gewändenischen flankiert von den Erzdiakonen und römischen Stadtpatronen Stephanus und Laurentius. Nach außen folgen jeweils zwei Apostel; die restlichen acht umgeben den Freipfeiler der Vorhalle. Deren Bogenlaibungen sind mit Prophetenfiguren besetzt. Diese wie auch die Apostel der Vorhalle wurden 1907/08 durch Kopien ersetzt.

Die Nordfassade ist nur teilweise von Osten über den Domgarten zugänglich und ganz auf Fernwirkung angelegt. Diese entfaltet sich am besten von der Steinernen Brücke aus. Vor der Querhausfassade erhebt sich noch heute der im 11. Jahrhundert errichtete Nordturm des alten Doms, der sog. Eselsturm. Er sollte, wie entsprechende Maueransätze aus der Zeit um 1300 zeigen, ummantelt und zu einem mächtigen Turm ausgebaut werden.

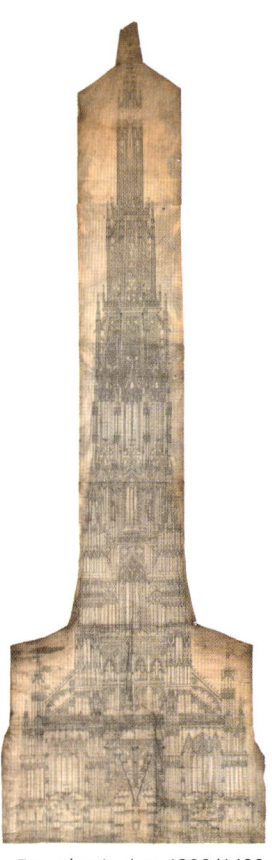

Fassadenriss (um 1390/1400, Domschatz) mit zweigeschossiger Vorhalle über dreieckigem Grundriss und einem einzigen Turm. Dieser hätte eine Höhe von etwa 150 m erreicht.

Inneres

Der dreischiffige basilikale Raum mit seinem nicht auskragenden Querhaus ist, abgesehen vom Abbruch des Lettners 1644, in architektonischer Hinsicht noch so erlebbar, wie er sich 1442,

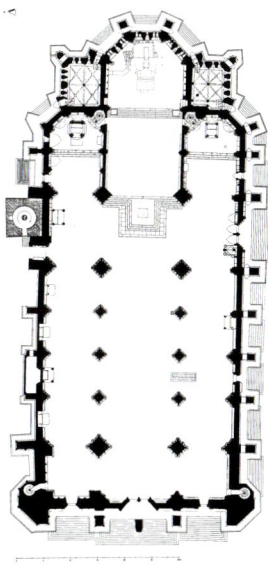

als die letzten Baugerüste entfernt wurden, darbot. Der Hauptchor ist wegen der Einbeziehung von Teilen des Vorgängerbaus auffallend erhöht. Die Sockelzone des Chorpolygons ist durch Arkaturen gegliedert, als ob sich dahinter ein Chorumgang befände. Tatsächlich bergen die Arkaden Wandschränke, die der Aufbewahrung von Reliquien dienten. Die zwei Nebenchöre sind wegen der östlich anschließenden Anbauten nur sparsam belichtet und in ihrem Wandaufbau durch Blendbögen und einen über der Sockelzone verlaufenden Umgang geprägt, der einst auf den Lettner führte. Im Südchor, dem am frühesten vollendeten Bauteil des Doms, fügte man in die Blendarkaden des Polygons zwei Säulchen aus der Zeit um 1220 ein, die höchstwahrscheinlich aus Traditionsgründen vom alten Dom übernommen wurden.

In der Vierung stehen an den westlichen Pfeilern die bekanntesten Bildwerke des Doms, die Verkündigungsgruppe des Erminoldmeisters (um 1280/85). Die beiden vorzüglichen Statuen waren ursprünglich im Hauptchor aufgestellt. Ihr Schöpfer, benannt nach dem von ihm geschaffenen Grabmal des sel. Erminold in der ehem. Benediktinerabteikirche Prüfening, hatte nach einer Ausbildung in Paris (?) bereits am Basler Münster gearbeitet, ehe er zum Hauptmeister frühgotischer Skulptur in Regensburg wurde.

An der südlichen Querhauswand führt der aus dem Südchor kommende Laufgang im Dreieck über das Doppelportal hinweg weiter ins Langhaus. Auf dem Mittelpfeiler des Portals steht eine Figur der Petronella (um 1330), der legendären Tochter Petri, mit gut erhaltener originaler Fassung. Die nördliche Querhauswand ist, da sich dahinter der Eselsturm befindet, nur sparsam durch Wandöffnungen gegliedert.

Das fünfjochige, mit einem Kreuzrippengewölbe geschlossene Mittelschiff steht durch seinen klaren dreigeschossigen Aufbau am konsequentesten in der Tradition der klassischen französischen Kathedralen: Über den durch Bündelpfeiler gegliederten Arkaden läuft das nicht belichtete, begehbare Trifo-

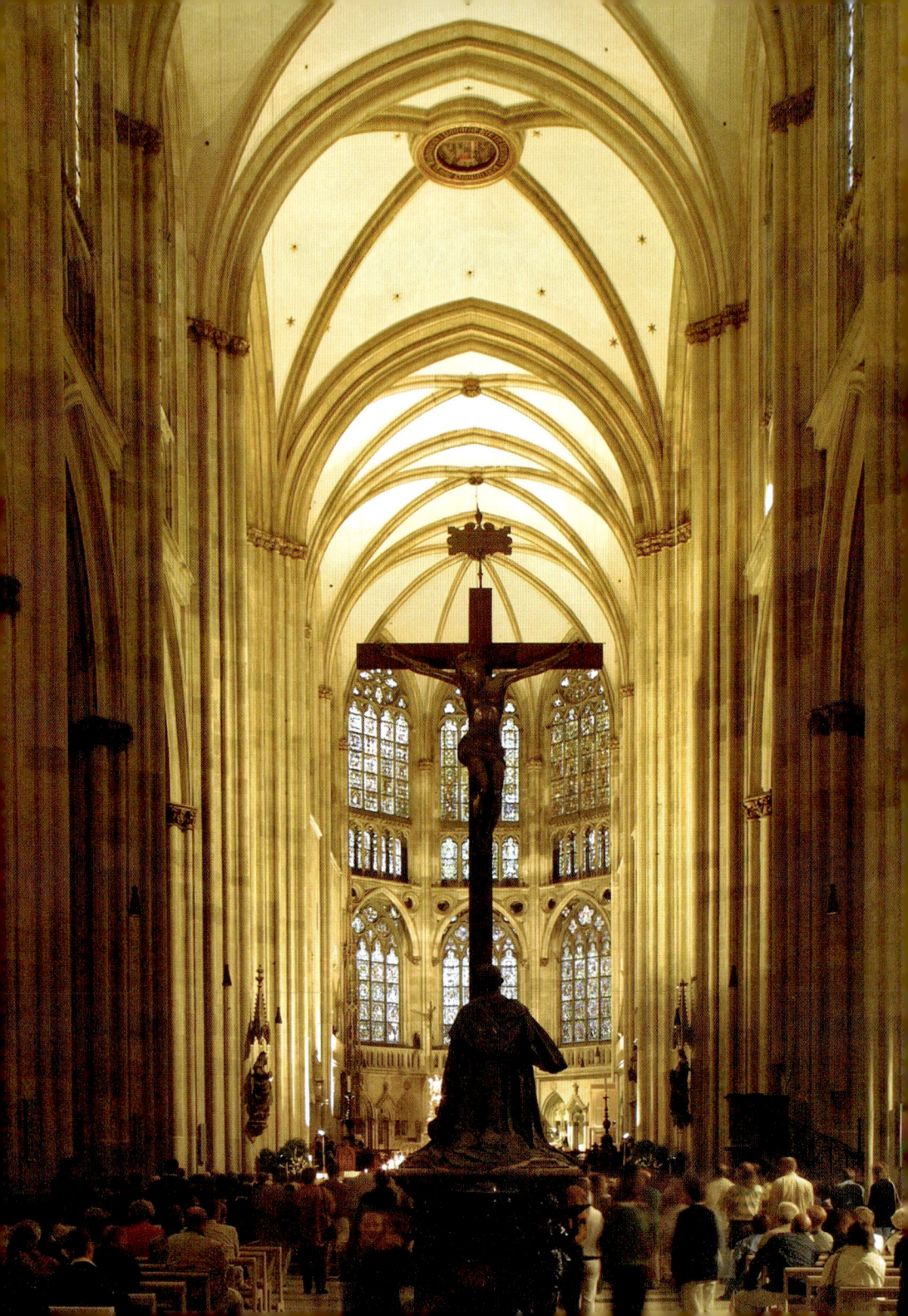

rium. Dieses geht, durchaus im Sinne der Hochgotik, formal in den großflächig durchfensterten Obergaden über. Die innere Westfassade ist zu beiden Seiten des Portals durch Erkertürmchen (1838 ergänzt) gegliedert. In ihnen stellt eine Wendeltreppe die Verbindung vom unteren Laufgang zu einem Balkon her, welcher das Portal überbrückt und den Zugang zum Altan über der Vorhalle ermöglicht. Vor den seitlichen Wanddiensten stehen sich zwei von unterschiedlicher Hand geschaffene Reiterfiguren (um 1325/30) als Portalwächter gegenüber: links der hl. Georg im ritterlichen Gewand, rechts der hl. Martin in vornehmer Kleidung. Im dritten Joch befindet sich der Zugang zur 1987 vollendeten Bischofsgruft, in die Teile des romanischen Atriums integriert sind. Die sichtbaren Säulen und Wandpfeiler gehören zu dessen letzter Umbauphase (um 1205/10).

Die Wände der Seitenschiffe sind durch den über der Sockelzone befindlichen Laufgang horizontal gegliedert, ansonsten aber unterschiedlich gestaltet: Während im Süden ein Spitzbogenfries (die Konsolfigürchen überwiegend 19. Jahrhundert) die Sockelzone abschließt und die darüberliegenden Wandfelder durch je zwei Lanzettfenster rhythmisiert sind, öffnet sich in der Sockelzone der Nordseite in den drei mittleren Jochen je ein Bogen als Zugang zu den einstigen Seitenkapellen. Der Laufgang ruht hier auf einem geraden Gesims. Die Wandflächen darüber werden gänzlich von Maßwerkfenstern eingenommen, die in der unteren Hälfte vermauert sind, da sich dahinter die Kapellendächer befanden.

Ausstattung

Ein Charakteristikum des Regensburger Domes sind seine gotischen Baldachinaltäre. Der älteste (um 1320) steht im dritten Joch des nördlichen Seitenschiffs. Als einziger noch an seinem ursprünglichen Standort befindet sich jener im zweiten Joch des südlichen Seitenschiffs (um 1330/35). Die übrigen stehen im Südchor (um 1415/20), im Nordchor (um 1430) und im Nordquerhaus (1473). Da die Überhöhung von Altären durch

Das Innere des Doms. Das mit Blick auf den Hochaltar aufgestellte frühbarocke Grabdenkmal für Kardinal Philipp Wilhelm, Herzog von Bayern, hat die Regotisierung des Doms im 19. Jh. überdauert.

steinerne Baldachine eine von frühchristlichen Märtyrergräbern hergeleitete Würdeformel ist, wird sicher auch der Hochaltar diesem Typus entsprochen haben, ehe er dem barocken Silberaltar weichen musste. Ein steinerner Baldachin, geschaffen 1500 von Konrad Roritzer, bekrönt auch den Ziehbrunnen neben dem südlichen Querhausportal.

Unter den Grabmälern sticht aufgrund seines prominenten Platzes im Mittelschiff das 1611 aufgestellte, Hans Krumper zugeschriebene Bronzedenkmal für Kardinal Philipp Wilhelm, Herzog von Bayern, hervor; es zeigt den im Alter von 19 Jahren Verstorbenen kniend vor dem Kruzifix. – Im Zuge der Regotisierung wurde das klassizistische, 1824 von dem Canova-Schüler Luigi Zandomeneghi geschaffene Marmordenkmal für den letzten Reichserzkanzler und Fürstprimas Carl von Dalberg in den Durchgang vom Nordquerhaus zum Bischofshof verbannt. Ein seltenes Beispiel nazarenischer Skulptur ist das 1837 im Südchor aufgestellte, von Konrad Eberhard ausgeführte Grabdenkmal für Bischof Johann Michael Sailer.

Von herausragender Bedeutung sind die **Glasmalereien**. Der Regensburger Dom ist eine der wenigen gotischen Kathedralen, die eine vollständige Buntverglasung besitzen und damit der gotischen Lichtmystik besonders entsprechen. Die Verglasung begann um 1300 im südlichen Nebenchor und war bis um 1370 weit fortgeschritten. Die ältesten der ca. 1100 mittelalterlichen Scheiben wurden aus einem um 1230 entstandenen Stammbaum-Christi-Fenster des Vorgängerbaus übernommen und im Triforium des Südquerhauses eingebaut. Das Obergadenfenster der südöstlichen Hauptchorschräge (um 1305) zeigt als ikonographische Besonderheit den wohl frühesten monumentalen 14-Nothelfer-Zyklus. Ab 1827 wurde auf Veranlassung König Ludwigs I. mit der Buntverglasung der Westfassade und anderer bis dahin schmuckloser Fenster begonnen. Diese Arbeiten gehören zu den Erstlingswerken der damals wiederbegründeten Technik der Glasmalerei.

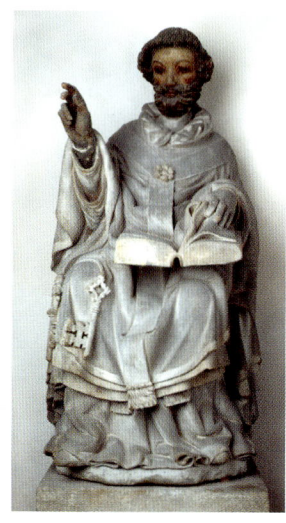

Die Thronfigur des hl. Petrus (um 1290, Historisches Museum Regensburg) ist ein Werk des Erminoldmeisters und war einst im Dom aufgestellt. Ihr Vorbild war die nur wenig ältere Sitzfigur des Apostelfürsten im Petersdom zu Rom.

Im Umkreis des Domes

Den Dom über den Nordchor verlassend gelangt man rechts zum Domkapitelhaus, das um 1320 unter Verwendung der nördlichen Seitenschiffmauern des karolingischen Doms errichtet wurde. Durch den gotischen Schwibbogen, der das Domkapitelhaus mit der Domsakristei verbindet, führt der Weg in den sog. Domgarten. Dieser diente nach dem Abbruch des karolingischen Doms bis ins frühe 19. Jahrhundert als Domfriedhof. Davon zeugt u. a. noch die Ewig-Licht-Säule von 1341. Heute wird ein Großteil des Domgartens von der Staatlichen Dombauhütte genutzt.

Bereits zu karolingischer Zeit besaß der Regensburger Dom einen Doppelkreuzgang. Der Mittelgang wurde ab dem 11./12. Jh. zur Grablege (Mortuarium) ausgebaut.

Über das Domkapitelhaus erreicht man den **Domkreuzgang (2, 🏛)**, der einst nördlich an den karolingischen Dom anschloss. Die Anlage als Doppelkreuzgang erfolgte bereits im Frühmittelalter. Der als Grablege dienende Mittelgang wurde im 12. Jahrhundert zur Halle erweitert und im 15./16. Jahr-

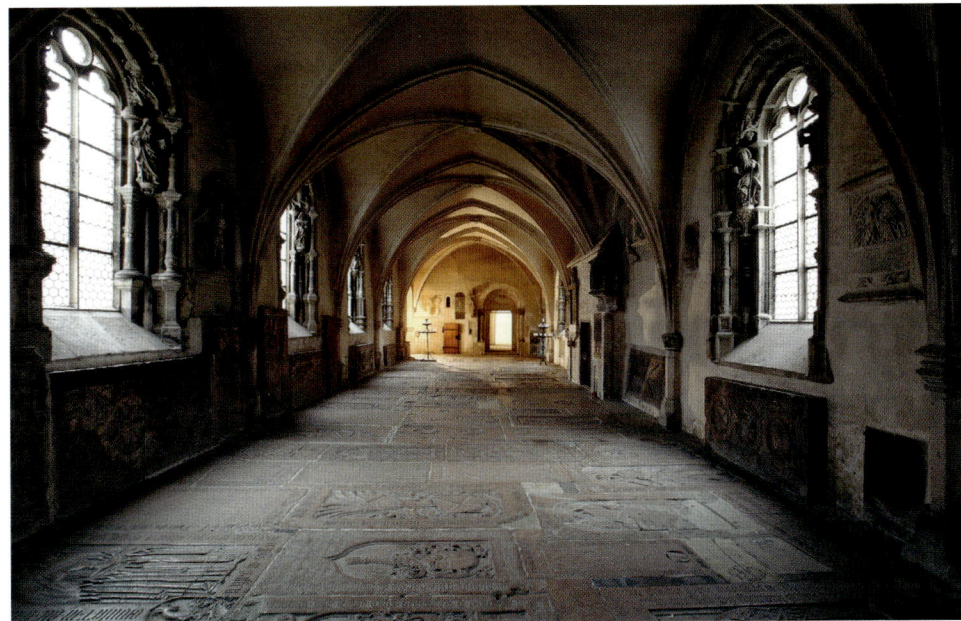

hundert erneuert. Von Anfang an stellt er die Verbindung her zur nördlich an den Kreuzgang anschließenden **Stephans-kapelle (3)**. Diese wurde um 1070/80 anstelle eines größeren dreischiffigen Vorgängerbaus aus dem 8. (?) Jahrhundert errichtet, bei dem es sich um die bischöfliche Hofkirche gehandelt haben dürfte. Der jetzige Bau, ein hoher zweijochiger Saal, ist durch halbrunde Wandnischen charakterisiert, die in der Regensburger Architektur des 11. Jahrhunderts mehrfach auftreten (vgl. S.145f., 149, 151). Letztlich handelt es sich dabei um eine aus der Antike übernommene und in der karolingischen Epoche, so etwa in Aquileia zu Beginn des 9. Jahrhunderts, wieder angewandte Würdeformel. Der in der Apsis stehende Altar (10./11. Jh. oder früher) ist ein mit Blendfensterchen geschmückter Kalksteinblock, der vermutlich aus dem Vorgängerbau stammt.

Östlich an die Mittelhalle des Domkreuzgangs angebaut erhebt sich die **Allerheiligenkapelle (4)**. Bischof Hartwig II. († 1164) ließ sie sich von lombardischen Bauleuten als sein eigenes Mausoleum errichten. Die Architektur des überaus harmonischen Zentralbaus weist in der Tat enge Bezüge zu den

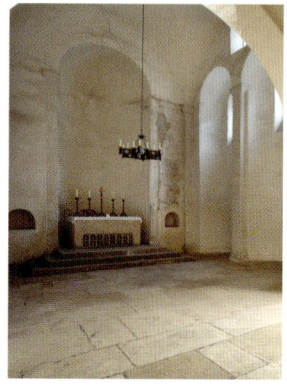

St. Stephan am Domkreuzgang, errichtet um 1070/80 anstelle eines dreischiffigen Vorgängerbaus aus dem 8. (?) Jh.

St. Stephan am Domkreuzgang. Drei Seiten des Altarblocks sind mit Fensterchen versehen, die auf einen ursprünglich darunter befindlichen Reliquienschatz verweisen.

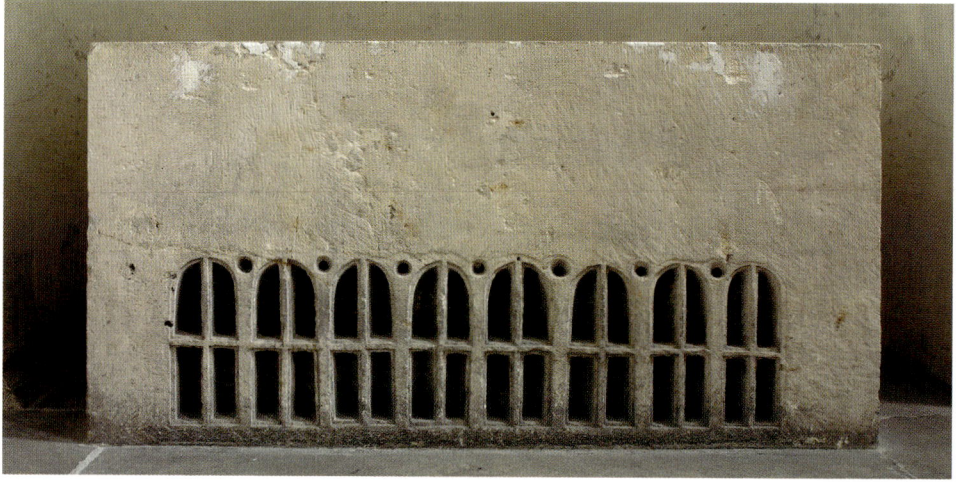

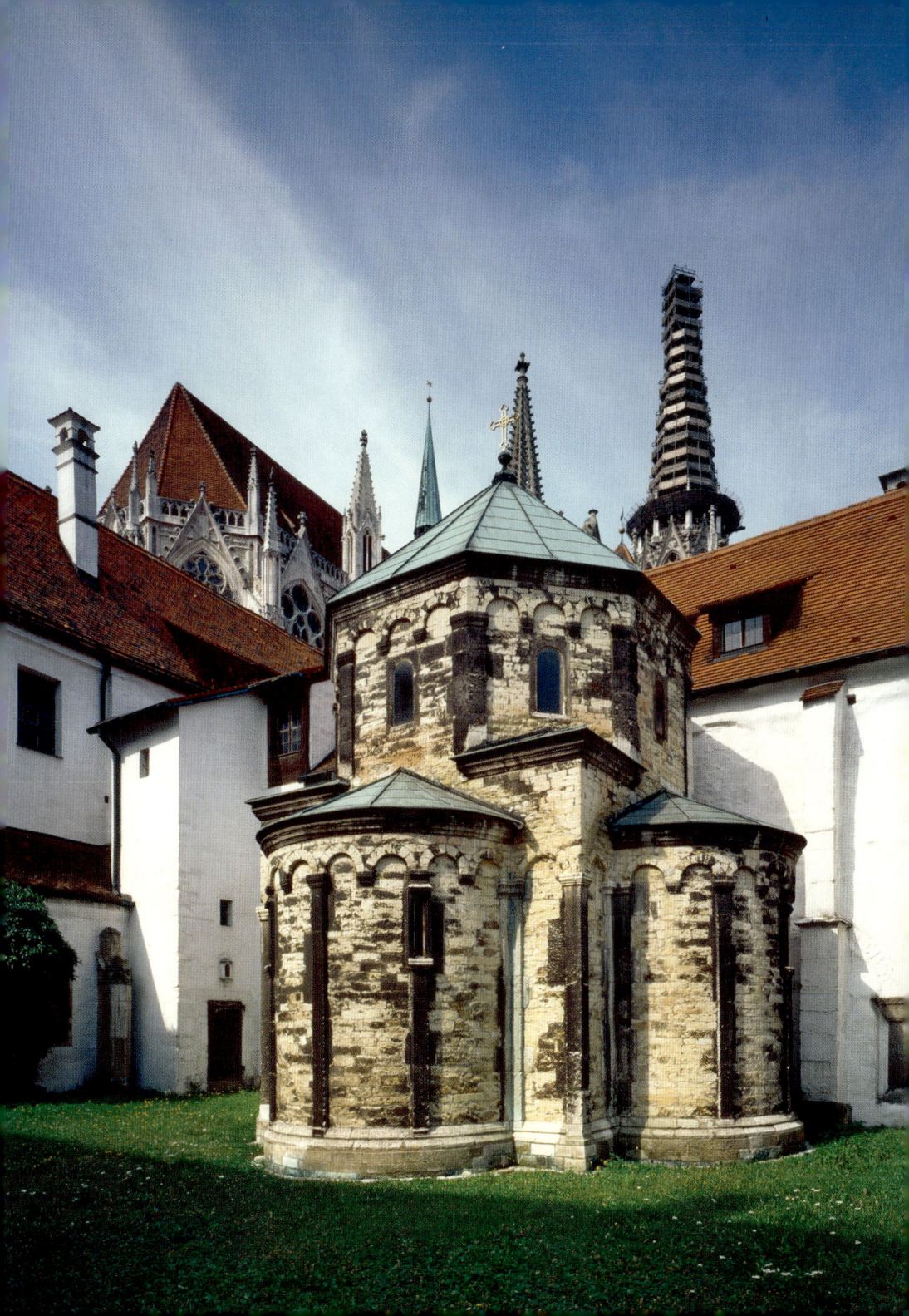

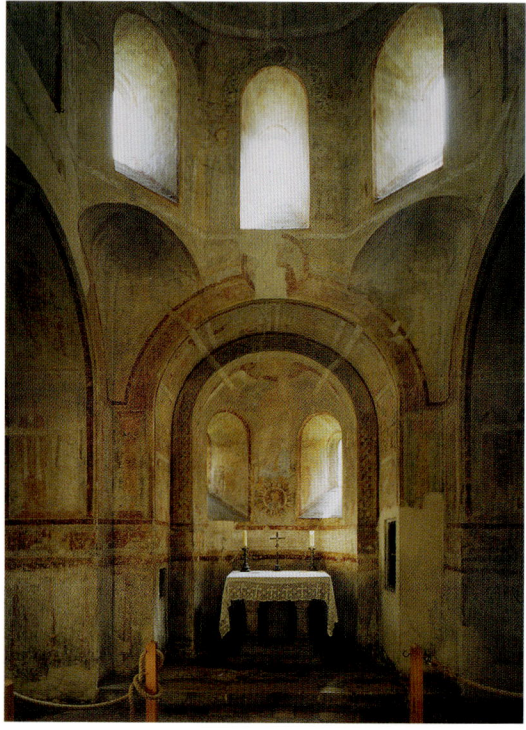

Seite 53: Die Allerheiligenkapelle (um 1160), qualitätvolles Beispiel für die Tätigkeit
lombardischer Baumeister im
Regensburg des 12. Jhs.

Inneres der Allerheiligenkapelle.
Sie diente als Mausoleum
Bischof Hartwigs II. († 1164),
der sich als erster Regensburger
Bischof nicht mehr in St. Em-
meram bestatten ließ.

Baptisterien von Galliano di Cantù und Mariano Comense auf.
Im Gegensatz zum reich differenzierten Äußeren besitzen die In-
nenwände keinerlei Gliederungselemente, denn ihre Aufgabe
war es, Bildträger für die Malereien zu sein, die den gesamten
Raum überzogen und ihre eigene, malerische Binnengliederung
besaßen. Von diesen aus der Erbauungszeit stammenden Fresken ist jedoch seit einer 1955 durchgeführten „Restaurierung"
nur noch ein schwacher Abglanz erkennbar. Thematisch beziehen sich die Malereien auf die Lesung des Allerheiligenfestes
nach der Offenbarung des Johannes, wobei der Schwerpunkt
auf dem Beginn des Jüngsten Gerichtes mit der Errettung der
Auserwählten liegt. Der in der östlichen der drei Apsiden befindliche Tischaltar stammt ebenfalls aus der Erbauungszeit.

St. Ulrich

Im Süden wird der Domgarten von der Kirche **St. Ulrich (5, 🏠)** begrenzt. Um 1225 als herzogliche Pfalzkirche begonnen, erhebt sie sich an der damaligen Nahtstelle zwischen herzoglichem und bischöflichem Territorium. Die für den Typus der Palastkapelle charakteristische Zweigeschossigkeit wurde jedoch noch während der Bauzeit aufgegeben. Stattdessen entschied man sich für eine umlaufende Empore. Der Grund dafür dürfte in dem ab 1230 schwindenden Einfluss des Herzogs innerhalb der Stadt liegen. Die Kirche geriet offensichtlich in den Machtbereich des Bischofs und wurde zur Dompfarrkirche (mit Turm an der Südwestecke) umfunktioniert. Als solche ist sie 1263 erstmals erwähnt. Diese Nutzung endete 1821 mit der Verlegung der Dompfarrei nach Niedermünster. Die im Zuge der Säkularisation profanierte Kirche entging nur knapp dem

St. Ulrich (2. Viertel 13. Jh.), Gründungsbau der Gotik in Regensburg. Dahinter der sog. Römerturm.

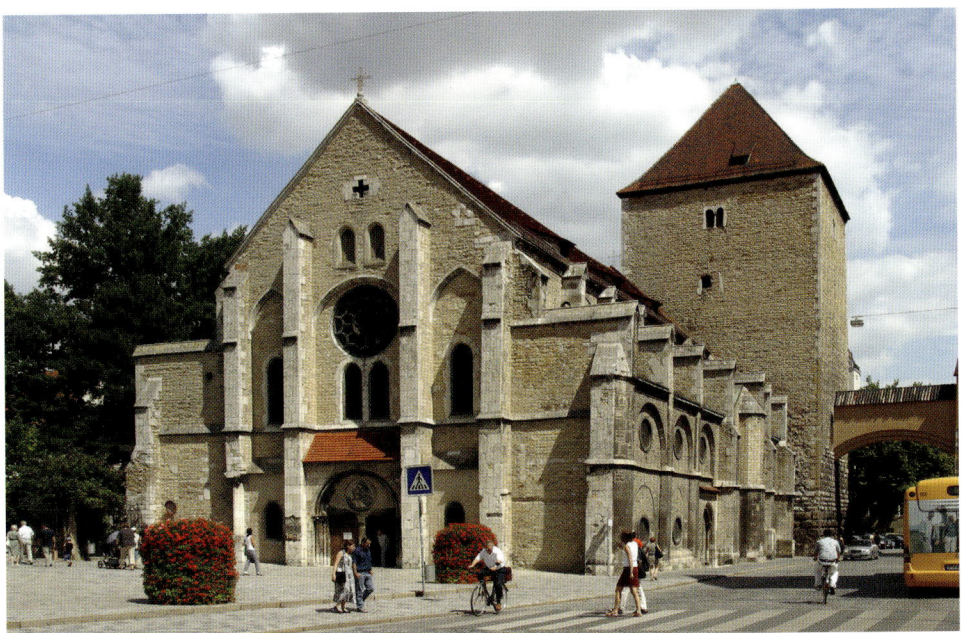

Abbruch. 1859 wurden der Turm und die Vorhalle abgetragen. Seit 1986 beherbergt die Kirche das Diözesanmuseum.

Die höchst wechselhafte Geschichte von St. Ulrich kann nicht darüber hinwegtäuschen, dass die Kirche trotz ihres massigen Erscheinungsbildes zu den frühesten Bauten der Gotik in Süddeutschland gehört. Besonders augenfällig wird dies an der Fensterrose, die genau nach dem Vorbild der West- und der Chorrose der Kathedrale von Laon ausgeführt ist. In der Regensburger Architektur der Gotik blieb das Motiv der Fensterrose ein Einzelfall.

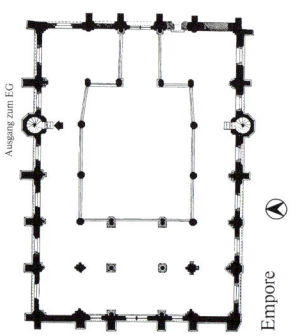

Äußeres

Die basilikale Anlage erhebt sich über rechteckigem Grundriss. West-, Nord- und Südfassade sind durch Strebepfeiler gegliedert, die an den Langseiten die Jocheinteilung erkennen lassen. Die ovalen Seitenschifffenster stammen von 1688. Das Portal an der Südseite ist noch im originalen Zustand erhalten; im Tympanon eine Darstellung der Himmelfahrt Christi. Stark verändert ist dagegen das Westportal, dessen Tympanon seit 1859 ein Marienrelief von Fidelis Schönlaub schmückt.

Inneres

Die eigenwillige Erscheinung des fünfschiffigen Raumes erklärt sich aus der frühen Planänderung von der zweigeschossigen Hofkirche zur Pfarrkirche. Die Gewölbe, die heute die Emporen tragen, sollten ursprünglich auch in der Mitte geschlossen werden, so dass sich im Untergeschoss ein kryptenartiger Raum ergeben hätte, im Obergeschoss dagegen eine hohe dreischiffige Halle mit niedrigeren Seitenschiffen. Tatsächlich wurde jedoch vom dritten bis zum fünften Joch auf die Decke über den drei mittleren Schiffen verzichtet.

Im ursprünglichen Sinne erlebbar ist die Gegenüberstellung der beiden großen Fenstergruppen im Osten und Westen des Obergeschosses. Während im Westen, wie am Obergaden der Kathedrale von Chartres, über zwei Spitzbogenfenstern eine

Fensterrose sitzt, ist diese Fensterkombination im Osten, nach dem Vorbild der Obergadenfenster von Notre-Dame in Paris, zu einem einzigen großen Maßwerkfenster verschmolzen. Damit weist die Mauer über dem Hochaltar den höchsten Grad an Transparenz auf. Seitlich dieses Fensters sind auch bemerkenswerte Wandmalereien aus der Erbauungszeit erhalten, während die übrige Ausmalung von 1571 und aus dem frühen 17. Jahrhundert stammt.

Niedermünster

Verlässt man den Domgarten nach Osten, stößt man auf das **Niedermünster (6)**. Die Ursprünge des einstigen adeligen Damenstifts sind eng mit der Verehrung des hl. Erhard verbunden. Dieser war im späten 7. Jahrhundert von agilolfingischen Herzögen zum Zweck der Kirchenorganisation nach Bayern gerufen worden. Er scheint die Funktionen eines Landes- und Hofbischofs in sich vereinigt zu haben. Als Erhard bald nach 700 starb, wurde er im Bereich der herzoglichen Residenz bestattet, und zwar an der inneren Nordwand einer 25 m langen, unter Verwendung römischer Mauern errichteten Saalkirche. Bei dieser handelte es sich, wie einige Grabmäler nahelegen, um die Pfalzkapelle der Agilolfinger. Es waren jedoch das Grab des Heiligen und die daran angrenzende Nordmauer, die für die folgenden Neubauten als Bezugspunkte bestimmend blieben: Sowohl die um 800 errichtete karolingische Saalkirche als auch die ottonische Basilika nahmen die Nordmauer der agilolfingischen Hofkirche auf. Der karolingische Bau muss bereits vor 833 Zentrum eines im Zusammenhang mit der Erhardsverehrung entstandenen Damenstifts gewesen sein. Der ottonische Bau wurde vom Bayernherzog Heinrich I., dem Bruder Kaiser Ottos des Großen, begonnen und nach dessen Tod 955 von seiner Frau Judith vollendet. Sie trat 973 dem Damenstift bei und wurde dessen Äbtissin. Judiths Enkel, Kaiser Heinrich II., verlieh dem Stift 1002 die Reichsunmittelbarkeit. 1052 nahm

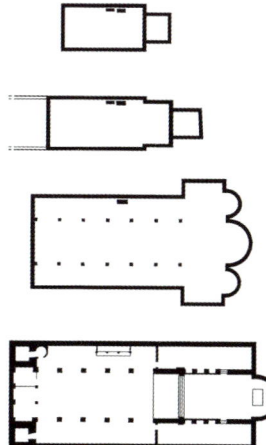

Die vier Bauphasen des Niedermünsters: agilolfingische Pfalzkapelle (um 700), karolingische Saalkirche (um 800), ottonische Basilika (um 955), romanische Basilika (nach 1146)

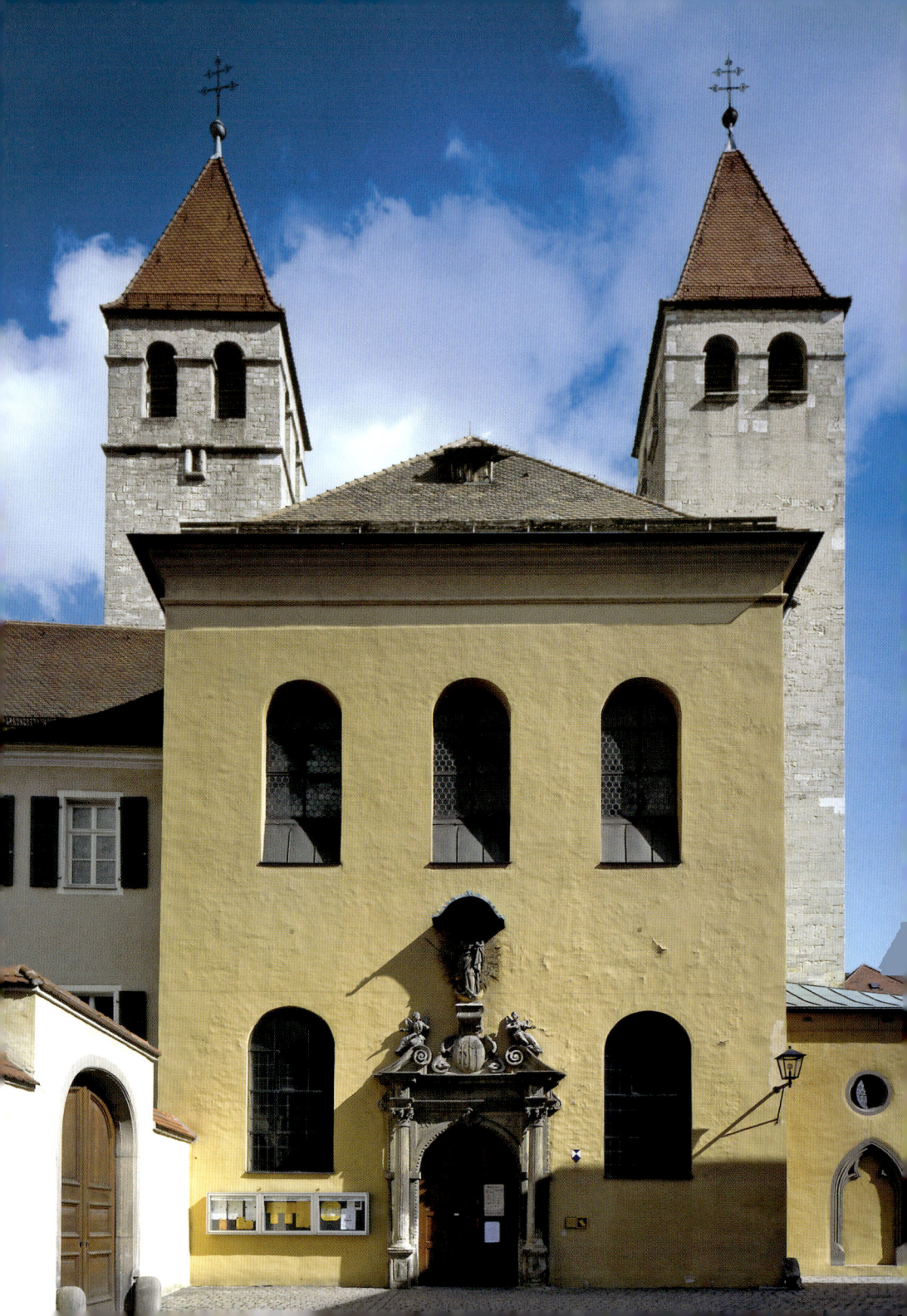

Die Westfront des Nieder-
münsters. Die romanische
Vorhalle der Basilika wurde
im 17. Jh. aufgestockt.

Papst Leo IX. die Erhebung des Erhardsgrabes vor. Als um die
Mitte des 12. Jahrhunderts die heutige romanische Basilika erbaut wurde, errichtete man deren Nordmauer wiederum über
jener der agilolfingischen Kirche. Ausgeführt wurden die Arbeiten sehr wahrscheinlich ab 1146 von Bauleuten aus der Diözese Como. Trotz barocker Eingriffe ist die romanische Anlage im
Äußeren wie im Inneren noch gut erkennbar.

Die tausendjährige Geschichte des adeligen Damenstifts
endete mit der Aufhebung der Reichsfreiheit und der Säkularisation im frühen 19. Jahrhundert. Seit 1821 ist die Basilika
Dompfarrkirche, während die im Barock erneuerten Stiftsgebäude als bischöfliche Residenz dienen.

Äußeres

Nach Westen tritt der Bau durch seine Vorhalle und die beiden
dahinter aufragenden Türme in Erscheinung. Während die im
12. Jahrhundert errichtete Vorhalle 1621 barockisiert und mit
einem Obergeschoss versehen wurde, haben die Türme ihr
romanisches Aussehen ebenso bewahrt wie die Fassaden von
Langhaus und Chor. Vom Straßenraum aus sichtbar ist allerdings nur der in Großquadermauerwerk hochgezogene Chorschluss, dessen strenges, ohne Fassadenzier auskommendes
Aussehen die Erhardigasse beherrscht.

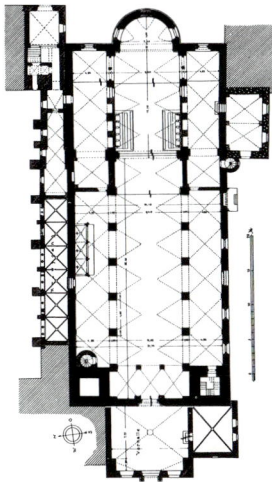

Inneres

Beim Betreten der Vorhalle überrascht zunächst deren ungewöhnliche Tiefe. An den Seitenwänden sind das romanische
Mauerwerk und vermauerte Arkaden zu sehen. Steinsichtig
präsentiert sich auch die Eingangsfront der Kirche mit ihrem
Stufenportal (um 1150), das stilistisch die oberitalienische Herkunft seines Meisters verrät. Eine Rarität sind die bronzenen
Türzieher, die wohl im frühen 13. Jahrhundert in Norddeutsch-
land entstanden sind.

Die langgezogene dreischiffige Pfeilerbasilika mit ihren
rundbogigen Arkaden, dem tiefen Chor und der abschließen-

den Apsis hat trotz zweier Barockisierungsphasen ihren romanischen Charakter weitgehend gewahrt. 1625 wurden die Flachdecken durch Tonnengewölbe mit Stichkappen ersetzt und die Orgelempore im Westen sowie Oratorien über den östlichen Seitenschiffjochen eingebaut. Dadurch wirken die beiden Nebenchöre räumlich abgetrennt. Die zurückhaltende Stuckierung der Wände stammt aus der Zeit um 1730. Von der romanischen Wandfassung zeugen noch die (stark restaurierten) Malereien am Apsisbogen (Halbfiguren von Aposteln) und an der Westwand (Majestas Domini).

Ausstattung

Die Altäre sind barock. Am bemerkenswertesten ist der marmorne Hochaltar nach Entwurf des Salzburgers Jakob Mösl (1763). Der frühbarocke Marienaltar im nördlichen Seitenschiff birgt eine Holzfigur der thronenden Gottesmutter im byzantinischen Typus der Nikopoia (Anfang 13. Jahrhundert).

Ebenfalls im linken Seitenschiff erhebt sich über drei auf Bodenplatten liegenden Bischofsfiguren eine Baldachinarchitektur aus der Zeit um 1325/30 mit (stark retuschierter) Farbfassung aus dem frühen 16. Jahrhundert. Ältester Teil der Anlage ist die in der Mitte liegende Erhardsfigur, eine qualitätvolle Steinskulptur (um 1300), die den Ort des darunter befindlichen Heiligengrabes markiert. Einige Jahre später entstanden ist die rechts daneben liegende Figur. Sie stellt den im frühen 8. Jahrhundert ebenfalls darunter bestatteten sel. Albert von Cashel dar, einen irischen Bischof, der auf der Rückkehr von einer Pilgerreise ins Heilige Land in Regensburg verstorben ist – der Legende nach, als er vom Tod seines Amtsbruders und Freundes Erhard erfuhr. Die dritte Liegefigur ist aus Holz und zeigt einen unbekannten Bischof. Sie dürfte aus Gründen der Symmetrie im 17. Jahrhundert ergänzt worden sein. Noch zum Originalbestand der Baldachinanlage gehört jedoch das am linken Eckpfeiler angebrachte Figürchen einer weiblichen Heiligen, die mit Herzogin Judith identifiziert wird.

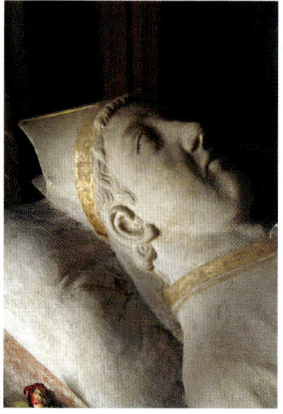

Niedermünster, Tumbafigur des hl. Erhard (um 1300)

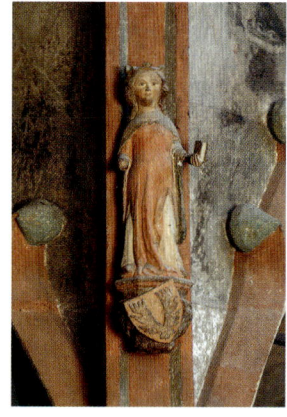

Niedermünster, Figürchen einer weiblichen Heiligen (Äbtissin Judith?) an der Baldachinanlage über dem Grab des hl. Erhard (um 1325/30)

Niedermünster, gotische Baldachinarchitektur über dem Grab des hl. Erhard, ausgeführt um 1325/30 von Meistern der Dombauhütte

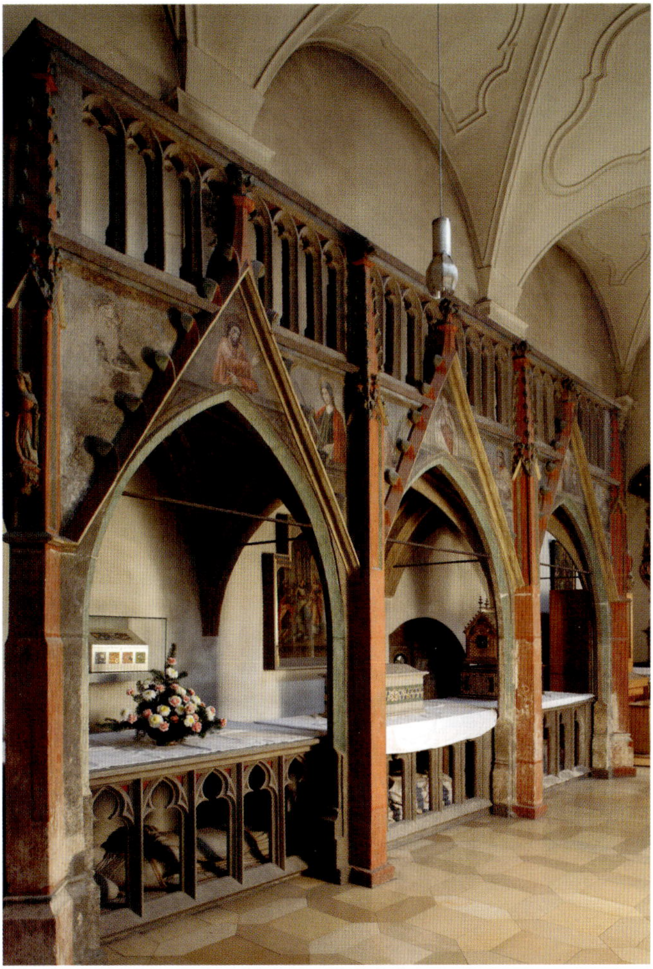

Durch die *fenestella* (Fensterchen) hinter dem Erhardigrab konnten die Stiftsdamen von Niedermünster vom Kreuzgang aus „Kontakt" mit dem Heiligen aufnehmen.

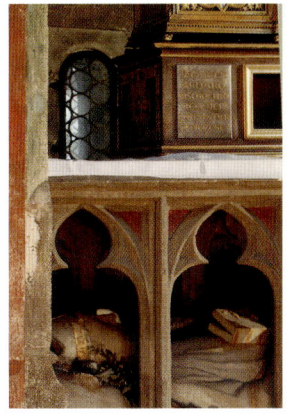

Weitere bedeutende Bildwerke der Frühgotik sind die hölzerne Kreuzigungsgruppe (um 1300) in der von der Vorhalle aus zugänglichen Kriegergedächtniskapelle sowie die steinerne Madonna an der südlichen Wand des Hauptchores (1. Hälfte 14. Jahrhundert). Gegenüber, an der nördlichen Chorwand, befinden sich dagegen zwei vorzügliche frühbarocke Bronze-

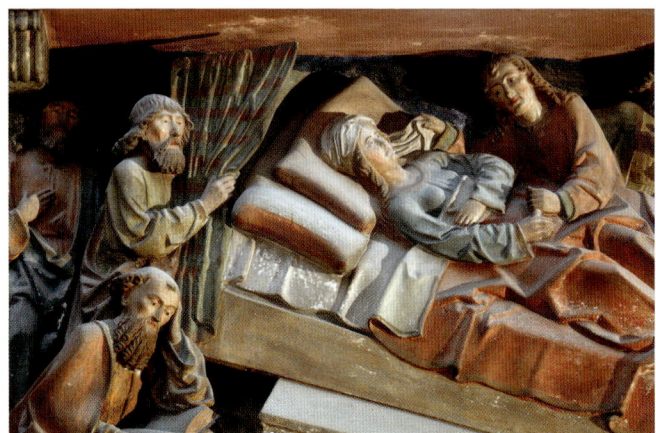

Niedermünster, Steinrelief
des Marientodes (um 1430)
an der Südwand des
Hauptchores

plastiken: der Gekreuzigte und die trauernde Magdalena von
Georg Petel (um 1630). Die Gruppe war ursprünglich frei im
Raum unter dem Chorbogen aufgestellt. Zur selben Ausstat-
tungsphase gehört das 1631 unter der Orgelempore errichtete
Grabmal der Herzogin Judith. Die 986 verstorbene Begründerin
des Damenstifts ist in Anlehnung an mittelalterliche Tumben-
figuren liegend auf dem Sarkophagdeckel dargestellt.

Archäologisches Untergeschoss
(*document* Niedermünster Ⓜ)

Unter der Orgelempore befindet sich der Zugang zu den in den
1960er Jahren ergrabenen Resten der Vorgängerbauten. Auf
einer Fläche von rund 600 m² wird hier, dank aufwändiger di-
daktischer Aufbereitung, die Siedlungsgeschichte von den römischen Soldatenunterkünften über die Völkerwanderungszeit
bis zur Abfolge der Sakralbauten vom 7. Jahrhundert bis zum
Bau der heutigen romanischen Kirche erlebbar.

Vom Niedermünster gelangt man südwärts nach wenigen
Metern auf den Alten Kornmarkt. Ein kurzer Abstecher führt
durch die Pfluggasse in die Erhardigasse, die dem Verlauf der
römischen *via sagularis* folgend parallel zur Mauer des Legi-

onslagers nach Norden führt. Die Bauten entlang der Gasse sind eng mit der Geschichte des Niedermünsters verbunden. Außer dem auf der Westseite mächtig aufragenden Chor der Stiftskirche besonders bemerkenswert ist die **Erhardikapelle (7)**: Hinter einer neuromanischen Vorhalle (1892), die mit originaler Bauplastik aus dem Kreuzgang des Schottenklosters (vgl. S. 191) versehen ist, befindet sich einer der rätselhaftesten Sakralräume Regensburgs. Vermutlich ins 10. Jahrhundert zu datieren, bildete die dreischiffige, auf schlanken Pfeilern ruhende kleine Halle ursprünglich das Erdgeschoss eines zweigeschossigen Gebäudes. Nahe der Kapelle befindet sich der sog. Erhardibrunnen, der nach der ersten, Ende des 11. Jahrhunderts verfassten Biographie des Heiligen von diesem selbst gegraben worden sein soll.

Auf dem Rückweg zum Alten Kornmarkt blickt man in der Pfluggasse auf die Nordmauer des von Kaiser Ferdinand II. zur Stärkung des Katholizismus in der protestantischen Reichsstadt 1634 gegründeten **Karmelitenklosters (8)**. Im Mittelalter hatten sich hier die Höfe der Bischöfe von Bamberg und Freising befunden. Die Grundsteinlegung erfolgte jedoch erst 1641

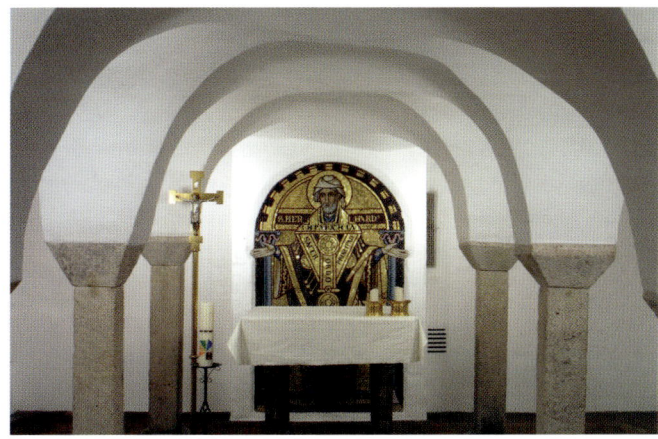

Die Erhardikapelle, einziger vollständig erhaltener Sakralraum des vorromanischen Niedermünsterkomplexes. Die Ausstattung ist neuromanisch.

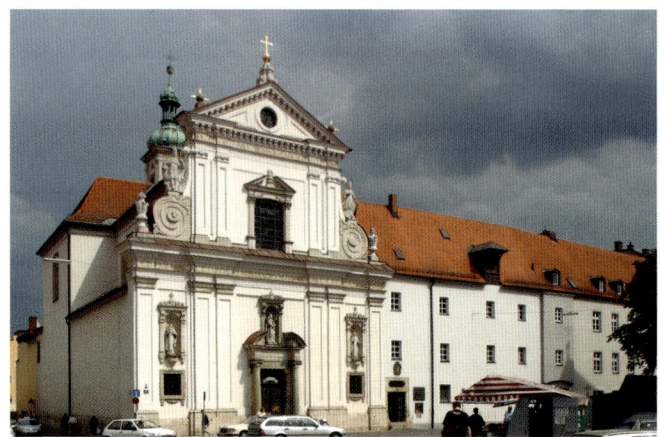

Kirche und Kloster der Unbeschuhten Karmeliten, im 17. Jh. auf kaiserliche Initiative zum Missfallen der protestantischen Reichsstadt errichtet.

durch Friedrich III., und der Baubeginn der Kirche ließ bis 1660 auf sich warten. Die auf den Alten Kornmarkt ausgerichtete Kirchenfassade (1673) folgt jener, die Ottaviano Mascherino für die Mutterkirche des Ordens, S. Maria della Scala in Rom, entworfen hatte. Als das 1810 säkularisierte Kloster 1836 von König Ludwig I. wiederbegründet wurde, erhielt die ihrer Ausstattung beraubte Kirche barocke Altäre aus anderen Regensburger Kirchen. Der Hochaltar (1701) und die beiden Querhausaltäre (1624–27) stammen aus dem Dom, die Altäre der Seitenkapellen aus St. Kassian und der 1838 abgerissenen Augustinerkirche.

Von der Karmelitenkirche fällt der Blick quer über den Alten Kornmarkt auf den **Herzogshof (9)** mit dem sog. **Römerturm (10)**. Die beiden Bauten markieren den nordwestlichen Teil der spätestens ab 976 von den bayerischen Herzögen genutzten karolingischen Pfalz. Nach dem Stadtbrand von 1152 kam es zu umfangreichen Um- und Neubaumaßnahmen. 1196 bezogen die Wittelsbacher die Pfalz und ließen sie repräsentativ ausbauen. So wuchs gegen 1210 auf einem karolingischen Unterbau (Schatzkammer) der trutzige Wohnturm empor, der später wegen seiner mächtigen Quader, die an jene der römischen Lagermauer erinnern, irreführend als Römerturm bezeichnet wurde. Er besteht aus einem ungemein massiven Erdgeschoss mit einer zweischaligen Mauer aus Granitquadern. Darüber erheben sich vier Geschosse aus Bruchsteinmauerwerk mit Eckquaderung. Als einziger der Regensburger Wohntürme war der Römerturm in seinen Obergeschossen beheizbar.

Der Schwibbogen, der den Turm mit dem Herzogshof auf der anderen Seite der Domstraße verbindet, stammt von 1937, ersetzt jedoch einen historischen Übergang.

Der Herzogshof und der sog. Römerturm (Anfang 13. Jh.) sind Reste der bayerischen Herzogspfalz und zugleich die ältesten erhaltenen Repräsentationsbauten des bayerischen Staates.

Auch der heutige Herzogshof geht auf die Modernisierung der Pfalz unter den Wittelsbachern im frühen 13. Jahrhundert zurück, wenngleich sich sein Aussehen von 1936 bis 1940 abermals stark verändert hat: Durch den Abbruch der westlichen Gebäudeteile blieb von der ursprünglichen Vierflügelanlage

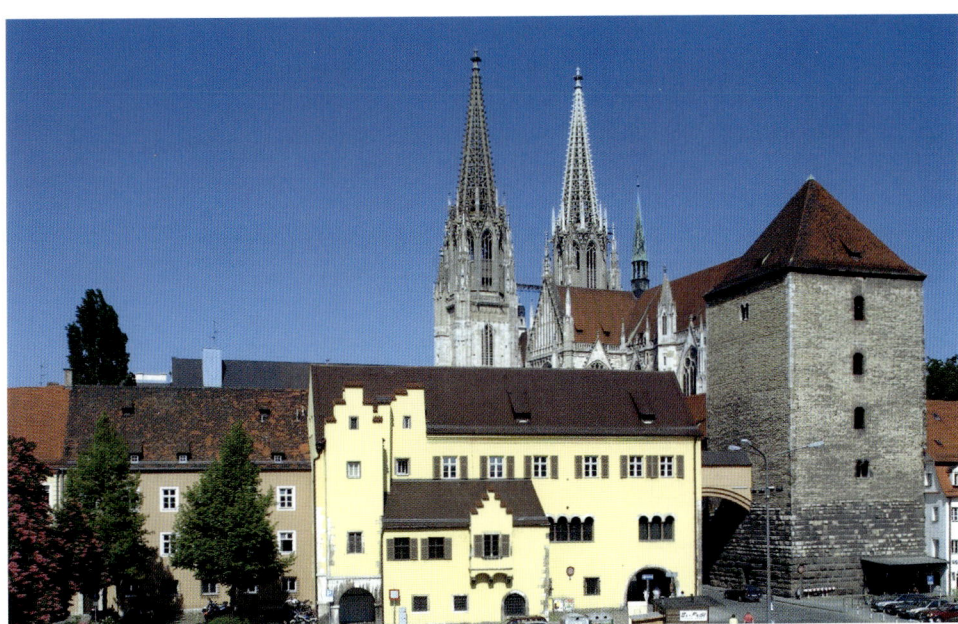

lediglich der Saalbau übrig. Auch dieser erfuhr durch den Durchbruch eines Fußgängerdurchgangs und den Einbau neuer Fenster empfindliche Veränderungen. Durch eine aufwendige Restaurierung in seinem ursprünglichen Erscheinungsbild wiedergewonnen wurde damals jedoch der im ersten Stock gelegene Festsaal, der sog. Herzogssaal. Die Fassung der mit heraldischen Symbolen bemalten Holzdecke gibt den Zustand des späten 13. Jahrhunderts wieder. Die südlich an den Saal angrenzende Kapelle greift mit ihrem rechteckigen Chor in das von einem Treppengiebel bekrönte Türmchen ein, das an der Ostfassade des Herzogshofs aufragt. Die in der Südwand der Kapelle befindliche Gruppe aus zwei Rundbogenfenstern und einem darüber sitzenden dritten Fensterchen ist für Regensburger Kapellen der Romanik charakteristisch.

Alte Kapelle

Den südlichen Abschluss des Alten Kornmarkts bildet die **Alte Kapelle (11)**. Um den Ursprung dieser der Gottesmutter geweihten Kirche ranken sich Legenden, die sie gleichsam als Mutterkirche Bayerns preisen. Sicher ist, dass König Ludwig der Deutsche (826–876) sie als Pfalzkapelle unter Verwendung römischen Baumaterials hat neu erbauen lassen. Er richtete bei der Kirche ein Kollegiatstift ein, das – als einziges aus karolingischer Zeit – bis zum heutigen Tag besteht. Als die Pfalz unter Kaiser Arnulf von Kärnten Ende des 9. Jahrhunderts in den Bereich von St. Emmeram (vgl. S. 138) verlegt wurde, verfiel die Kirche zusehends. Nachdem der nunmehr als „Alte Kapelle" bezeichnete Bau bereits 976 als baufällig galt, ließ ihn Kaiser Heinrich II., ein großer Förderer des Stifts, 1002 wieder herstellen. Ob es sich dabei um einen völligen Neubau oder nur um eine grundlegende Instandsetzung handelte, ist unklar. Diese karolingisch-ottonische Basilika erhielt anstelle der ursprünglichen Mittelapsis 1441–52 einen mächtigen Chor,

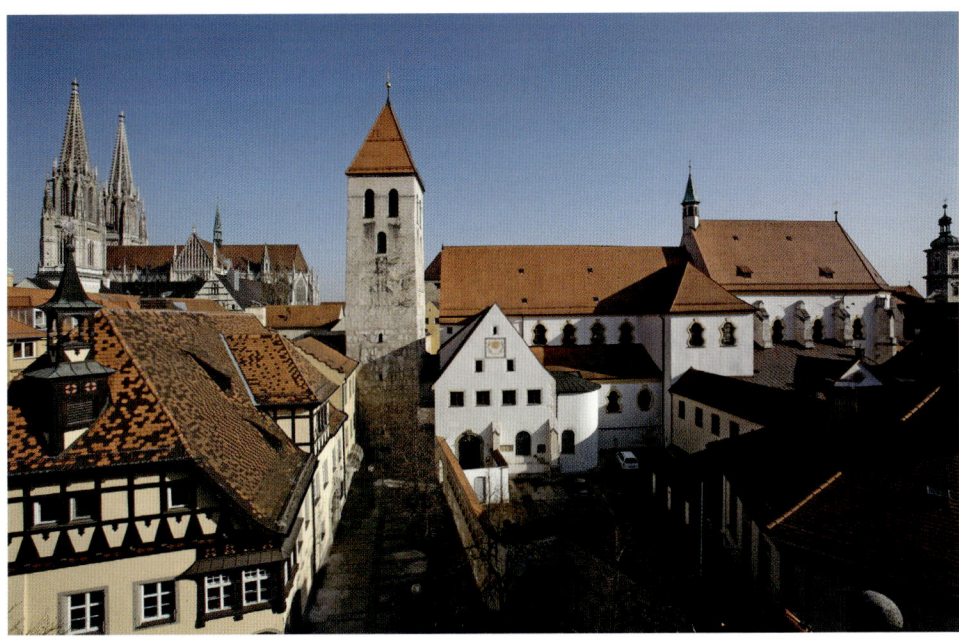

Die Alte Kapelle von Süden. Wie bei frühmittelalterlichen Regensburger Kirchen üblich, steht der Glockenturm frei.

gestiftet von Pfalzgraf Johann von Neumarkt. Anlässlich der 1754 zu begehenden 750-Jahr-Feier der Wiederbegründung des Kollegiatstiftes durch Heinrich II. erfolgte ab 1747 die Umgestaltung des Kirchenraums im Stil des Rokoko.

Für die mittelalterliche Literaturgeschichte ist die Alte Kapelle ausgerechnet aufgrund von Liebesbriefen von Bedeutung: Aus dem frühen 12. Jahrhundert, als die Kanoniker auch die Schülerinnen eines der beiden Regensburger Damenstifte unterrichteten, sind lateinische Verse erhalten, welche die jungen Mädchen mit ihren Lehrern austauschten. Darunter befinden sich auch amouröse Botschaften, bei denen es sich um die ersten bekannten Liebesbriefe auf deutschem Boden handelt.

Äußeres

Vom Alten Kornmarkt aus ist die bauliche Entwicklung gut ablesbar. Ganz im Westen erhebt sich der freistehende Turm, der sehr wahrscheinlich auf das 9. Jahrhundert zurückgeht und in ottonischer Zeit sowie im 12./13. Jahrhundert durch Aufstockung zum Glockenturm ausgebaut wurde. In ihm sind ebenso römische Quader vermauert wie im unteren Bereich der karolingischen, unter Heinrich II. erneuerten Basilika. Diese wird nach Osten von einem nur geringfügig ausladenden Querhaus abgeschlossen, an das der hohe spätgotische, durch Strebepfeiler rhythmisierte Langchor angebaut ist. Die beiden so unterschiedlichen Bauteile werden formal durch das gemeinsame Band der Bassgeigenfenster zusammengehalten, das die barocke Vereinheitlichung des Innenraums schon in der Außenansicht erahnen lässt. Von der Redaktion des 18. Jahrhunderts zeugt ferner die Fassade der dem Platz zugewandten Vorhalle mit dem Hauptportal (1752). Um trotz dieser „Modernisierung" auf die ehrwürdige Vergangenheit der Kirche anzuspielen, bestückte man die barocke Portalwand mit mittelalterlichen Bildwerken: einer bekrönenden Madonna (um 1360/70), zwei flankierenden romanischen Löwen und, in den seitlichen Figurennischen, mit zwei gleichfalls romanischen Skulpturen, deren ursprüngliche Bedeutung umstritten ist.

Inneres

Von der Vorhalle fällt der Blick zu beiden Seiten in mittelalterliche Annexbauten: links die um 1300 errichtete Vituskapelle, einst Grabkapelle der Patrizierfamilie Gumprecht und später Taufkapelle der Stiftspfarrei. Auf diese Nutzung verweist ein nachträglich hier aufgestellter Taufstein (Ende 12. Jahrhundert); bemerkenswert ist ferner eine Holzmadonna aus der Zeit um 1270/80. Auf der Westseite der Vorhalle erlauben zwei Fenster den Blick in einen Raum, der das Relikt einer zweigeschossigen mittelalterlichen Anlage ist, nach einem Bombentreffer 1944 aber viel von seiner historischen Anschaulichkeit verloren hat. Es handelt sich um die einstige Marienkapelle „sub gradu", die „unter der Stiege" lag, welche in die im Obergeschoss befindliche Erasmuskapelle führte. Eine – erst 1392

Blick in den Chor der Alten Kapelle. Die spätgotische Anlage wurde im 18. Jh. zu einem der prächtigsten Rokoräume Bayerns umgestaltet.

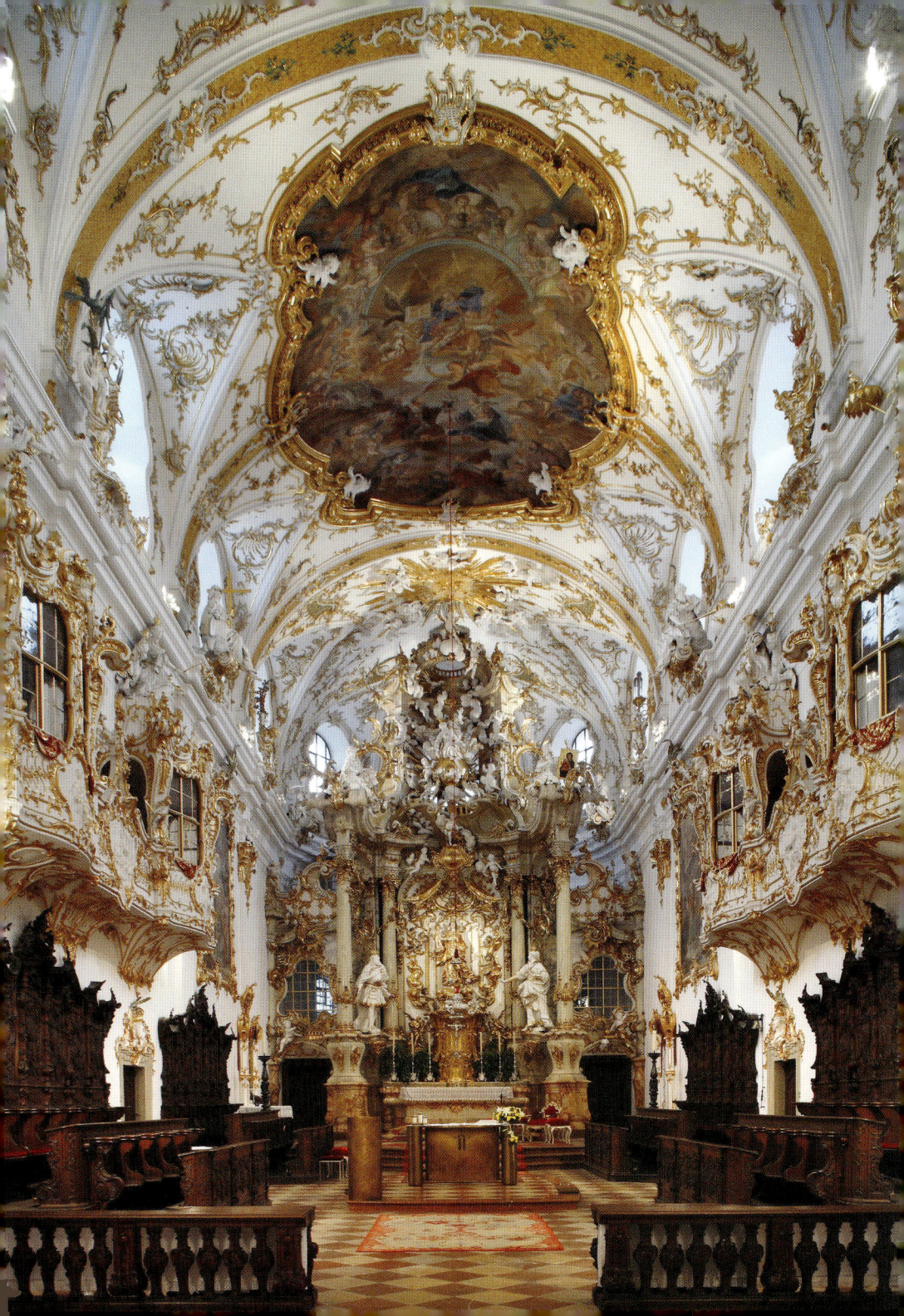

schriftlich fassbare – Tradition der Alten Kapelle will es, dass diese kleine Marienkapelle das älteste Gotteshaus Bayerns sei.

Beim Eintreten in die Basilika wird der Besucher ganz vom Glanz des 18. Jahrhunderts in Beschlag genommen. Dennoch ist unter dem Weiß und Gold des Rokoko die architektonische Struktur der dreischiffigen Pfeilerbasilika mit Ostquerhaus noch gut ablesbar: Das breite Langhaus ist in sechs Joche gegliedert, deren westlichstes weiter gespannt ist und von der Orgelempore eingenommen wird. Im Osten schließt sich an das Querhaus der vierjochige Chor an, dessen Altarwand den – als Winterchor genutzten – polygonalen Chorschluss abtrennt. Langhaus und Chor sind von einer Stichkappentonne überwölbt, das Querhaus besitzt flache Pendentifkuppeln, die Seitenschiffe Flachtonnen.

So sehr das 18. Jahrhundert das architektonische Grundkonzept der mittelalterlichen Bauteile respektierte, so sehr entfaltete es in den Details der Raumfassung eine verschwenderische Pracht, wie sie nur damals möglich war. Der Wessobrunner Stuckator Anton Landes arbeitete in den Sommern von 1750 bis 1752 im Langhaus, der Vierung und im Querhaus, 1754 dann in den Seitenschiffen. Der Augsburger Maler Christoph Thomas Scheffler schuf 1752/53 die Wand- und Deckenbilder von Mittelschiff und Querhaus. Die Neugestaltung des Chores wurde erst 1761 in Angriff genommen. Scheffler war inzwischen verstorben, so dass nun der gleichfalls aus Augsburg gekommene Maler Gottfried Bernhard Göz an der Seite von Landes arbeitete. In dessen Todesjahr 1764 erreichte die Neufassung des Chores mit den beiden Doppeloratorien, die formal an den Prunkkarossen der Zeit inspiriert zu sein scheinen, ihren virtuosen Höhepunkt. Sie sind mit vorzüglichen Reliefs (König David, hl. Cäcilia, Kardinaltugenden) und allegorischen Statuen der vier damals bekannten Erdteile geschmückt.

Die Disposition der Fresken entwickelt das zwanzig Jahre ältere Dekorationsschema von St. Emmeram (vgl. S. 151ff.) im Sinne eines einheitlicheren Raumeindrucks weiter: An den

Wänden des Mittelschiffs sitzen nun über jeder – nicht mehr nur über jeder zweiten – Arkade Historienbilder, und die Deckenbilder sind alle auf eine einzige Ansicht hin konzipiert. Inhaltlich handelt es sich bei den Malereien um eine Verherrlichung des Kollegiatstifts. Während die zehn Historienbilder im Langhaus Szenen aus dem Leben des heiligen Kaiserpaares zeigen, beziehen sich die beiden Deckenbilder des Langhauses auf die Gründung der Alten Kapelle als „Mutterkirche Bayerns" und auf den Höhepunkt ihrer Geschichte, die Verleihung des Gnadenbildes durch Papst Benedikt VIII. an Heinrich II. Das Fresko der Vierungskuppel zeigt Maria als Himmelskönigin, wobei Heinrich und Kunigunde mit der Alten Kapelle in den Kreis der die Gottesmutter umgebenden Heiligen aufgenommen sind. Dieses Motiv wird im Chorfresko variiert: Stellvertretend für alle irdischen Könige tauschen Heinrich und Kunigunde am Jüngsten Tag ihre irdischen Kronen gegen die himmlischen Kronen des ewigen Lebens ein.

Auch am Hochaltar, 1776 von Simon Sorg vollendet, erscheint das heilige Kaiserpaar in Gestalt der seitlichen Statuen im Angesicht der Gottesmutter. Damit wird klar, dass nicht nur das Freskenprogramm, sondern auch die bildhauerische Ausstattung der Basilika vor allem Heinrich und Kunigunde verherrlicht. Damit demonstrierte das Stift im 18. Jahrhundert seine enge Verknüpfung mit der Geschichte Bayerns und des Reichs.

Gnadenkapelle

In der Südwand des westlichen Langhausjochs öffnet sich ein Stufenportal (um 1200) zur gotischen Gnadenkapelle. Ursprünglich dem hl. Jakob geweiht, wurde sie anlässlich der Übertragung des – zuvor an einem Seitenaltar im Chor der Basilika befindlichen – Gnadenbildes 1693 barockisiert. Das der Legende nach vom hl. Lukas gemalte Bild ist eine byzantinische Ikone im Typus der sog. Dexiokratusa (Maria mit Kind auf dem rechten Arm) und soll eine Schenkung Kaiser Heinrichs II. sein,

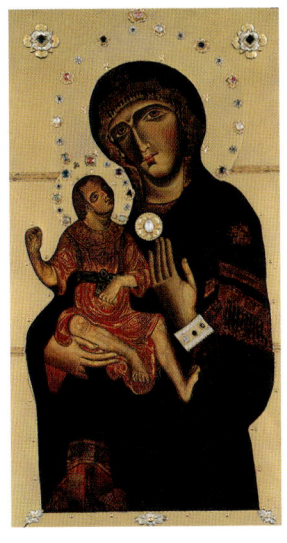

Alte Kapelle, Marienikone (um 1230/40)

der es 1014 vom Papst erhalten hatte. Tatsächlich aber wurde das Bild erst um 1230/40 gemalt, wobei die Holztafel damals anscheinend als Türchen eines Schreins diente. Dass dieser eine Marienreliquie oder einen marianischen Kultgegenstand barg, ist aufgrund der Mariendarstellung naheliegend, und dass es sich bei diesem verehrten Gegenstand um die originale von Heinrich II. geschenkte Ikone handelte, ist somit zumindest denkbar.

Romanisches Turmhaus in der Salzburger Gasse, rechts daneben ein römischer Türstock.

Verlässt man die Alte Kapelle über die Gnadenkapelle, erreicht man über die Kapellengasse geradeaus weiter die Straße Am Brixener Hof. Dort erhebt sich, nach dem Areal der 1938 zerstörten Synagoge, an der Ecke zur Luzengasse der im 11. Jahrhundert erbaute **Brixener Hof (12)**. Kaiser Heinrich II. schenkte das Grundstück 1002 Bischof Albuin von Brixen, damit dieser und seine Nachfolger eine Bleibe hätten, wenn sie zu

Der Brixener Hof, zu Beginn des 11. Jhs. als Regensburger Residenz des Bischofs von Brixen errichtet.

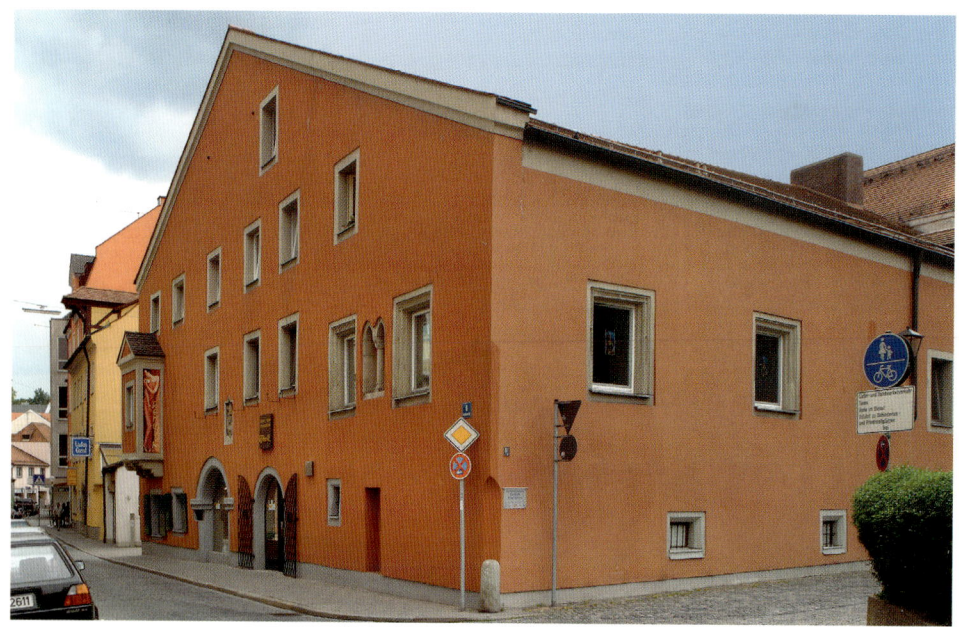

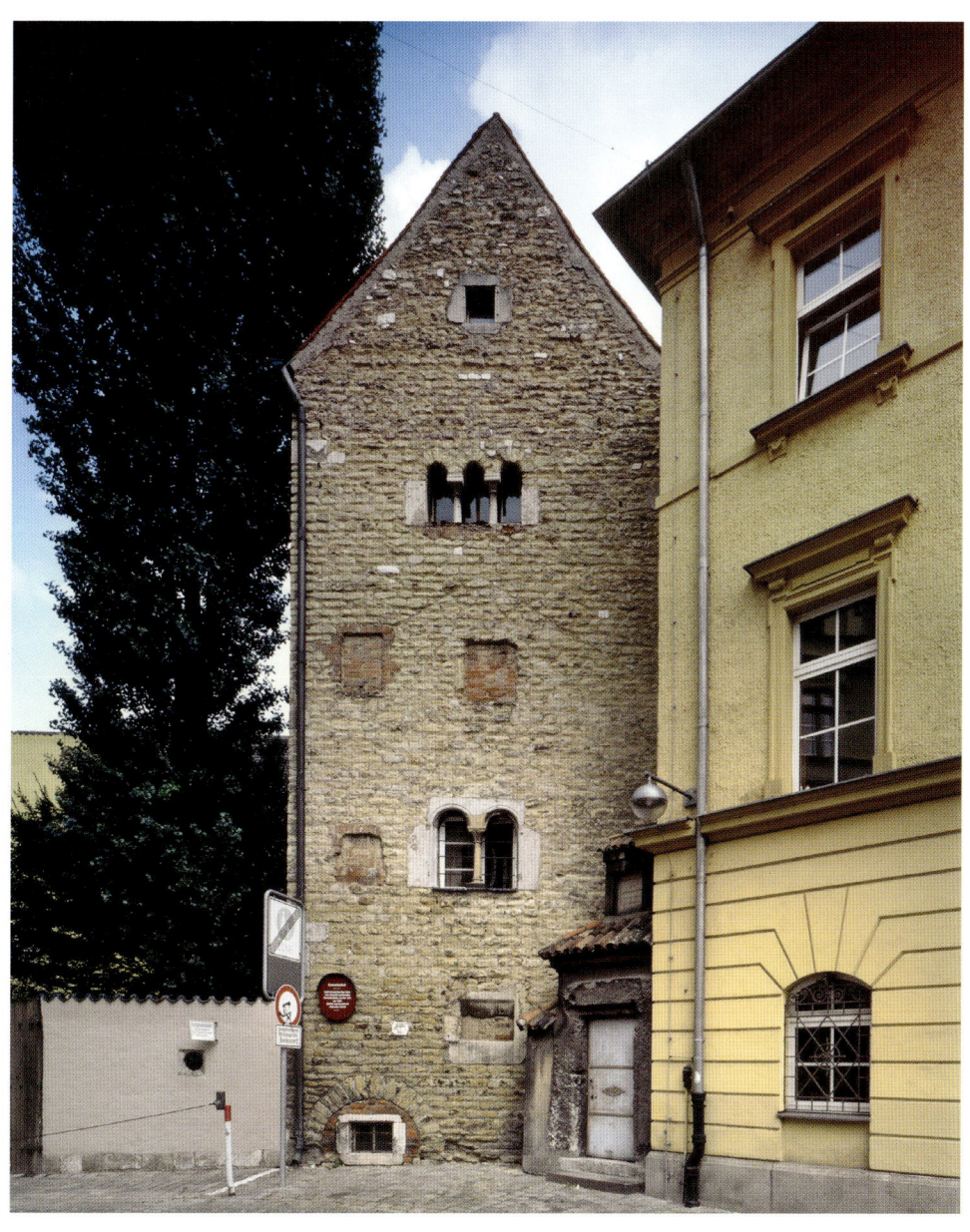

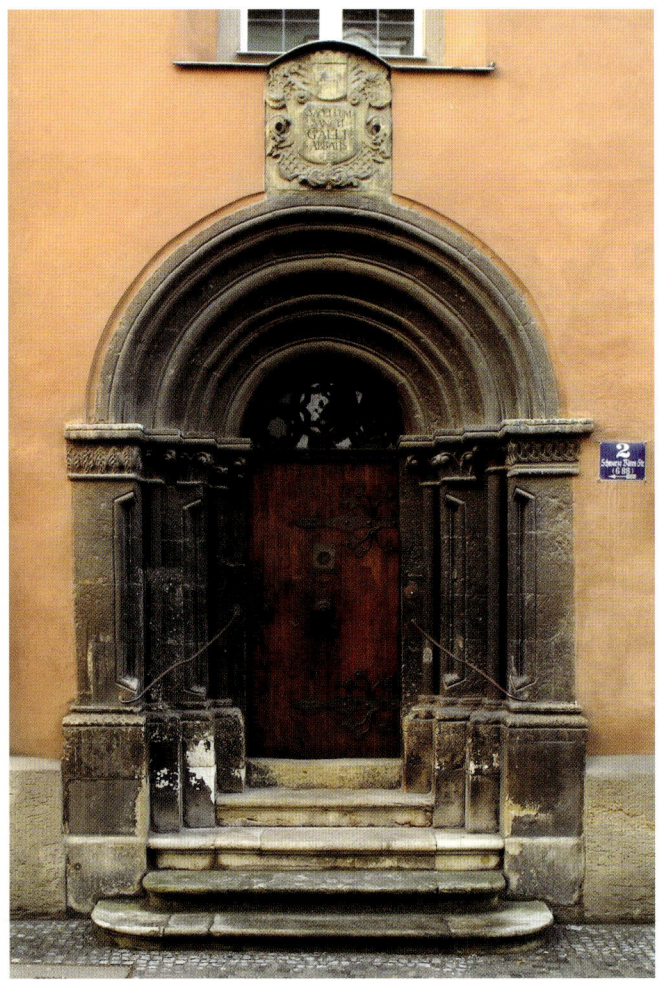

Ehem. Ehrenfelser Hof,
Portal der Galluskapelle
(um 1210)

Hoftagen und ähnlichen Versammlungen in Regensburg weilten. Bis 1809 blieb das Anwesen im Besitz des Brixener Domkapitels. Trotz einer Erweiterung im späten 12. Jahrhundert, eines Umbaus im späten 15. Jahrhundert und einer fragwürdigen Sanierung 1969 ist der breit gelagerte Bau mit seinem flachen Satteldach noch immer ein anschauliches Beispiel für die ansonsten untergegangene Gruppe hochmittelalterlicher Höfe auswärtiger Bischöfe in Regensburg.

Wieder zurück in Richtung Alte Kapelle, gelangt man nach links in die Schwarze-Bären-Straße, die im Mittelalter mehrheitlich von „Höfen" kirchlicher Würdenträger gesäumt war. Es empfiehlt sich ein kurzer Abstecher in die Salzburger Gasse. An das Haus Nr. 1 im Norden angebaut befindet sich ein römischer Türstock, der hier – noch aufrecht im Boden stehend – ausgegraben wurde. Daran anschließend erhebt sich ein **romanisches Turmhaus (13)**, das dendrochronologisch auf 1196 datiert werden konnte. Der vorzüglich erhaltene Bau, der früher allerdings verputzt gewesen sein dürfte, beeindruckt vor allem durch seine beachtliche Tiefe.

Wieder zurück in der Schwarzen-Bären-Straße entdeckt man im Anwesen Nr. 2, einem Domherrnhof des 11./12. Jahrhunderts, das gestaffelte Rundbogenportal (um 1210) der einstigen **Galluskapelle (14)**. In dem als Ehrenfelser Hof bekannten Gebäude lebte von 1348 bis zu seinem Tod 1374 Konrad von Megenberg, einer der bedeutendsten Naturwissenschaftler seiner Zeit.

Am Ende der Schwarzen-Bären-Straße gelangt man rechts durch die Pfauengasse zurück auf den Domplatz. Das Haus Nr. 6, die einstige **fürstprimatische Residenz (15)**, ist ein zwischen 1795 und 1800 von Joseph Sorg als Dompropstei errichtetes frühklassizistisches Palais. Im Tympanon erscheint das Wappen des Bauherrn, des Dompropsts Joseph Carl von Lerchenfeld. Von 1803 bis 1810 residierte hier der Reichserzkanzler und Fürstprimas Carl von Dalberg. Eine Gedenktafel unter dem Balkon erinnert daran, dass Napoleon hier am 24. und 25. April 1809 sein Hauptquartier hatte.

Im Norden wird der Domplatz von der **Stiftskirche St. Johann (16)** begrenzt. Hervorgegangen ist sie aus der ursprünglich

Nord-Süd-orientierten karolingischen Taufkirche des Doms. Bei dieser wurde 1127 ein Augustiner-Chorherrenstift gegründet, das 1290 in ein – bis heute bestehendes – Kollegiatstift umgewandelt wurde. Im Zuge der Errichtung des gotischen Doms musste die karolingische Johanneskirche weichen und wurde 1380/81 durch einen Neubau ersetzt. Dieser wurde mit Ausnahme des Turms in den 1760er Jahren abermals grundlegend erneuert, so dass er sich heute als spätbarocker Saalbau präsentiert. Die einst umfangreiche Ausmalung durch den Münchner Hofmaler Johann Nepomuk Schöpf (1768) ist seit einem Brand 1887 nur noch fragmentarisch erhalten bzw. wieder freigelegt. Von Schöpf stammt auch das Hochaltarbild (Taufe Christi, 1769). Bedeutendstes Werk der recht heterogenen Ausstattung ist Albrecht Altdorfers Tafelbild der Schönen Maria (um 1520; Original im Diözesanmuseum) an der südlichen Chorwand.

Die ehem. Residenz des Fürstprimas Carl v. Dalberg, am Ende des 18. Jhs. anstelle mittelalterlicher und frühbarocker Domherrenhäuser als Dompropstei errichtet.

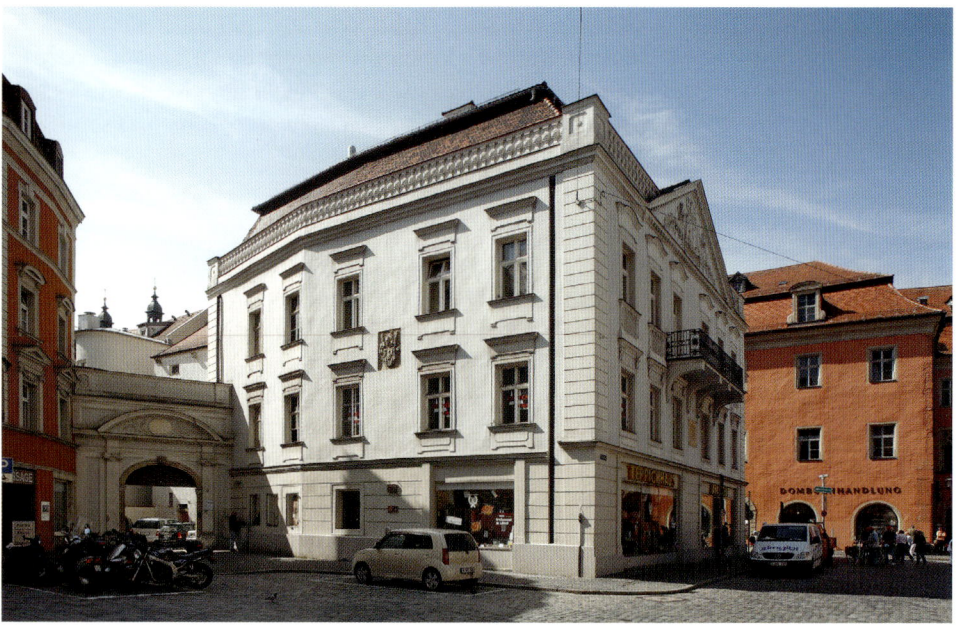

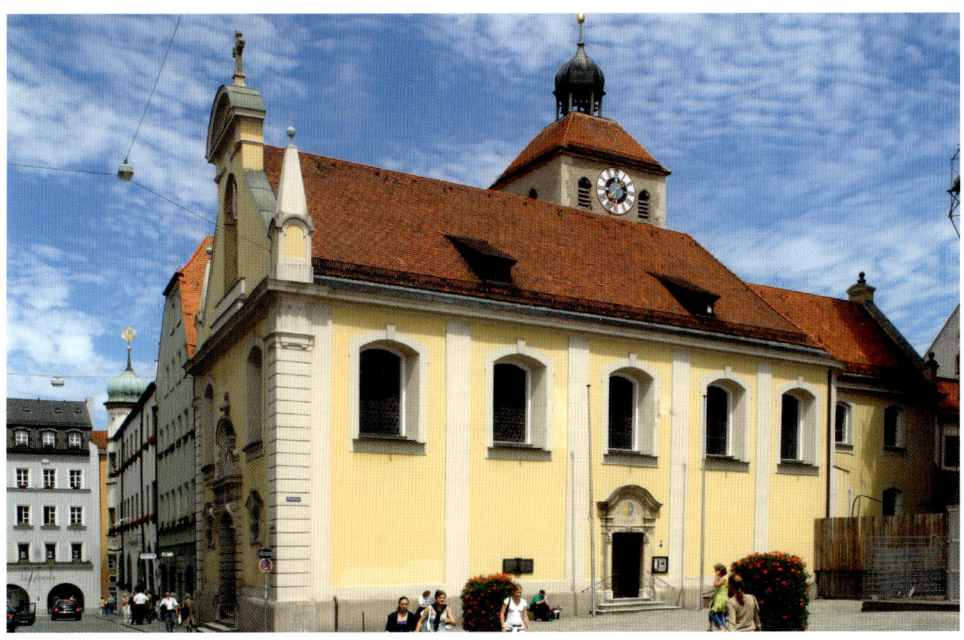

Blick auf die Stiftskirche St. Johann und den Krauterermarkt

Nördlich schließt sich an St. Johann der **Bischofshof (17)** an, eine langgestreckte Vierflügelanlage, die ihren Ursprung im Frühmittelalter hat. Damals entwickelte sich unter Einbeziehung der römischen *Porta Praetoria* (vgl. S. 24ff.) eine erste bischöfliche Residenz, die nach Aufgabe der *Via Praetoria.* und bedingt durch Neubauten des Doms immer weiter nach Westen wuchs. Dabei blieb der Verlauf der Legionslagermauer als Nordgrenze verbindlich. Nach dem Brand von 1273, der auch den Dom zerstörte, kam es zu einem Neubau, dem weitere Baumaßnahmen im 15. und 16. Jahrhundert folgten. Damals diente der Bischofshof auch als Kaiserherberge. Im Zuge der Säkularisation (1803) ging die Residenzfunktion verloren; ab 1910 erfolgte die Umstrukturierung zur Nutzung als Gaststätte und Hotel.

Ältester erhaltener Teil der Anlage ist der im Kern noch romanische Ostflügel. In ihm befand sich das sog. Kaiserbad, eine Badestube, die Albrecht Altdorfer 1532 oder wenig später mit

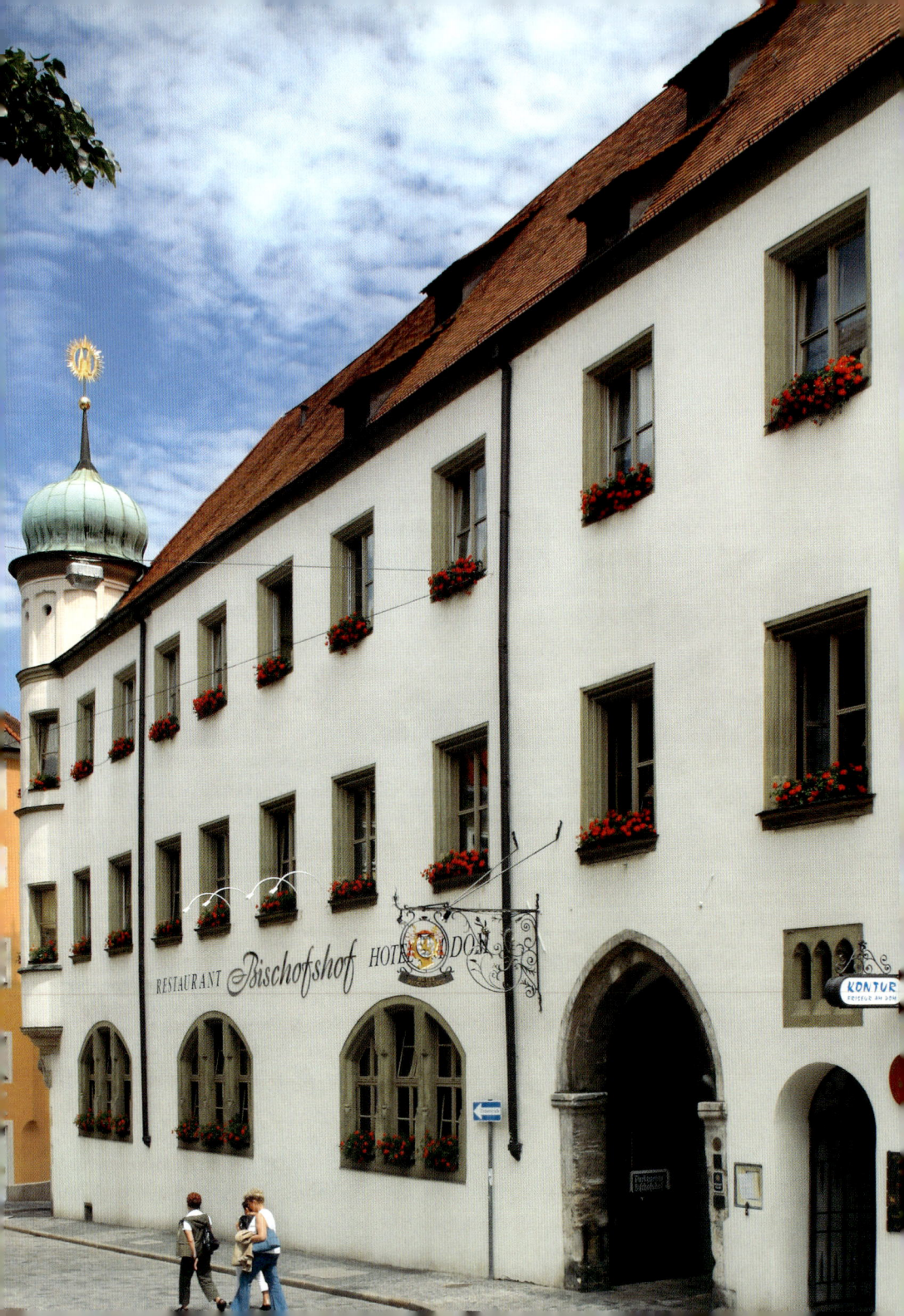

Der Westflügel des Bischofshofs am Krauterermarkt. Das frühgotische Portal (um 1230) hat die Umgestaltung in der Renaissance überdauert.

Wandmalereien schmückte. Leider zeugen heute nur noch einige abgenommene Fragmente (die meisten im Historischen Museum Regensburg) sowie die in den Uffizien aufbewahrte Vorzeichnung von dieser Raumfassung im Stil der Renaissance. Sie lehnte sich motivisch eindeutig an die damals gerade vollendeten Fresken Romaninos im Castel del Buonconsiglio in Trient an.

Nord-, Süd- und Westflügel gehören im Kern dem 13. bis 15. Jahrhundert an, wurden jedoch später noch mehrfach verändert. Von der Umgestaltung zu einer Residenz im Stil der Renaissance, die der Bistumsadministrator Johann, Sohn des Kurfürsten Philipp von der Pfalz (1507–38), durchführen ließ, zeugen noch die dreigeschossigen, ursprünglich offenen Hofarkaden am Nordflügel. Dagegen stammt der Runderker, der die äußere Nordwestecke des Bischofshofs prägt, aus der zweiten großen Modernisierungsphase des 16. Jahrhunderts, die Bischof Jakob Kölderer von Burgstall (1567–79) durchführen ließ.

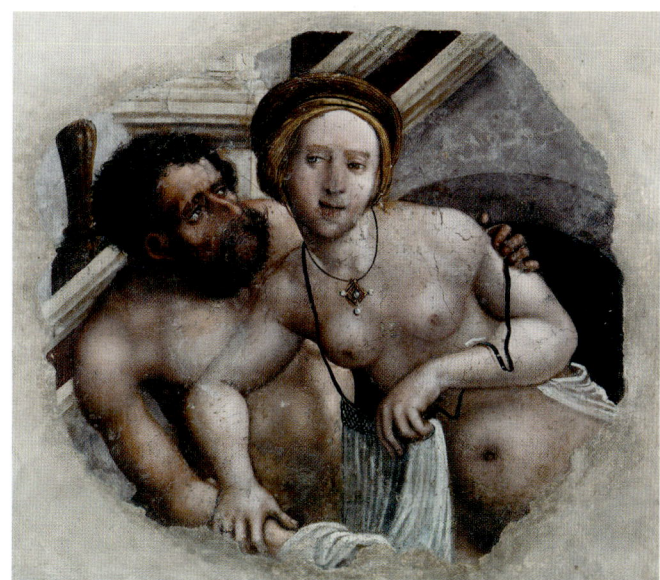

Fragment von Altdorfers Wandmalereien im sog. Kaiserbad des Bischofshofs (Historisches Museum Regensburg)

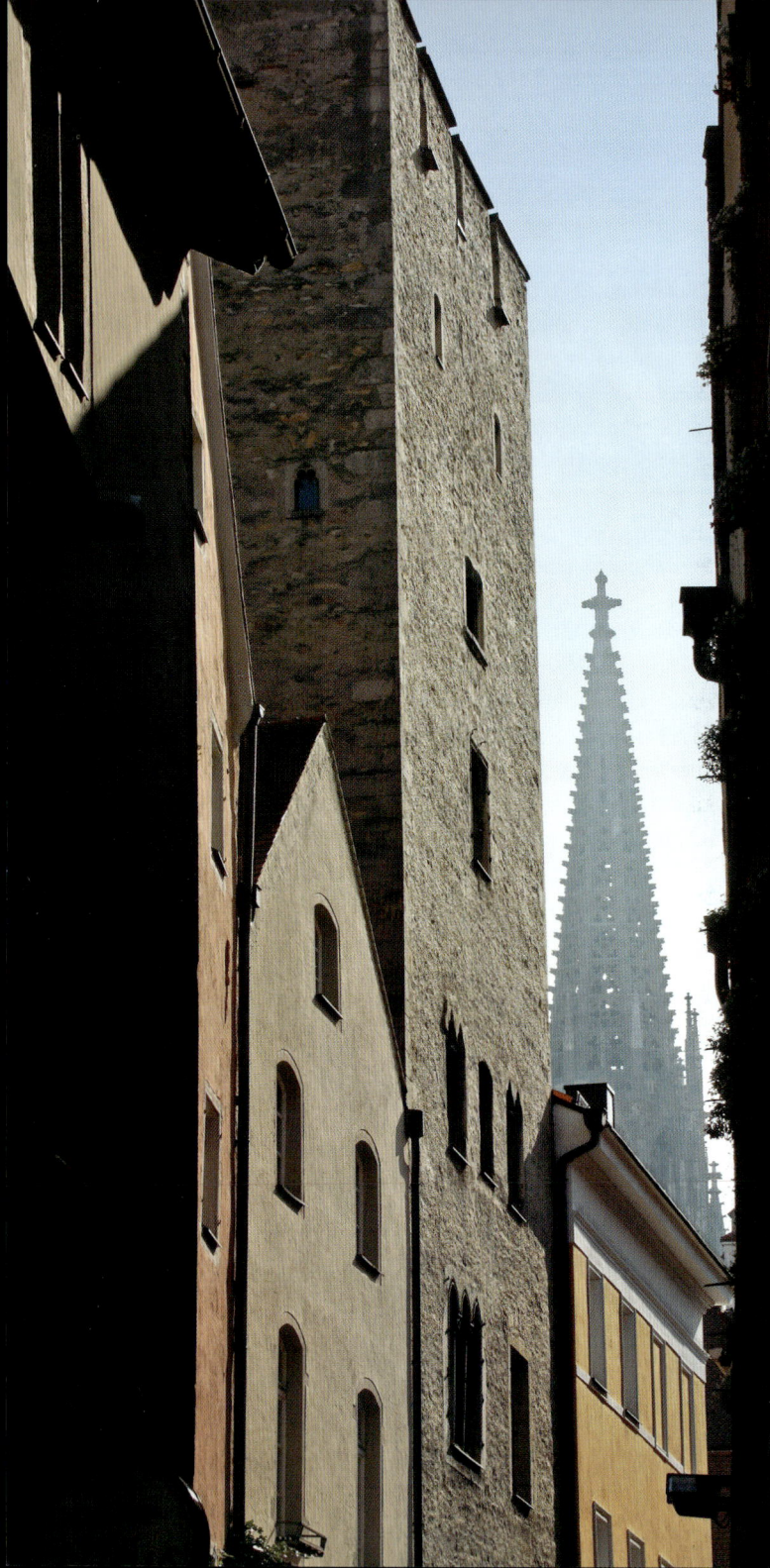

Die Stadt der Kaufleute und Bürger

Westlich des einstigen Legionslagers, dort, wo sich die römische Zivilsiedlung befunden hatte, ließen sich ab dem Frühmittelalter Kaufleute nieder. Dank der politischen Bedeutung Regensburgs und unterstützt durch die nach Osten gerichteten Missionsbestrebungen hiesiger Bischöfe waren die Bedingungen für die Entstehung eines Handelsplatzes von kontinentaler Bedeutung ideal. Vor allem als Umschlagplatz von Luxusgütern aus Venedig und Byzanz, Pelzen aus Russland und Wein aus Tirol nahm die Siedlung vor der – wohl bis ins frühe 10. Jahrhundert erhaltenen – westlichen römischen Lagermauer stadtartige Züge an. Um 920 ließ Herzog Arnulf von Bayern diese *urbs nova* (Neustadt) befestigen. Es handelte sich dabei um die erste Stadterweiterung nördlich der Alpen. Sie umfasste im Süden die Abtei St. Emmeram und reichte im Nordwesten bis zum heutigen Weißgerbergraben. Um 1200 war Regensburg die größte Stadt im süddeutschen Raum.

Der *pagus mercatorum*, das Viertel der Kaufleute, erhielt ab dem 12. Jahrhundert sein bis heute charakteristisches architektonisches Profil aus steinernen, vielfach mit repräsentativen Türmen versehenen Kaufmanns- und Bürgerhäusern. Vergleichbare Stadtbilder finden sich nur in Nord- und Mittelitalien. Typisch für die mittelalterliche Regensburger Profanarchitektur ist auch der einzigartige Reichtum an Hauskapellen. Im Zuge der 1542 in Regensburg eingeführten Reformation wurden diese privaten Sakralräume profaniert. Viele von ihnen sind heute als Geschäft oder Gaststätte genutzt und damit der Öffentlichkeit zugänglich.

Altes Rathaus

Ausgangspunkt für den Rundgang ist das **Alte Rathaus (1)**. Eine erste Initiative der Regensburger Bürger zur Errichtung eines Rathauses als Ausdruck bürgerlicher Stadtherrschaft gab es 1213. Der vom Herzog genehmigte Bau wurde jedoch noch vor seiner Vollendung auf Anordnung des Bischofs abgerissen. Erst die Erhebung Regensburgs zur Freien Reichsstadt 1245 brachte das Recht zur kommunalen Selbstverwaltung mit sich. Dazu wurden repräsentative Räumlichkeiten und vor allem ein

Der siebengeschossige Turm der Patrizierfamilie Löbl, der in der engen Gasse Hinter der Grieb kaum zur Geltung kommt, ist außerordentlich gut erhalten.

Saal erforderlich, in dem sich der Stadtrat versammeln konnte. Dazu wählte man einen Platz inmitten des Kaufmannsviertels.

Den Kern der vom 13. bis ins 18. Jahrhundert sukzessiv erweiterten Bautengruppe, die bis zum heutigen Tag Sitz der städtischen Verwaltung ist, bilden der Turm aus der Mitte des 13. Jahrhunderts und der westlich daran angrenzende Anbau. Um 1325/30 wurde ein markanter, den Platz nach Westen abschließender Saalbau errichtet, der zum beliebtesten Tagungsort für Reichsversammlungen werden sollte. Diese fanden ab 1594 ausschließlich in Regensburg statt – von 1663 bis 1803 in Form des Immerwährenden Reichstags, zu dem der Kaiser und die Fürsten ständige Vertreter entsandten. Dieser Gesandtenkongress nahm allmählich die Form eines Parlaments der Reichsstände an. Regensburg wurde neben der Residenzstadt Wien zum wichtigsten politischen Zentrum des Hl. Römischen Reichs.

Blick auf die Bautengruppe des gotischen Rathauses. Rechts der Kernbau aus dem 13. Jh., links der um 1325/30 errichtete Saalbau. An diesen anschließend das Treppenhaus mit seinem Schmuckportal (1410/20) und ein überbauter Durchgang (1481).

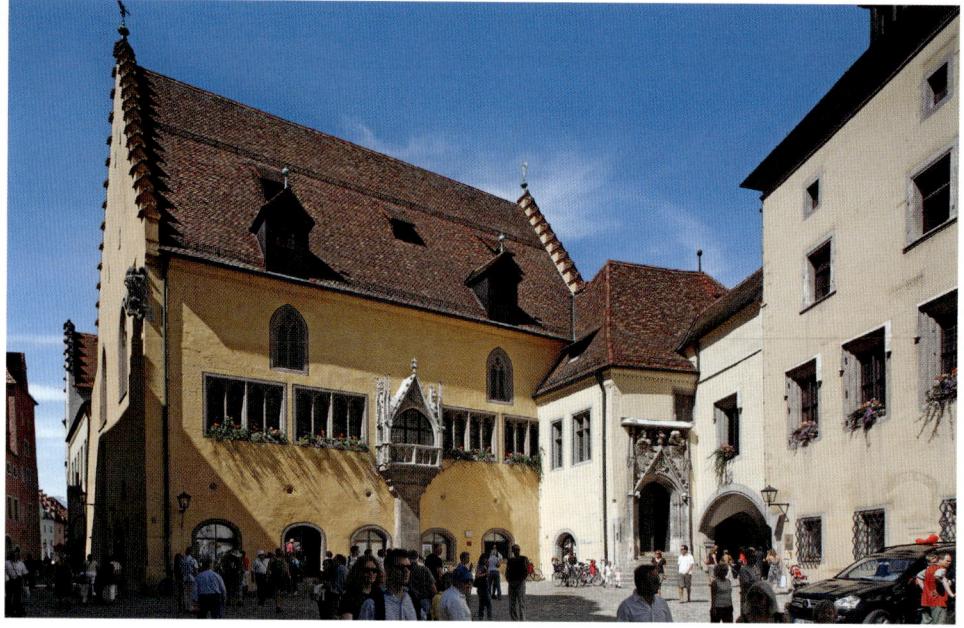

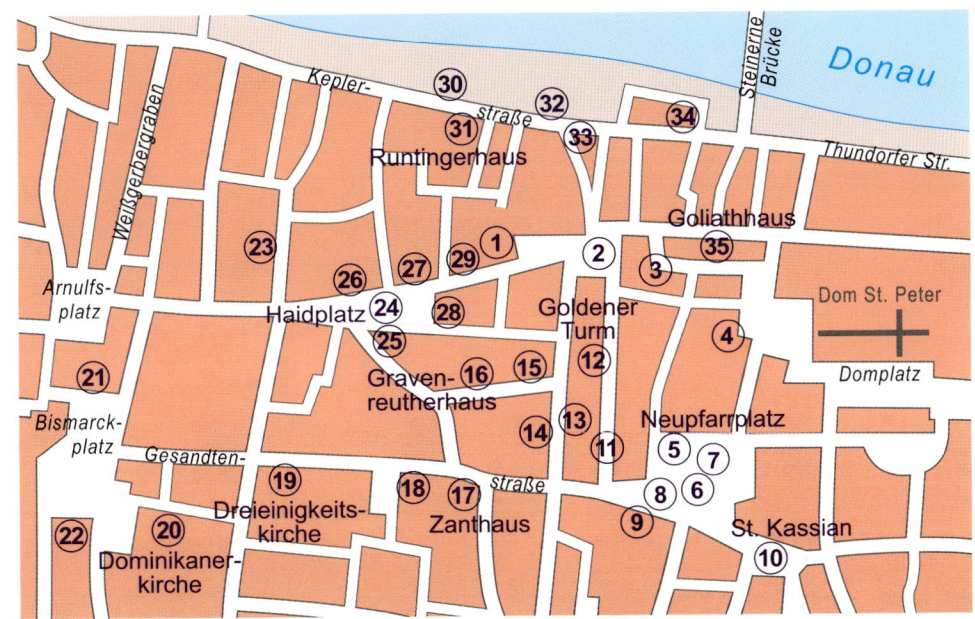

Durch den wachsenden Raumbedarf des Reichstagspersonals wurde die städtische Verwaltung in die weiter östlich gelegenen Bauteile abgedrängt, was dort im 17. und 18. Jahrhundert zu reger Bautätigkeit führte. Dabei wurden die letzten sichtbaren Reste der bereits 1002 erwähnten Ahakirche beseitigt. Sie ist völlig im barocken Rathaus aufgegangen.

Reichssaalbau (M)

Die zweigeschossige Gliederung mit Läden sowie Gerichtsräumen im Erdgeschoss und einem großen Festsaal im Obergeschoss entspricht einem im Rathausbau der Gotik durchaus verbreiteten Typus. Charakteristisch für den Regensburger Saalbau ist vor allem der die Platzfassade prägende Standerker, der gegen 1330 von Mitgliedern der Dombauhütte ausgeführt wurde. Ein weiterer Bezug zum Dombau ergab sich gut ein Jahrhundert später, als 1446 der Festsaal eine neue, frei gespannte

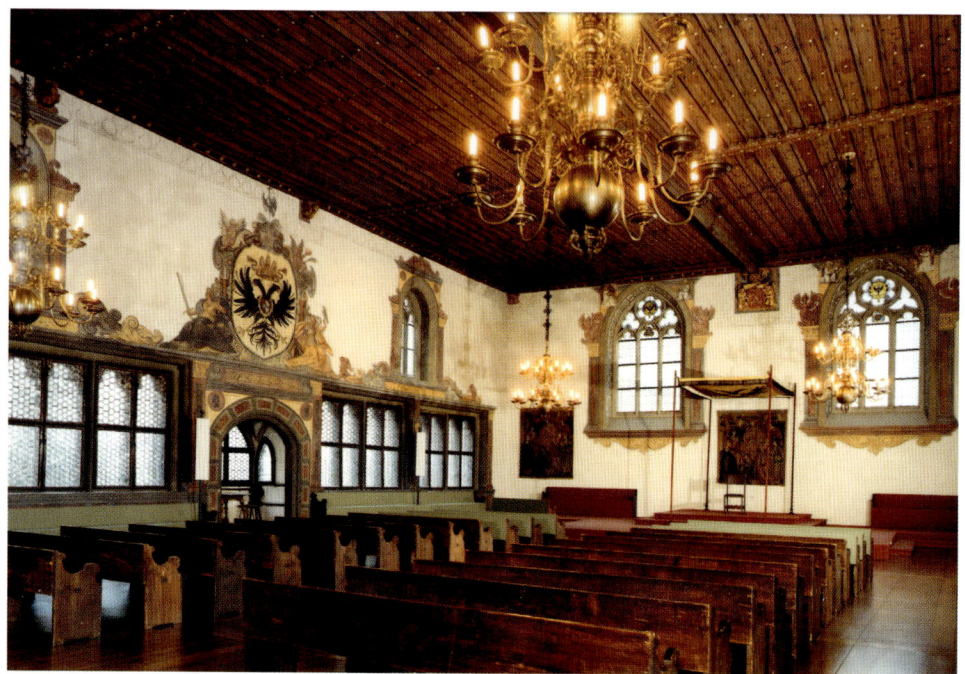

Altes Rathaus, Reichssaal. Ursprünglich für Feste der Regensburger Bürger bestimmt, beherbergte der Saal ab 1594 sämtliche Reichsversammlungen und von 1663 bis 1803 den Immerwährenden Reichstag.

Decke erhielt. Der für das Erscheinungsbild des repräsentativen Raumes ganz entscheidende Verzicht auf unterteilende Stützen war möglich geworden durch die Übernahme eines wenige Jahre zuvor für das Dachwerk über dem Langhaus des Doms entwickelten Konstruktionsschemas.

    Anders als die Hauptfassade haben die beiden von imposanten Treppengiebeln bekrönten Schmalseiten ihr originales Erscheinungsbild nicht bzw. nur teilweise bewahrt: An der schon seit dem frühen 15. Jahrhundert eingebauten Nordfassade befindet sich spätestens seit 1564 der Hauptzugang zum Festsaal. Die Südfassade dagegen schloss an einen erst 1611 abgebrochenen Torbau an, der den Marktbereich nach Westen abriegelte. In ihm befand sich die 1052 von Papst Leo IX. geweihte Kapelle St. Simon und Judas. Erst nach dem Abbruch des Torbaus erhielt die Fassade das zweite (westliche) Maßwerkfenster, das aus Gründen der Symmetrie dem vorhandenen angeglichen wurde.

Treppenhaus mit Torbau

Der Reichssaalbau wurde erst im Lauf des 15./16. Jahrhunderts in mehreren Abschnitten mit dem Kernbau des Rathauses verbunden. Dies geschah zum einen 1481 durch die Überbauung der nach Norden führenden Gasse zum Roten Herzfleck, zum andern 1564 durch die repräsentativere Gestaltung des Zugangs zum Reichssaal. Dazu wurde ein Stiegenhaus mit Halle im Obergeschoss errichtet, wobei man – sei es aus Gründen stilistischer Homogenität, sei es zum Zweck historischer Legitimation – der neuen Renaissancearchitektur ein betont altertümliches Aussehen verlieh. So wurde das Schmuckportal von 1410/20 mit den allegorischen Wächterfiguren „Schutz und Trutz" wiederverwendet, und im Innern erhielt die Treppe eine gotisierende Maßwerkbrüstung.

Kernbau mit Turm

Der achtgeschossige Turm und das westlich anschließende dreiachsige Gebäude entsprechen der repräsentativen Archi-

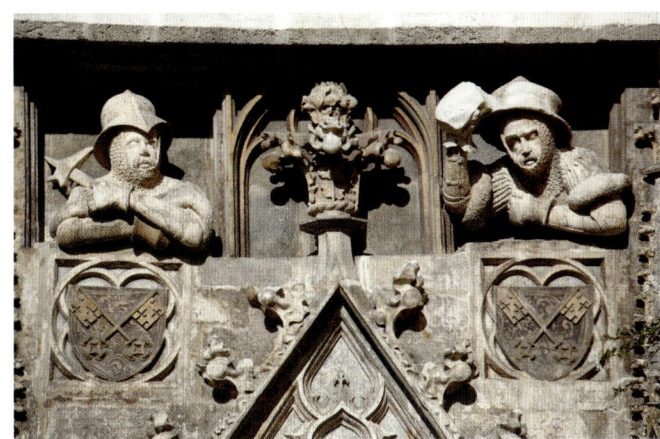

Altes Rathaus, Schmuckportal der Treppe zum Saalbau. Die Personifikationen der wehrhaften städtischen Obrigkeit, im Volksmund „Schutz und Trutz" genannt, sind Werke der Dombauhütte (um 1410/20).

tektur der Regensburger Patrizier um die Mitte des 13. Jahrhunderts. Denkbar ist, dass diese beiden Bauteile in der Tat noch zum Zweck bürgerlicher Repräsentation entstanden sind. Charakteristisch hierfür ist die (später vermauerte) Loggia im ersten Turmgeschoss. Nach einem Brand im Jahre 1360 wurde der Turm bis 1363 erneuert. Eine weitere Veränderung erfolgte zur Barockzeit, als anstelle des ursprünglichen Zinnenkranzes das heutige Dach aufgesetzt wurde. Die Durchfahrt führt in einen öffentlich zugänglichen Innenhof; vor seiner Stirnwand der Friedensbrunnen von Leoprand Hilmer (1661). Die an den Längsseiten aufgestellten allegorischen Sitzfiguren, Arbeiten des Schwäbisch Haller Bildhauers Leonhard Kern (1630–32), stellen vier Tugendallegorien dar und hätten ursprünglich an den Portalen der Dreieinigkeitskirche (vgl. S. 108 ff.) aufgestellt werden sollen.

Barockes Rathaus

Die 1721 bis 1723 errichtete Südfassade, die sich streng symmetrisch zwischen zwei Eckrisaliten mit rustiziertem Sockelgeschoss entwickelt, lässt durch ihr einheitliches Erscheinungsbild von der komplexen Baugeschichte dieses östlichen Rathausteils nichts mehr erahnen. Die Mittelachse ist durch ein Säulenportal mit bekrönenden Allegorien der Gerechtigkeit und der Weisheit betont, die restliche Fassadenzier ist gemalt. Dies gilt auch für die auf den schmalen Zieroldsplatz ausgerichtete Ostfassade, deren Portalskulpturen die beiden anderen Kardinaltugenden, Tapferkeit und Mäßigung, darstellen. Im idyllischen Arkadenhof befindet sich ein Wandbrunnen mit einer Steinfigur des Neptun von Leoprand Hilmer (1662). Von der bedeutenden mittelalterlichen Vorgängerbebauung ist nichts mehr zu sehen – weder von dem 1347 erstmals genannten und 1706 abgebrannten Marktturm, noch von der bereits 1002 erwähnten, dem hl. Bartholomäus geweihten Ahakirche, deren seltsamer Name sich von der Lage am Wasser (althochdeutsch: *aha*) ableitete.

Blick über den
Kohlenmarkt auf den
Rathauskomplex

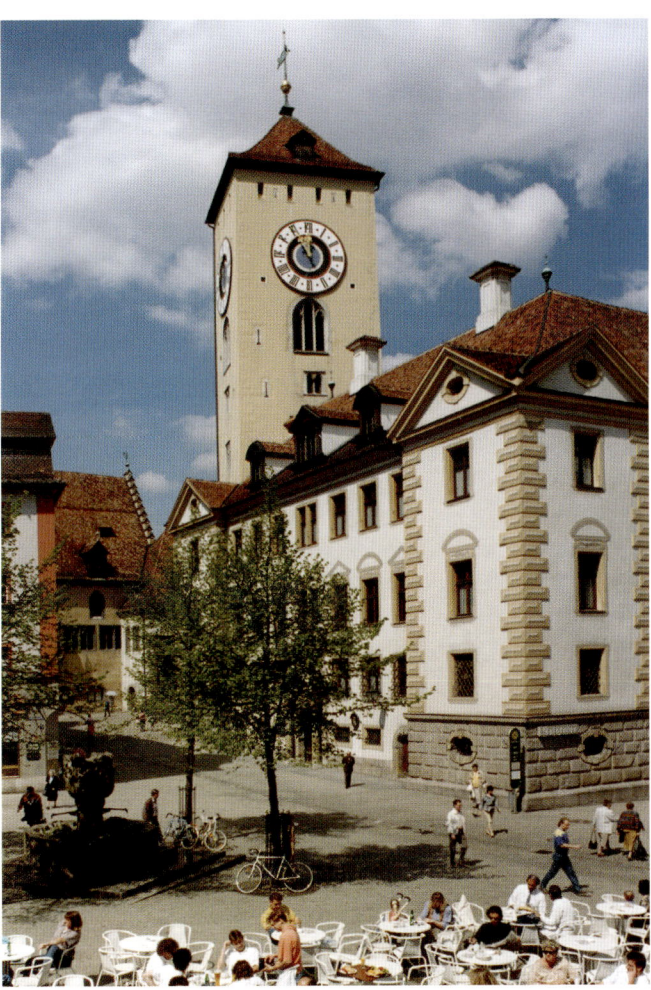

An den Rathausplatz grenzt östlich der **Kohlenmarkt (2)** an.
Er entwickelte sich vor der im Stadtbild noch immer ablesbaren
Nordwestecke des römischen Legionslagers. Die von hier aus
nach Osten verlaufende Goliathstraße markiert die Nordflanke
des Lagers, die nach Süden verlaufende Wahlenstraße folgt seiner Westflanke. Schon lange vor der ersten Jahrtausendwende

spielte der Platz im städtischen Leben eine zentrale Rolle. Die für Spätantike und Frühmittelalter nachgewiesene Bedeutung als Bestattungsplatz reduzierte sich im Hochmittelalter auf den Bereich um die Ahakirche (s. o.). Im 8./9. Jahrhundert nahm man große Erdarbeiten zu einer Umleitung des – bis in die Neuzeit offen fließenden – Vitusbachs vor. Für das Jahr 934 ist erstmals eine Nutzung als Marktplatz dokumentiert, und um 1000 standen hier bereits Steingebäude.

Während der 1984 aufgestellte Brunnen, ein Werk von Günther Mauermann, die Tradition des 1780 entfernten Marktbrunnens wieder aufnimmt, setzt die damals ebenfalls vorgenommene Pflanzung von Bäumen einen neuen Akzent im Stadtbild.

Vom Kohlenmarkt eröffnet sich nach Süden ein schöner Blick in die Wahlenstraße mit dem Goldenen Turm (S. 102ff.). Wir gehen jedoch zunächst geradeaus weiter und biegen am Beginn der Goliathstraße rechts in den nach Süden ansteigenden Watmarkt ein. Damit betreten wir den Bereich des ehemaligen Legionslagers. Den ersten Blickfang bildet hier der siebengeschossige **Baumburgerturm (3)**, einer der eindrucksvollsten und am besten erhaltenen Regensburger Patriziertürme. Im dritten Viertel des 13. Jahrhunderts errichtet, wurde seine Höhe nie verändert. Der heute gastronomisch genutzte zweijochige Raum im Erdgeschoss diente einst als Hauskapelle. Nicht mehr dem originalen Erscheinungsbild entspricht der Balkon im ersten Stock. Hier befand sich einst eine für die Regensburger Patriziertürme durchaus charakteristische offene Loggia, die jedoch, wie in allen vergleichbaren Fällen, aus klimatischen Gründen noch in spätmittelalterlicher Zeit vermauert wurde. Der östlich anschließende Wohntrakt stammt aus dem 15. Jahrhundert.

Obwohl die Bauten an der Nordseite des Watmarkts vom 18. bis 20. Jahrhundert zum Teil durchgreifend erneuert wurden, beeindruckt die einstige Gasse der Tuch- und Kleiderhändler noch immer durch die dichte Abfolge stattlicher Patrizier-

Der frühgotische Baumburgerturm am Watmarkt. An städtebaulich markanter Stelle errichtet, besaß er einst eine sich zum Straßenraum hin öffnende Loggia.

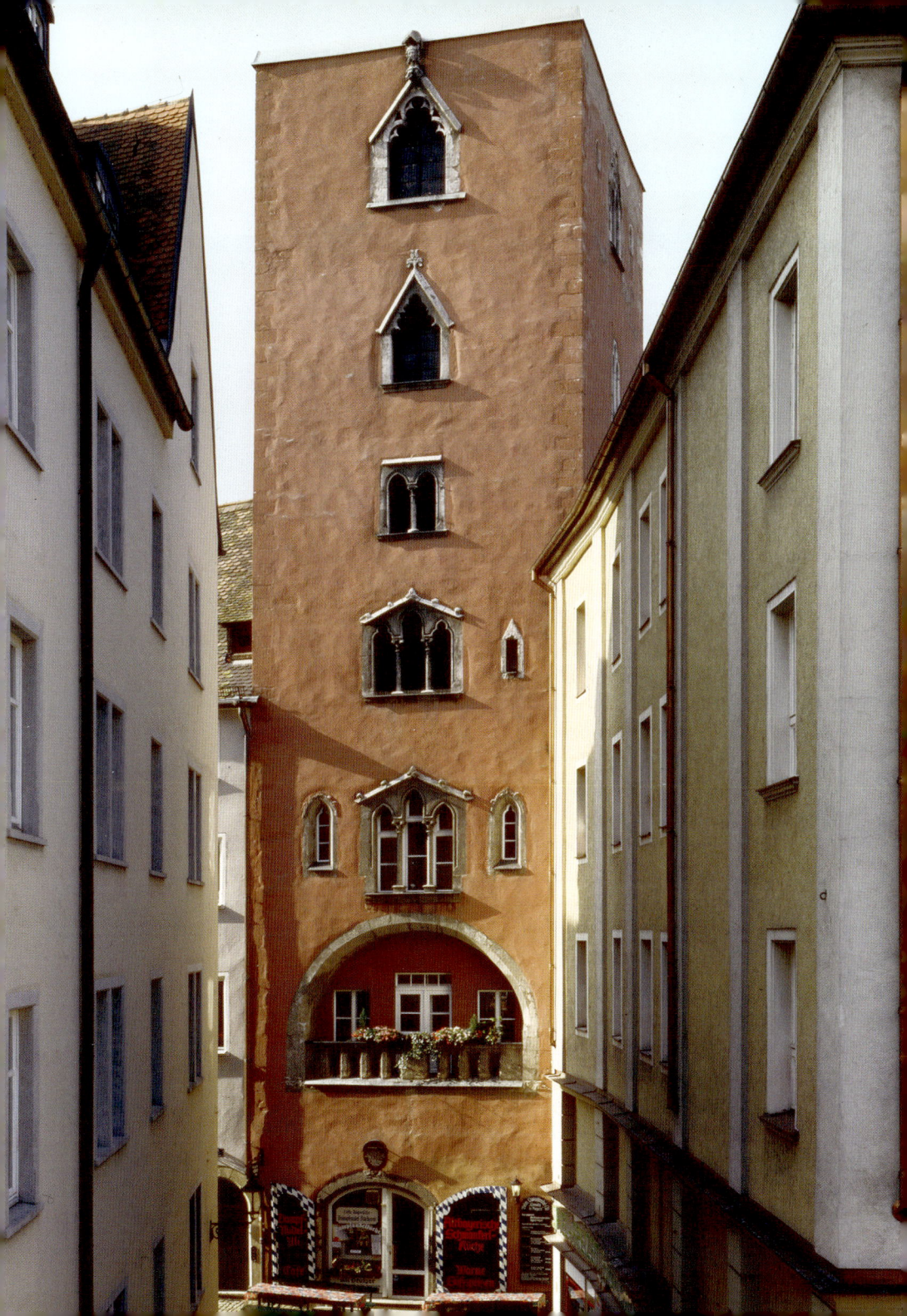

häuser. Hervorragende gotische Substanz besitzt noch das Haus Nr. 6 mit seinem an der Ecke zur Tändlergasse gelegenen Wohnbau (um 1320) und dem östlich anschließenden Turm (um 1200), dessen ursprünglich über dem sechsten Geschoss gelegener Zinnenkranz einer Aufstockung im 17. Jahrhundert zum Opfer gefallen ist. Gegenüber fällt an der Südfassade des Goliathhauses (35) ein reich gegliederter Kastenerker ins Auge. Er wurde im frühen 14. Jahrhundert angebracht, als man die zuvor hier befindliche Loggia vermauerte. Das Haus Nr. 7 wurde nach dem Brand des Vorgängerbaus in den 1250er Jahren errichtet. Trotz einer durchgreifenden Barockisierung, von der u. a. der Erker zeugt, blieb das bauzeitliche Mauerwerk in sämtlichen Geschossen weitestgehend erhalten. Die Bäume, aus deren Holz die Deckenbohlen und -balken gefertigt sind, wurden 1251 gefällt.

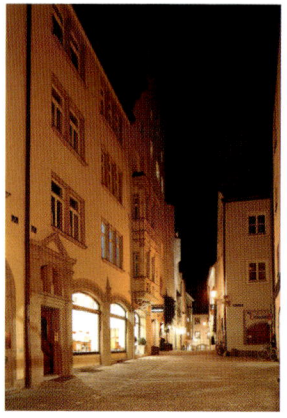

Der Watmarkt hat trotz schwerer Eingriffe um 1900 wertvolle Zeugnisse gotischer Patrizierarchitektur und den Charakter einer mittelalterlichen Marktstraße bewahrt.

Am Ende des Watmarkts öffnet sich der Krauterermarkt, der nach Süden nahtlos in den Domplatz übergeht. Am Übergang der beiden Plätze, gegenüber der majestätischen Domfassade (vgl. S. 44ff.), steht der Kaiserbrunnen (1566/67), der erste von sechs ähnlich gestalteten Brunnen, mit denen die Reichsstadt Regensburg vom 16. bis zum 18. Jahrhundert ihr politisches Selbstverständnis monumental zum Ausdruck brachte. Im Zentrum des sechseckigen Brunnenbeckens trägt ein mehrfach profilierter Pfeiler eine vergoldete Kugel, auf der als Symbol der kaiserlichen Weltherrschaft ein Adler sitzt.

Hinter dem Brunnen erhebt sich als westliche Begrenzung des Domplatzes das **Haus Heuport (4)**, ein imposantes Patrizierhaus, zu dem ursprünglich auch der Gebäudeteil an der Ecke zur Kramgasse (Hotel Kaiserhof) gehörte. Dieser nördliche Teil der Anlage, in dem noch der Stumpf eines spätromanischen Turms steckt, geht auf das 12. Jahrhundert zurück; die südlichen Gebäudeteile entstanden ab etwa 1300. Während die markante gotische Fensterzeile im ersten Obergeschoss 1934 rekonstruiert wurde, ist die ungewöhnliche Erschließungssituation des frühen 14. Jahrhunderts authentisch erhalten. Der

Zugang zum Festsaal im Obergeschoss erfolgt über eine offene gotische Treppenhalle im Hof. Rechts neben dem Aufgang befindet sich noch ein Steinquader mit drei Löchern, die zum Löschen von Fackeln dienten. Wer die Treppe emporsteigt, sieht linker Hand die allegorische Figurengruppe eines jungen Mädchens, das sich erwartungsvoll einem Mann zuwendet, dessen verführerische Absicht durch den Apfel, den er in der Rechten hält, unterstrichen wird. Sein Rücken aber ist, für das Mädchen nicht sichtbar, von Ungeziefer zerfressen. Er ist der personifizierte Satan.

Das Haus Heuport umfasste ursprünglich die beiden, heute farblich abgesetzten, Gebäudeteile. Der Name erinnert an das einstige, südlich davon gelegene Heutor, welches ins Ghetto führte, und an den davor abgehaltenen Heumarkt.

Vom Krauterermarkt aus führt der Weg durch die schmale Kramgasse hinein in den Kern eines noch völlig intakten mittelalterlichen Kleinquartiers. Die Häuser hier besitzen größtenteils noch bemerkenswerte romanische und gotische Bausubstanz, zum Teil sogar noch Reste gotischer Ausstattung. Dies gilt ins-

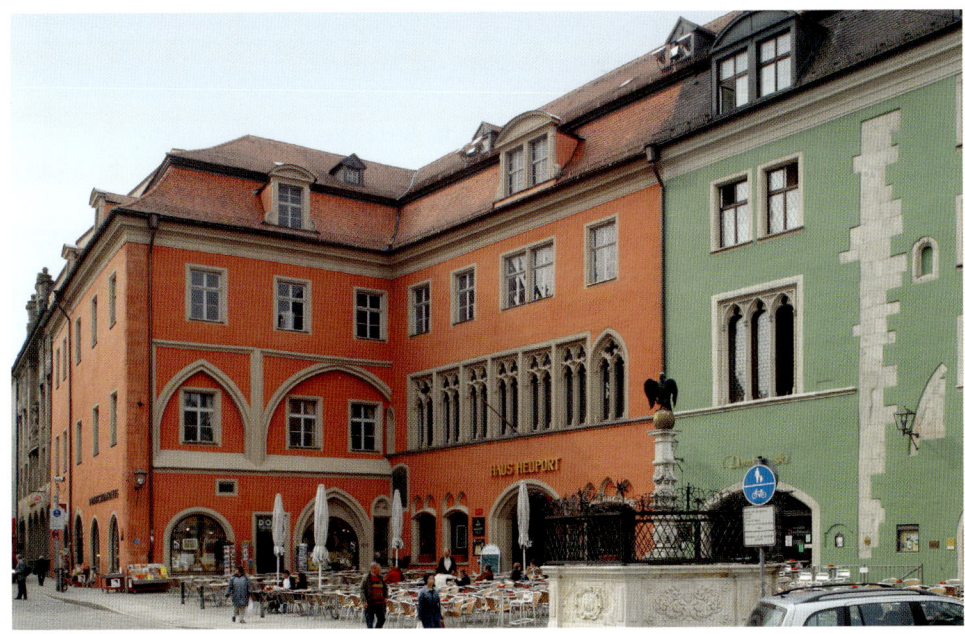

besondere für das Haus Nr. 8, das auch äußerlich dank seiner jüngst nach Befund wiederhergestellten originalen Fassadenfassung das Erscheinungsbild des 14. Jahrhunderts wiedergibt. Am Ende der rechten Häuserzeile, an der Ecke zur Tändlergasse, erhebt sich der Rest eines frühgotischen Turmes, der zum Anwesen Tändlergasse 1 gehört. In dem zur Kramgasse gewandten Hausteil wurde 1547 der außereheliche Sohn Kaiser Karls V. und der Regensburger Gürtlerstochter Barbara Blomberg geboren, der als Don Juan d'Austria die christliche Flotte in der siegreichen Schlacht von Lepanto gegen die Türken 1571 kommandierte und daher als Retter des Abendlandes in die Geschichte eingegangen ist.

Wir biegen nach links in die Tändlergasse ab und finden uns an deren Ende auf einem sich unvermittelt öffnenden, weiten Platz.

Neupfarrplatz

Der **Neupfarrplatz (5)** wirkt nicht nur wegen der zum Teil modernen Bebauung, sondern auch wegen seiner unorganisch geradlinigen Umgrenzung wie ein Fremdkörper im mittelalterlichen Stadtgefüge. In der Tat handelt es sich um keinen historisch gewachsenen Platz, sondern vielmehr um eine freie Fläche, die durch die Zerstörung des jüdischen Ghettos 1519 entstanden ist. Lediglich die südliche Häuserfront, die nicht mehr zum Ghetto gehörte, ist mittelalterlichen Ursprungs, obwohl auch hier die Fassaden aus späteren Epochen stammen.

Die Geschichte der Regensburger Judengemeinde reicht, wenngleich sie dokumentarisch erst seit dem dritten Viertel des 10. Jahrhunderts belegt ist, mit Sicherheit weiter zurück. Dafür spricht vor allem, dass die Juden, die üblicherweise nahe der Stadtmauer angesiedelt wurden, ihr Viertel noch innerhalb der – um 920 als Stadtgrenze aufgegebenen – römischen Ummauerung hatten. Unter dem Schutz von Herzog, König und, ab dem 13. Jahrhundert, Reichsstadt konnte sich die jüdische Gemeinde in Regensburg vergleichsweise friedlich entwickeln.

Der Neupfarrplatz, hervorgegangen aus der Zerstörung des Ghettos 1519, wird beherrscht von der Neupfarrkirche.

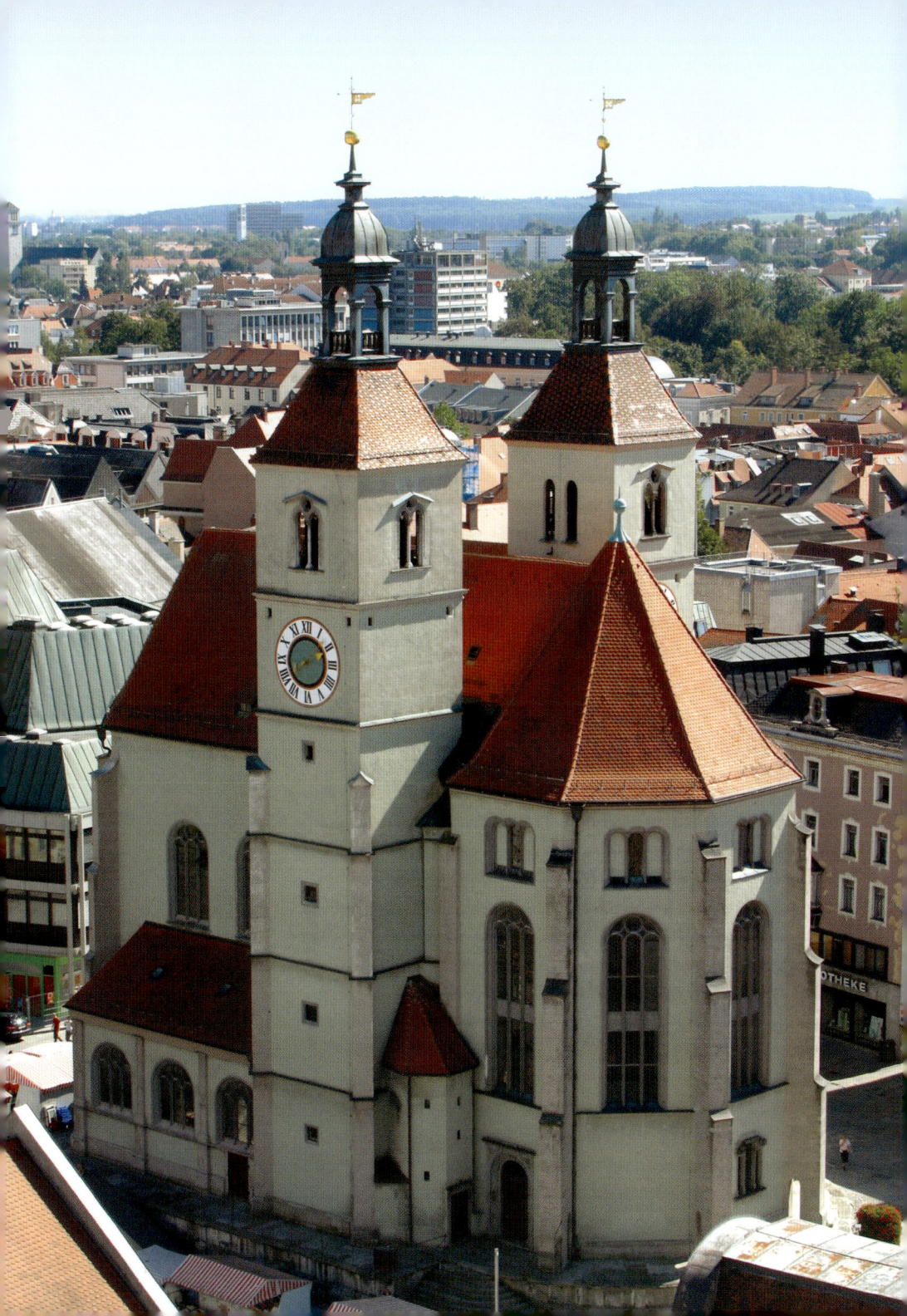

Erst ab der Mitte des 15. Jahrhunderts nahm, ausgelöst durch den wirtschaftlichen Niedergang der Stadt, der Antisemitismus spürbar zu. Seinen traurigen Höhepunkt erreichte er zu Beginn des Jahres 1519, als nach dem Tode Kaiser Maximilians I. die Juden des Reiches vorübergehend keinen Schutzherrn hatten. Der Rat der Stadt beschloss umgehend ihre Vertreibung sowie die Zerstörung der Synagoge und des gesamten Ghettos. Um diese Entscheidung unumkehrbar zu machen, wurde die vorübergehende Genesung eines beim Abbruch der Synagoge verunglückten Maurers zum Wunder stilisiert und der Gottesmutter zugeschrieben. Über den Trümmern der Synagoge errichtete man symbolträchtig schon im März 1519 eine Marienkapelle, die zum Ziel eines rasch anwachsenden Wallfahrerstroms wurde. Aus ganz Mitteleuropa kamen die Menschen herbei, um die „Schöne Maria von Regensburg" zu preisen.

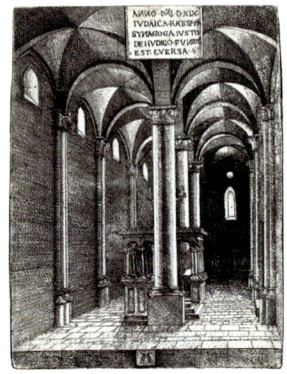

Albrecht Altdorfer hat den Innenraum der Synagoge unmittelbar vor ihrer Zerstörung am 21. Februar 1519 im Bild festgehalten (Radierung, Historisches Museum Regensburg).

Wallfahrtskirche zur Schönen Maria – Neupfarrkirche

Daher legte der Rat der Stadt im September 1519 den Grundstein zum Bau einer prächtigen Wallfahrtskirche. Das, was von dem ehrgeizigen Projekt verwirklicht wurde, entspricht der heutigen **Neupfarrkirche (6)**. Nach dem im Historischen Museum aufbewahrten Modell des Augsburger Renaissancebaumeisters Hans Hieber sollte sich an den von zwei Türmen flankierten Langchor im Westen ein monumentaler Sechseckbau anschließen, der das eigentliche kultische Zentrum mit dem Gnadenbild geworden wäre. Doch schon nach wenigen Jahren ging unter dem Einfluss der lutherischen Lehre die Zahl der Wallfahrer rapid zurück. Damit versiegte auch die Finanzquelle für das ehrgeizige Bauprojekt. Der Langchor wurde 1540 geweiht und im Westen in Höhe der Türme notdürftig vermauert. Dieser Torso wurde, als der Regensburger Rat 1542 den Übertritt zur Lehre Luthers beschloss, zur ersten evangelischen Kirche der Stadt. Erst 1860–63 kam es durch den Münchner Ar-

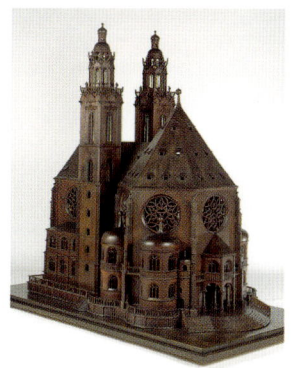

Das Modell der Wallfahrtskirche zur Schönen Maria (um 1521, Historisches Museum Regensburg) lässt die Ausmaße des von Hans Hieber geplanten Baus erkennen.

chitekten Ludwig Foltz zum Anbau des Westchores und damit zu einem ästhetisch immerhin befriedigenden Abschluss der wechselvollen Baugeschichte.

Äußeres

Wie der Dom erhebt sich die Kirche auf einem hohen, umlaufenden Sockel. Der dreiseitig geschlossene Langchor mit seinen gestuften Strebepfeilern ist noch stark der spätgotischen Tradition verpflichtet, wenngleich die großen rundbogigen Maßwerkfenster den Einfluss der Renaissance spüren lassen. Dieser wäre, wie ein Vergleich mit dem Modell zeigt, vor allem am nicht verwirklichten Zentralbau zum Tragen gekommen. Aber auch die den Langchor flankierenden Anbauten und die Türme wurden nur in stark reduzierter und weitgehend konventioneller Form ausgeführt. Ob man bei der provisorischen Vollendung des Nordturms 1595 die vier frühgotischen Biforienfenster aus Sparsamkeit wiederverwendet hat oder ob es sich dabei gleichsam um Trophäen aus einem zerstörten jüdischen Haus handelt, muss dahingestellt bleiben. Jedenfalls ließ Foltz in den von ihm vollendeten Südturm analoge Fenster einbauen. Ferner entwarf er für beide Türme gleiche Helme. Dem Prinzip der stilistischen Stimmigkeit folgte Foltz auch beim Bau des Westchors.

Inneres

Der von Hieber beabsichtigte Raumeindruck ist wegen des fehlenden Westbaus und aufgrund der erheblich reduzierten Ausführung der seitlichen Kapellen kaum nachvollziehbar. Nur an Details wie den originellen Kapitellen der halbrunden Wandsäulen oder auch an der doppelläufigen Wendeltreppe des Südturms lassen sich die gestalterischen Ideen des Baumeisters ermessen.

Der zunächst von Albrecht Altdorfer für die Wallfahrtskirche konzipierte Hochaltar kam nicht mehr zur Ausführung, und der nach dem Konfessionswechsel von Michael Ostendorfer 1553–55 geschaffene, wegen seines protestantischen Bildprogramms interessante Flügelaltar befindet sich heute im Historischen

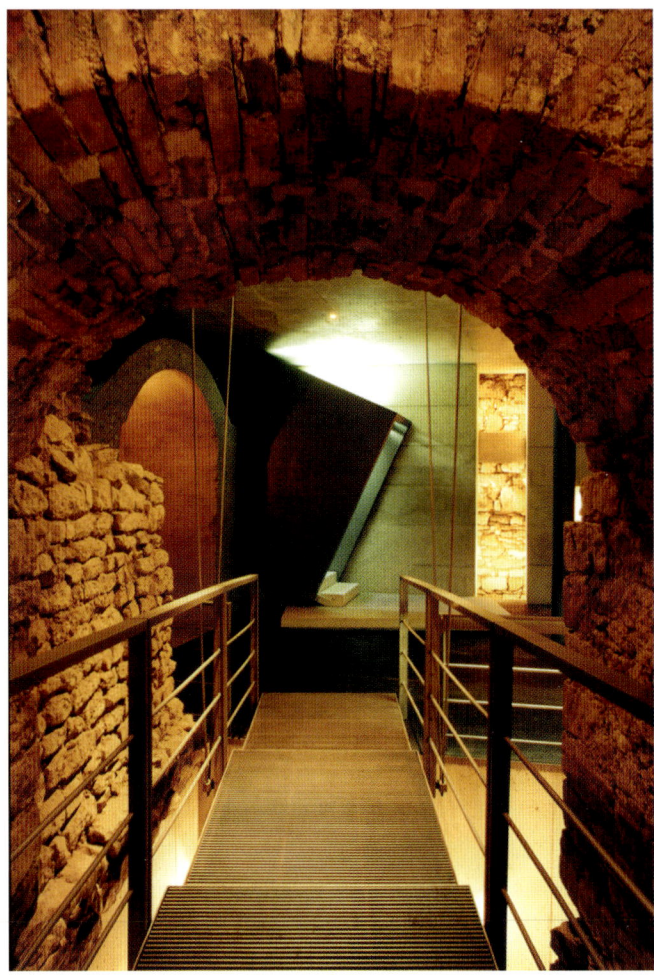

Das „*document* Neupfarrplatz" erschließt, didaktisch aufbereitet, den unterirdischen Neupfarrplatz.

Museum. In der Kirche steht ein schlichtes barockes Säulenretabel mit einem Bild der Kreuzigung Christi von Johann Hermann Wiwernitz (um 1650).

Nördlich der Kirche befindet sich der Zugang zum sog. ***document* Neupfarrplatz (7, 🏛)**, einem archäologischen Untergeschoss, das im Zuge einer archäologischen Grabung 1995–2001 geschaffen wurde. Ein Teil der Kellerlandschaft des mittelalterlichen Judenviertels ist nun wieder begehbar. Ferner wurden punktuell römische Mauerzüge sowie ein Ringbunker aus der Zeit des Nationalsozialismus freigelegt, so dass die außerordentliche historische Aussagekraft des hier über 6 m hohen Kulturschutts erlebbar wird.

Durch den von Dani Karavan auf dem Neupfarrplatz gestalteten „Denkort" wird der Grundriss der Synagoge im Stadtgefüge wieder sichtbar.

Im Westen des Platzes, dort wo sich der Zentralbau der Wallfahrtskirche hätte erheben sollen, zeichnet ein begehbares **Bodenrelief (8)** den Grundriss der darunter liegenden zerstörten frühgotischen Synagoge nach. Man erkennt eine durch drei Säulen unterteilte zweischiffige Anlage. Diese war um 1220/30 unter Verwendung von Teilen des kleineren Vorgängerbaus in Anlehnung an die Synagoge von Worms errichtet

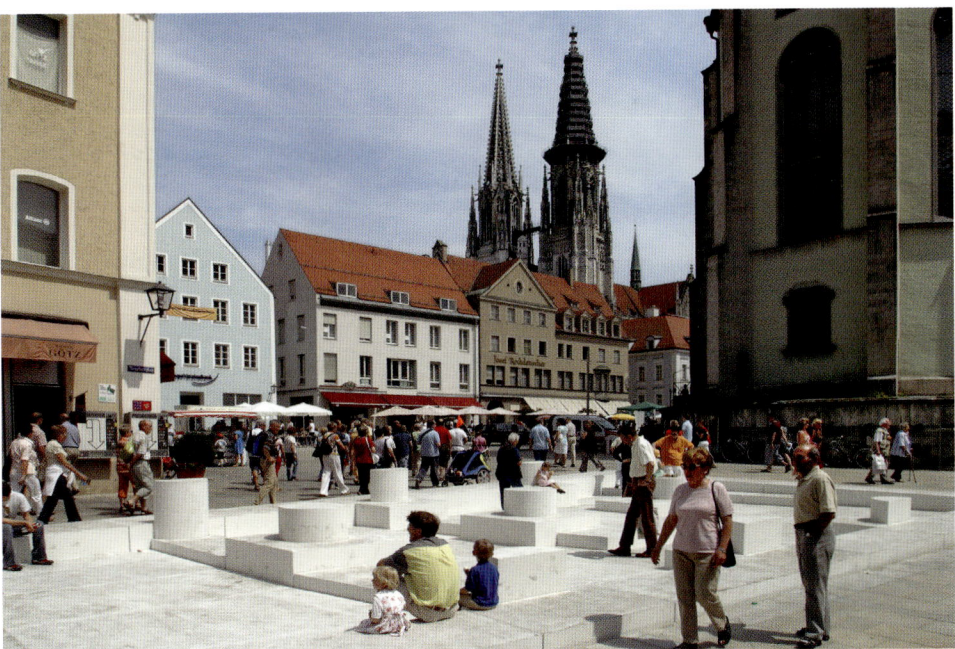

worden und wirkte ihrerseits als Vorbild für den Bau der Prager
Altneuschul und der zweiten Wiener Synagoge.

Als dank der archäologischen Grabungen 1995 Lage und
Grundriss der 1519 zerstörten Synagoge bekannt wurden, ver-
setzte man den später dort errichteten reichsstädtischen Brunnen nach Westen, um den Platz über der ehem. Synagoge neu

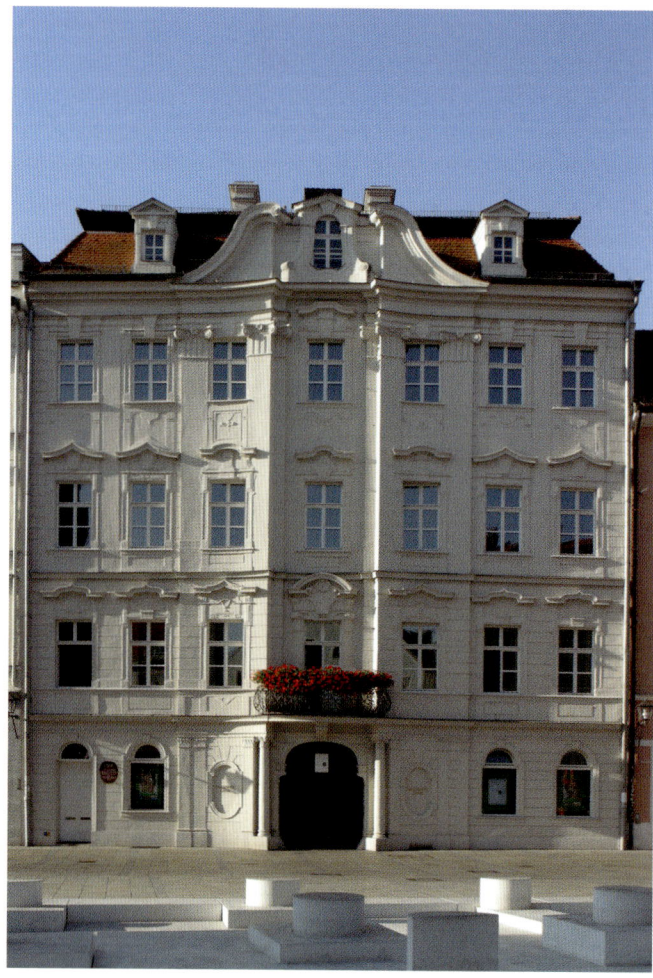

Das Palais Löschenkohl
(1731–33) bildet den architektonischen Höhepunkt auf der
Südseite des Neupfarrplatzes.

gestalten zu können. Der israelische Künstler Dani Karavan entwarf dafür das 2005 vollendete Bodenrelief, das dezidiert kein Mahnmal ist, sondern eine Sitzmulde, die zum Verweilen einlädt und auf diese Weise den historischen religiösen Ort wieder in das Stadtbild integriert.

Vom Bodenrelief aus bietet sich ein guter Blick auf das **Palais Löschenkohl (9)**, das sich der Kaufmann und Bankier Hieronymus Löschenkohl 1731–33 von dem Linzer Baumeister Johann Michael Prunner erbauen ließ. Die organisch durchgeformte siebenachsige Platzfassade, deren dreiachsiger Mittelrisalit seitlich in konkaven Biegungen vorschwingt und in der Mittelachse wieder zurücktritt, gehört zu den besten Beispielen spätbarocker Profanbaukunst in Regensburg. Architektonisch steht das Gebäude, abgesehen von Prager und Wiener Vorbildern, im unmittelbaren Zusammenhang mit dem gleichfalls von Prunner errichteten Gartenpalais Löschenkohl (S. 211f.). Nach dem Niedergang des Handelshauses Löschenkohl 1743 war das Palais bis zum Ende des Hl. Römischen Reichs 1806 Sitz der kursächsischen Gesandtschaft.

Entlang der Südfront des Neupfarrplatzes empfiehlt sich ein kurzer Abstecher in östlicher Richtung, vorbei an städtebaulichen und architektonischen Eingriffen aus dem letzten Drittel des 20. Jahrhunderts.

St. Kassian

Bei dem unscheinbaren Bau handelt es sich um eine der ältesten Kirchen Regensburgs. 885 erstmals erwähnt, gehörte sie zur Pfalz am Alten Kornmarkt. Doch im Gegensatz zur Alten Kapelle (vgl. S. 66ff.), die als Pfalzkirche dem König und seinem Hofstaat diente, war **St. Kassian (10)** damals die Kirche der königlichen Ministerialen. Noch heute ist es die Pfarrkirche des Kollegiatstiftes der Alten Kapelle.

Das nördlich der Alpen ungewöhnliche Patrozinium verweist auf die frühe Zugehörigkeit Regensburgs zum Patriarchat Aquileia und die einst engen Beziehungen der Regensburger Kirche zur Diözese Brixen, die den hl. Kassian von Imola als ihren ersten Bischof verehrt. Der einst von einem Friedhof umgebene Bau wirkt in der Außenansicht wesentlich jünger: In der Tat wurde die Kirche zu Beginn des 14. Jahrhunderts von Meistern der Dombauhütte über den karolingischen Grundmauern neu errichtet, 1477 nach Westen erweitert und im 18. Jahrhundert überformt.

Im Innenraum liegt das Laufniveau merklich tiefer als das heutige Straßenniveau, aber trotzdem noch wesentlich höher als der jüngst durch eine Grabung nachgewiesene gotische und erst recht der karolingische Fußboden. Dadurch haben sich die Höhenverhältnisse im Vergleich zu dem kurz nach 1300 entstandenen, damals hoch aufragenden gotischen Neubau erheblich verändert: Die Pfeiler wirken jetzt gedrungen, die Bögen auffallend breit.

Die beiden östlichen Joche mit ihren Rundpfeilern und den weitgespannten Arkaden stammen noch von dem zu Beginn des 14. Jahrhunderts über den karolingischen Fundamenten ausgeführten Bau, während die beiden westlichen Langhausjoche im Zuge der spätgotischen Erweiterung entstanden sind. Auch beim karolingischen Urbau handelte es sich schon um eine dreischiffige Anlage, deren Mittelschiff unter dem heutigen lag. Die Seitenschiffe aber waren wesentlich schmäler; ihre Apsiden lagen in Höhe der östlichen Pfeiler des jetzigen Baus.

Langhaus und Chor wurden 1754 von Anton Landes stuckiert, der zuvor in der Alten Kapelle gearbeitet hatte. Gleichzeitig führte Otto Gebhard im Langhaus das große Deckenfresko aus, in dessen Zentrum Petrus als Menschenfischer steht. Der Auftrag für die restlichen, bis 1758 ausgeführten Fresken ging allerdings aus nicht bekannten Gründen an Gottfried Bernhard Göz. Er schuf an den Hochschiffwänden alttestamentliche und marianische Szenen in typologischer Kombination; die Malereien an der Decke des nördlichen Seitenschiffs

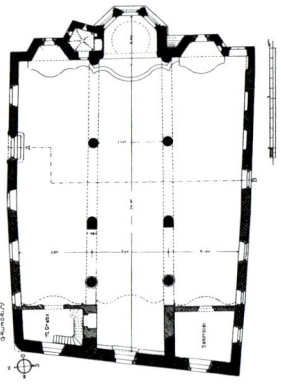

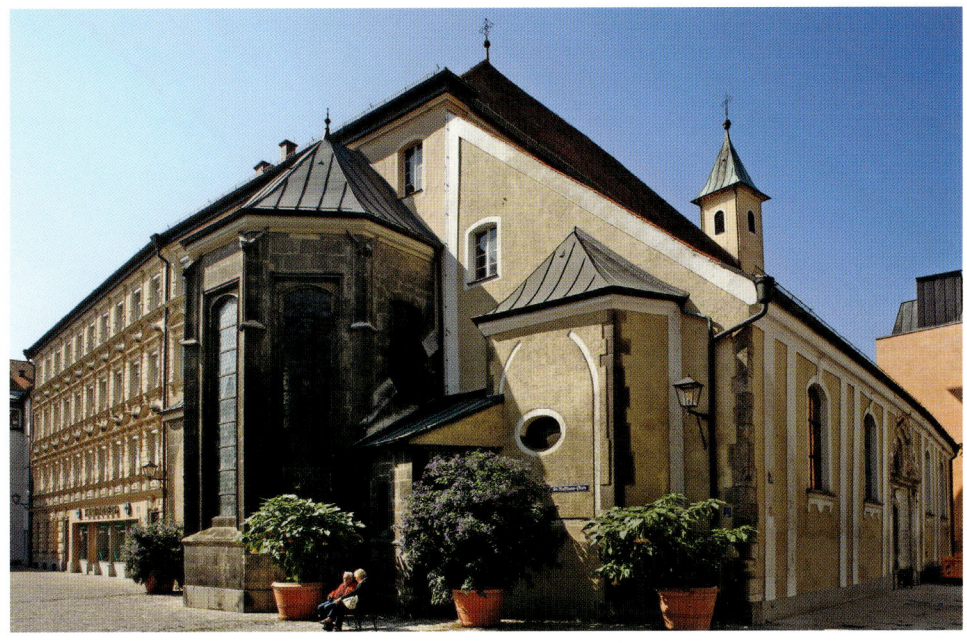

St. Kassian von Nordosten

zeigen Episoden aus der Kassianslegende und jene an der Decke des südlichen Seitenschiffs beziehen sich auf die Geschichte des Kirchengebäudes.

Während die anderen im 17./18. Jahrhundert überformten mittelalterlichen Kirchen Regensburgs ihre ursprüngliche architektonische Konzeption noch gut erkennen lassen, wurde in St. Kassian der Raumcharakter nachhaltig verändert – und zwar nicht nur durch die Anhebung des Fußbodens, sondern auch durch die künstlich in Fachwerktechnik herabgezogenen Bogenfelder der Mittelschiffarkaden. Dadurch wurde zum einen Platz geschaffen für die monumentalen Bildkartuschen des Obergadens, zum andern verlieh man der Kirche – gewollt oder ungewollt – durch die nun überaus gedrungen wirkenden Rundpfeiler einen höchst altertümlichen Charakter.

Am südlichen Seitenaltar wurde 1747 die Schöne Maria von Hans Leinberger (um 1520) aufgestellt, um die im 16. Jahrhundert erloschene Wallfahrt (vgl. S. 94) wiederzubeleben. Die Statue hatte einst den Altar der hölzernen Kapelle auf dem Neupfarrplatz geschmückt. An der südlichen Seitenschiffwand steht der ehemalige spätgotische Hochaltar, ein 1498 wohl von einem niederbayerischen Meister geschaffenes Flügelretabel, in dessen Schrein die Figur des hl. Kassian thront.

Wieder zurück über den Neupfarrplatz, vorbei an Karavans Bodenrelief und dem versetzten reichsstädtischen Brunnen, biegen wir nach Norden in die **Wahlenstraße (11)** ein. Ihr bereits 1135 belegter Name *inter latinos* deutet darauf hin, dass hier italienische Kaufleute ihre Niederlassungen hatten. Von diesen „Welschen" leitet sich auch die deutsche Bezeichnung der Straße ab. Ihre relative Breite ist Ausdruck des Repräsentationsbedürfnisses ihrer Bewohner, die sich hier ihre stattlichen Häuser errichteten. Im 14. und 15. Jahrhundert hatten in der Wahlenstraße zahlreiche Goldschmiede ihre Werkstätten. Diese mussten aus Gründen der besseren Kontrolle spätestens seit einer Verordnung von 1481 gut einsehbar sein.

Viele Fassaden wurden in nachmittelalterlicher Zeit modernisiert, doch verfügen die Häuser fast ausnahmslos noch über beachtliche mittelalterliche Bausubstanz. Diese manifestiert sich nicht zuletzt in den großzügigen romanischen und gotischen Kellern, die als Lager-, aber auch als Verkaufsräume genutzt wurden. Sie besaßen daher eigene Zugänge über Treppen, die direkt auf die Straße führten. Zum Teil sind diese alten Zugangssituationen noch anhand ihrer Abdeckungen im Straßenpflaster erkennbar.

Vom Neupfarrplatz kommend, erhebt sich links der Turm des Kastenmayerhauses aus der zweiten Hälfte des 13. Jahrhunderts. Der Bogen im ersten Obergeschoss weist noch auf die sich hier einst öffnende Loggia hin; der darüber liegende ist ein Entlastungsbogen. Besonders bemerkenswert sind die zwei Erdgeschossräume, die ursprünglich beide zweijochig waren. Der nördliche, bisweilen als ehemalige Kapelle angesehene

Blick durch die Wahlen-
straße nach Süden. In der
Bildmitte der frühgotische
Goldene Turm, mit knapp 50 m
Höhe der imposanteste
Regensburger Hausturm.

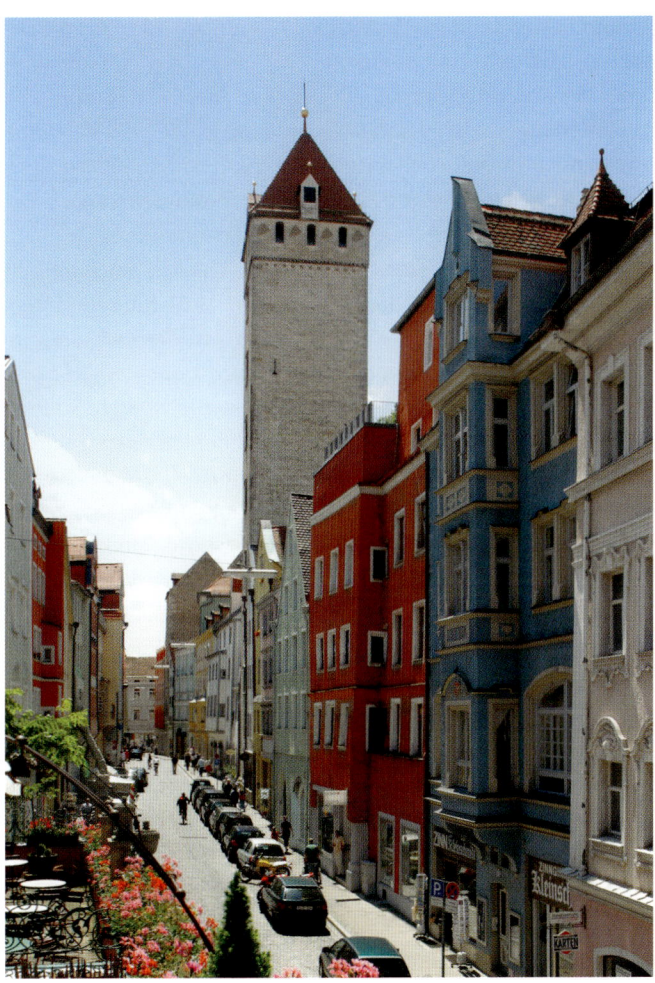

Raum mit seinem aufwendigen Kreuzrippengewölbe ist in
dieser originalen Form erhalten. – Im Haus Nr. 23 wohnte von
1563–81 Ulrich Schmidl, Mitbegründer von Buenos Aires und
früher Geschichtsschreiber der Region am Río de la Plata. – Bei
Nr. 20 sind noch der romanische, allerdings in der Spätgotik
und im 19. Jahrhundert stark veränderte Hausturm und der

jüngere Wohntrakt zu erkennen. – Von der Straße zurückgesetzt und daher nicht sichtbar ist der im Kern romanische Turm des Deggingerhauses (Nr. 17). Die Fassade des repräsentativen Wohntrakts erhielt 1314 im Zuge einer größeren Umbaumaßnahme eine von Mitgliedern der Dombauhütte ausgeführte bekrönende Maßwerkgalerie. Dieses für den Regensburger Profanbau an sich unübliche Schmuckelement diente dazu, die beiden bis dahin unterschiedlichen Hausteile optisch zu vereinheitlichen. Der Erker dürfte im frühen 15. Jahrhundert hinzugekommen sein. – Gegenüber erhebt sich der um 1250 errichtete **Goldene Turm (12)**, der zunächst nur vier Geschosse umfasste, aber schon um 1300 bis zur heutigen Höhe ausgebaut wurde. Er ist seitdem der höchste Regensburger Patrizierturm. An die Stelle des ursprünglichen Zinnenkranzes ist leider um 1600 das jetzige Pyramidendach getreten. Die Frage, ob die an der Nord- und an der Südseite befindlichen Schießscharten tatsächlich zu Verteidigungszwecken dienten, ist bis heute nicht eindeutig beantwortet.

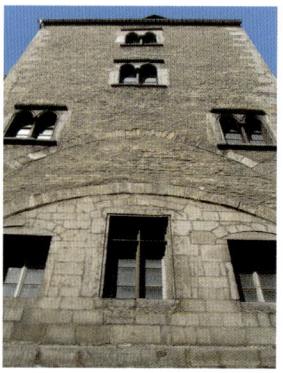

Der Turm des Kastenmayerhauses in der Wahlenstraße mit vermauerter Loggia.

Über den in der Renaissance umgestalteten Innenhof der zum Goldenen Turm gehörigen Bautengruppe gelangt man in die Untere Bachgasse, in der bis zu seiner Kanalisierung 1837 der Vitusbach offen geflossen ist. Die Handwerker, die deswegen hier im Frühmittelalter siedelten, wurden schon bald weiter nach Westen an den Stadtrand verdrängt. Anlass hierfür dürfte vor allem die Geruchsbelästigung gewesen sein, die vor allem von den Gerbereien ausging. In der Folgezeit entstanden entlang der Bachgasse stattliche romanische und gotische Bürgerhäuser. Besonders bemerkenswert ist das Haus **Untere Bachgasse 13 (13)** mit seinem 1102 oder wenig später errichteten Turm. Wenngleich einige Fenster in gotischer Zeit modernisiert wurden, ist die romanische Fassade dieses Turmhauses in selten reiner Form erhalten geblieben.

Das gegenüberliegende **Lyskirchnerhaus (14)**, Untere Bachgasse 10, geht in seinem heutigen Erscheinungsbild auf einen spätgotischen Umbau in der zweiten Hälfte des 15. Jahr-

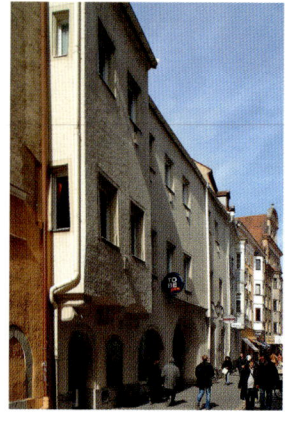

Das Lyskirchnerhaus, Untere Bachgasse 10, ist ein typisches Regensburger Bürgerhaus der Spätgotik. Die Zeit der Haustürme war bereits vorüber.

Untere Bachgasse 13, zu Beginn des 12. Jhs. erbaut und damit der wohl älteste erhaltene Hausturm Regensburgs.

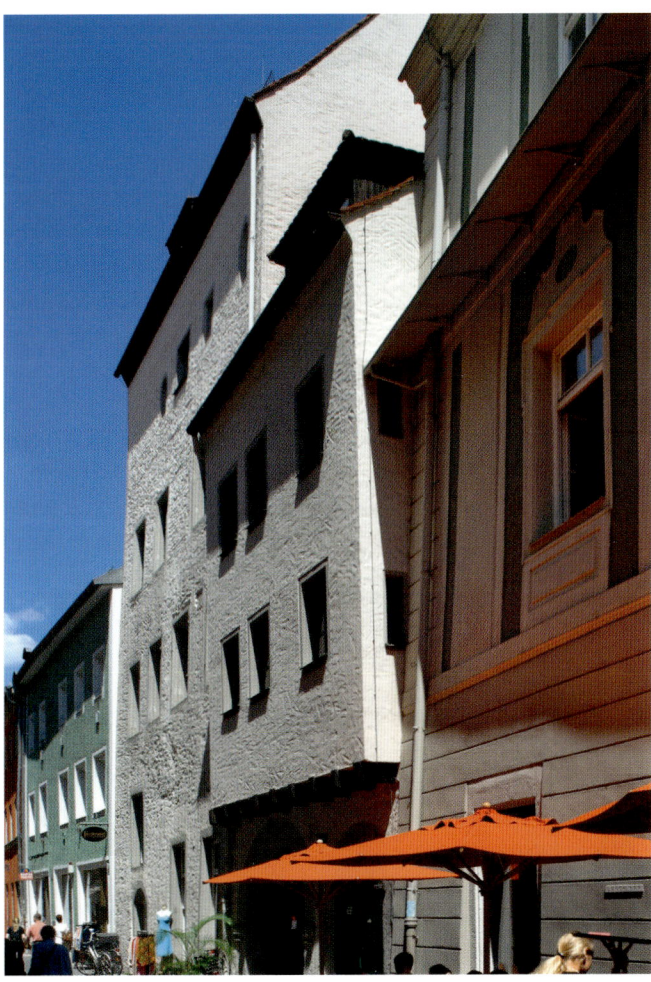

hunderts zurück. Damals entstand auch die großzügige Einfahrtshalle, deren Zweischiffigkeit in der damaligen Regensburger Bürgerhausarchitektur ein bewährtes Mittel der Repräsentation war.

Wenige Schritte weiter nördlich öffnet sich die schmale Gasse Hinter der Grieb. Rechts erhebt sich der gegen 1270 errichtete, ausgezeichnet erhaltene **Löblturm (15)**. Vom Keller bis zum Zinnenkranz vermittelt er noch ein authentisches Bild vom Aussehen der hochgotischen Regensburger Patriziertürme. Bei dem zweijochigen, kreuzrippengewölbten Raum im Erdgeschoss handelt es sich um die einstige Hauskapelle der Familie Löbl, wovon bis heute der Schlussstein mit dem Familienwappen zeugt. Der weitere Verlauf der Gasse wird vom **Gravenreutherhaus (16)** dominiert, das mehrere Bauteile umfasst, die von etwa 1200 bis ins frühe 14. Jahrhundert zu einem weitläufigen Komplex zusammengewachsen sind. Diese Mehrgliedrigkeit wirkt sich auch auf die Fassadenabwicklung aus. Im östlichen Teil der reich gegliederten Fassade ist eine bereits in der Spätgotik vermauerte Loggia zu erkennen, am westlichen Flügel lässt ein dreiachsiger Kastenerker die dahinterliegende repräsentative Stube erahnen. Nur vom Innenhof aus zu sehen sind die beiden Türme des Anwesens. Während der Ostturm

Die Gasse Hinter der Grieb mit dem durch seinen Kastenerker ausgezeichneten Gravenreutherhaus und dem siebengeschossigen Turm der Patrizierfamilie Löbl.

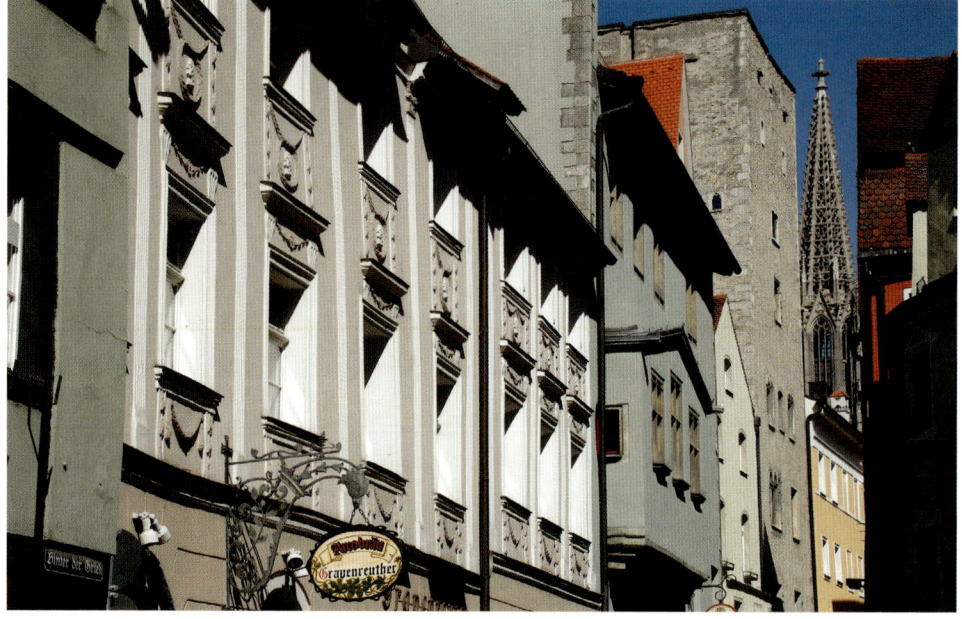

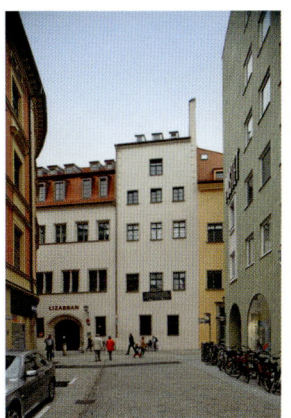

Blick durch die Rote-Hahnen-Gasse auf die ab dem 12. Jh. entstandene Patrizierburg der Zant.

aus der Zeit um 1250 stammt, wurde der Westturm erst im frühen 14. Jahrhundert errichtet, also relativ spät für einen Regensburger Patrizierturm. In seinem Erdgeschoss befindet sich die ehemalige Hauskapelle, ein zweijochiger Raum, der ein fünfstrahliges Rippengewölbe besitzt und damit zu einer kleinen Gruppe Regensburger Sakralräume gehört, die durch diese aufwendige Gewölbegestaltung offenbar besonders ausgezeichnet werden sollten. Die fernen Vorbilder dieses Schmuckmotivs finden sich an Chorkapellen der französischen Frühgotik.

Am Ende der Gasse Hinter der Grieb fällt der Blick nach links durch die Rote-Hahnen-Gasse auf einen weiteren imposanten Bürgerhauskomplex, der von 1812 bis ins Jahr 2000 als Tabakfabrik genutzt wurde, weswegen ihn die Regensburger gemeinhin als „Schnupftabakfabrik" bezeichnen. Es handelt sich dabei um die – erst 1898 miteinander verbundenen – Häuser der Familien Zant (Gesandtenstraße 3) und Ingolstetter (Gesandtenstraße 5). Das östliche, an der Ecke zur Spiegelgasse gelegene **Zanthaus (17)** entwickelte sich seinerseits aus zwei Bürgerhäusern, die jeweils über Turm und Kapelle verfügten. Vom Repräsentationsbedürfnis der Zant, die im 13./14. Jahrhundert zu den reichsten Regensburger Familien gehörten, zeugt heute vor allem noch die zweischiffige Eingangshalle mit ihren fünf kreuzrippengewölbten Jochen. Die ursprüngliche Weite des Raumes ist durch die inzwischen vorgenommene Abtrennung des linken Schiffs leider stark beeinträchtigt. Östlich neben der Eingangshalle befindet sich der älteste Teil der Anlage, ein Turm aus dem 12. Jahrhundert, der jedoch, vor allem seit dem Abbruch der oberen Geschosse 1718, an der Fassade zur Gesandtenstraße nicht mehr ablesbar ist; allein drei romanische Rundbogenfensterchen zeugen noch von ihm. Das links davon sichtbare zugesetzte Spitzbogenportal bildete einst den Zugang zur 1328 erwähnten Kapelle St. Pankraz und Pantaleon, die sich nach Osten bis zur

Spiegelgasse erstreckte. Dort markiert ein Spitzbogen noch die Stelle, an der einst das Chörlein der Kapelle in den Straßenraum auskragte. Rechts daneben zeigt ein Wappenstein den Zant'schen Löwen. Ganz im Westen des Zanthauses erhebt sich dessen zweiter, in voller Höhe erhaltener und daher noch gut erkennbarer Turm. An ihn schließt sich das spätgotische **Ingolstetterhaus (18)** an, das ebenfalls noch Reste eines romanischen Vorgängerbaus in sich birgt. An der Fassade fallen zunächst, von Osten kommend, die skulpturalen Reste (Löwen mit menschlichen Köpfen, Blattmasken) eines Portals aus dem 14. Jahrhundert auf. Daneben öffnet sich die Durchfahrt, die einst, ebenso wie im Zanthaus, als zweischiffige Halle angelegt war. Der nach Westen anschließende Bauteil birgt im Keller und im Erdgeschoss noch Substanz aus dem 12. Jahrhundert. Der zweigeschossige Runderker an der Ecke zum Gutenbergplatz zeugt von einer Überformung des Hauses im 16. Jahrhundert.

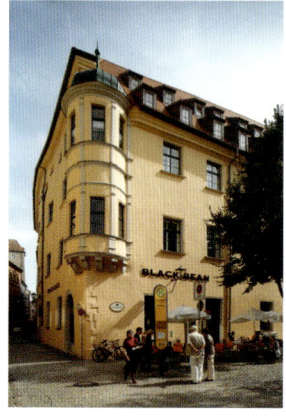

Das spätgotische Ingolstetterhaus wird seit dem 16. Jh. von einem Renaissance-Erker dominiert.

Nach Jahren des Leerstandes und der Verwahrlosung wurden das Zant- und das Ingolstetterhaus 2005–07 saniert. Dabei galt es, sowohl der Bedeutung der mittelalterlichen, in Renaissance und Barock überformten Bürgerhäuser als auch deren Rang als Industriedenkmal Rechnung zu tragen. Ein Teil der Produktionsanlagen wurde daher in situ belassen und in musealer Art zugänglich gemacht (🏛).

Dreieinigkeitskirche

Der Gesandtenstraße weiter nach Westen folgend, erblickt man links die **Dreieinigkeitskirche (19)**. Die protestantische Bürgergemeinde ließ sie von 1627 bis 1631 auf reichsstädtischem Grund erbauen, nachdem die paritätische Nutzung der Dominikanerkirche (S. 112ff.) durch einen Reichsbeschluss von 1626 nicht mehr gestattet war. Die Dreieinigkeitskirche wurde damit zum ersten Kirchenbau Regensburgs, der in Architektur und Ausstattung von vornherein auf die Bedürfnisse einer evangelischen Gemeinde einging. Den Auftrag für die Ausführung erhielt der Nürnberger Festungsbaumeister Johann Carl: Er schuf den nach der Hofkirche von Neuburg a. d. Donau ersten protestantischen Kirchenbau Bayerns. Der von dem Ulmer Architekten Joseph Furttenbach 1649 veröffentlichte Idealentwurf einer evangelischen Kirche folgt bis ins Detail der Dreieinigkeitskirche.

Äußeres

Der wuchtige Satteldachbau mit eingezogenem Rechteckchor und in die Zwickel zwischen Langhaus und Chor eingestellten Türmen (der südliche unvollendet) beeindruckt durch den Kontrast der glatt verputzten Mauerflächen mit den Haustein-partien im Sockelbereich, an den rustizierten Ecken, an den Fenstereinfassungen und an den Portalen. Die ungewohnte Anordnung von querovalen Fenstern und darüberliegenden

Die Dreieinigkeitskirche, 1627–31 auf eng begrenztem Raum im mittelalterlichen Häusergewirr als evangelische Bürgerkirche errichtet.

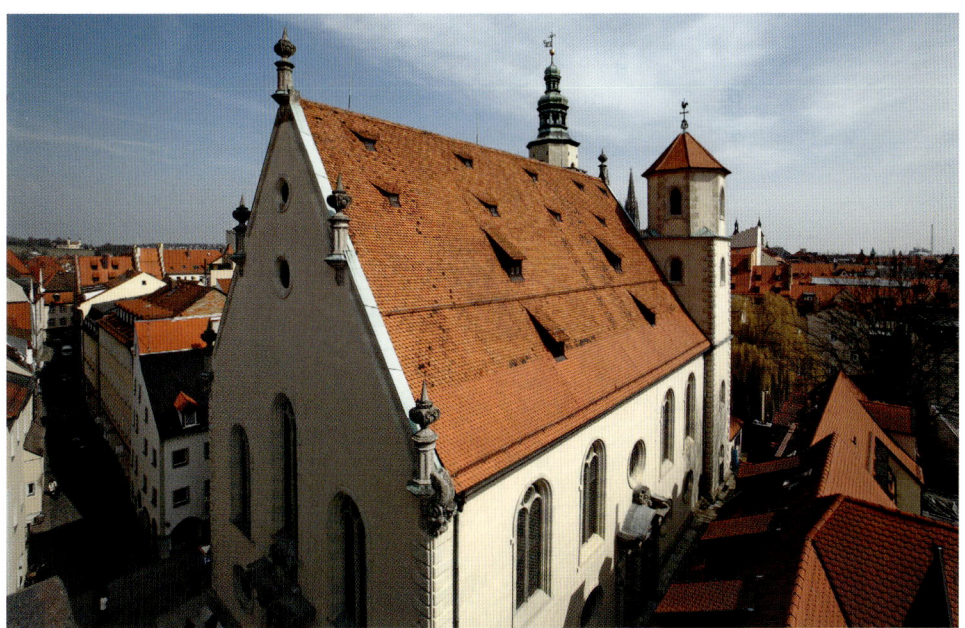

großen Rundbogenfenstern lässt den zweizonigen Aufbau des Innenraums erahnen. Das Fehlen figürlichen Schmucks entspricht nicht der ursprünglichen Konzeption. Vielmehr hatte der Schwäbisch Haller Bildhauer Leonhard Kern 1630 den Auftrag für sechs Tugendallegorien erhalten, die paarweise die gesprengten Segmentbogengiebel von Nord- und Südportal sowie den Aufzug des Westportals flankieren sollten. Die Skulpturen fielen jedoch zu wuchtig aus, so dass sie nie an der Kirche aufgestellt wurden. Die Personifikationen von Fides, Spes, Iustitia und Prudentia kamen in den Hof des Rathauses (vgl. S. 86), die Allegorie der Caritas wurde erst in den 1930er Jahren bei Kanalarbeiten an der Adolf-Schmetzer-Straße gefunden, die sechste Figur ist bis heute verschollen.

Inneres

Der weite Saal des Langhauses wird, ebenso wie der Chor, von einer scheinbar nur auf Konsolen ruhenden Längstonne überwölbt. In Wahrheit sind die beiden Holztonnen vom Dachstuhl, einem Werk des Regensburger Stadtzimmermeisters Lorenz Friedrich, abgehängt. Im Langhaus ist die Decke mit einem Sternenmuster, im Chor mit einem gotisierenden Netzgewölbe geschmückt. Die Rippen sind aus Stuck und haben keine konstruktive Funktion. Sie stellen vielmehr, zumal im Chor, eine formale Anbindung an die Tradition gotischer Gewölbegestaltung her. Ein derartiger Konservativismus, der für den zeitgleichen Regensburger Sakralbau beider Konfessionen durchaus typisch ist, verbot sich allerdings im Wandaufriss. Denn durch die auf drei Seiten des Langhauses umlaufende tiefe Empore, die von überall her einen guten Blick auf die Kanzel und den einzigen Altar ermöglicht, ergab sich das Problem der gleichmäßigen Belichtung. Carl löste es, indem er zur Beleuchtung der verschatteten Zone unterhalb der Empore querliegende Ovalfenster einbaute. Insofern haben die Bedürfnisse des evangelischen Gottesdienstes Ausdruck in der Architektur gefunden.

Ausstattung

Der 1637 aufgestellte, viersäulige Ädikula-Altar ist eine Regensburger Arbeit, ausgeführt von Georg Stellenberger nach einem Entwurf Georg Jakob Wolffs. Der bekrönende Engel ist ein Werk von Leonhard Kern. Das Bildprogramm beschränkt sich auf die beiden Sakramente der protestantischen Kirche, Taufe (Predella) und Abendmahl (Hauptbild). Die Darstellung der Taufe Christi stammt vom Regensburger Johann Paul Schwendtner, das Abendmahlsbild gilt als Augsburger Arbeit. Das Wappen im Auszug ist das des Stifters, Herzog Franz Albert von Sachsen-Lauenburg, der 1634 von

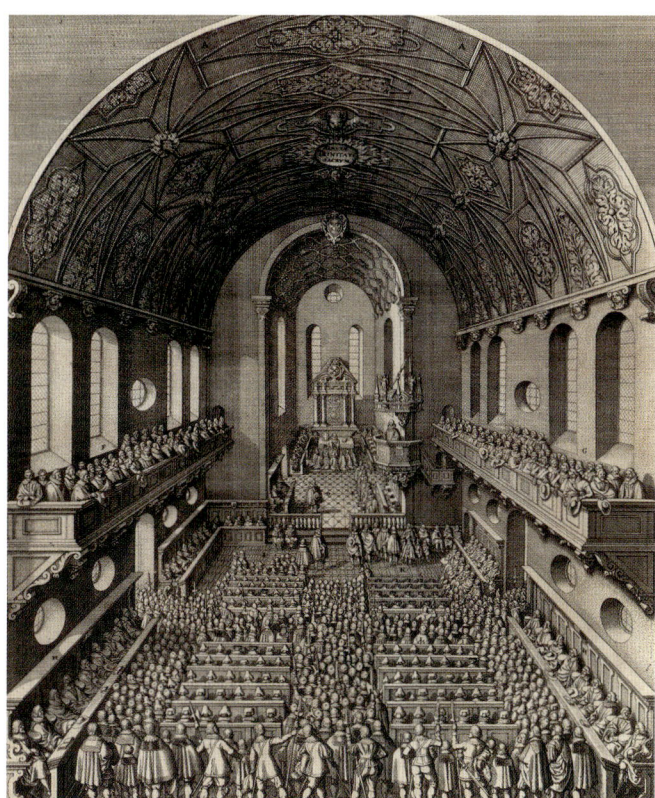

Die Einweihung der Dreieinigkeitskirche am 5. Dezember 1631. Kupferstich von M. Merian (Historisches Museum Regensburg). Die Gewölberippen stehen formal in gotischer Tradition.

Wallenstein als geheimer Unterhändler nach Regensburg geschickt worden war.

Charakteristisch für die frühbarocke protestantische Bürgerkirche ist auch das im Original erhaltene Gestühl: Die prachtvoll mit Schnitzwerk versehenen Sitze im Altarraum waren den Mitgliedern des Inneren Rates vorbehalten, die Herren des Äußeren Rates hatten ihre Plätze in den Seitenbänken entlang der Außenmauern des Kirchenschiffes. Die adeligen Damen und die „ehrbaren Bürger" saßen in den Bankreihen im Langhaus. Auf den Emporen durften nur adelige Herren, vornehme Bürger und gelehrte Personen Platz nehmen. 1755 erhielten die Regensburger Magistratsmitglieder und die protestantischen Reichstagsgesandten eigene Oratorien an den östlichen Enden der Empore. Die Mittelloge unterhalb der Orgel entstand 1790 für die Herzogin Therese von Mecklenburg-Strelitz, die Gemahlin Karl Alexanders von Thurn und Taxis. In diesem Bereich der Empore sind Dokumente zur Geschichte der Dreieinigkeitskirche sowie Teile des Kirchenschatzes ausgestellt (🏛).

Im Süden und Osten ist die Kirche von dem kleinen, stimmungsvollen Friedhof umgeben, in dem evangelische Reichstagsgesandte sowie einige evangelische Adelige aus Österreich, die im Regensburger Exil verstorben sind, ihre letzte Ruhestätte gefunden haben. Die Grabdenkmäler stammen mehrheitlich aus der zweiten Hälfte des 17. und dem ersten Drittel des 18. Jahrhunderts.

Dominikanerkirche

Nur wenige Meter südwestlich der Dreieinigkeitskirche erhebt sich die ehem. **Dominikanerkirche St. Blasius (20)**. Während der Chor auf die Gasse Am Ölberg ausgerichtet ist, erstreckt sich das gewaltige Langhaus entlang der Predigergasse nach Westen. Die Dominikanerkirche ist neben der Minori-

Der Chor der Dominikaner-
kirche (vor 1246–1254). Vom
Regensburger Dominikaner-
kloster aus wurden 1271/72 die
Konvente von Landshut,
Eichstätt und Bozen gegründet.

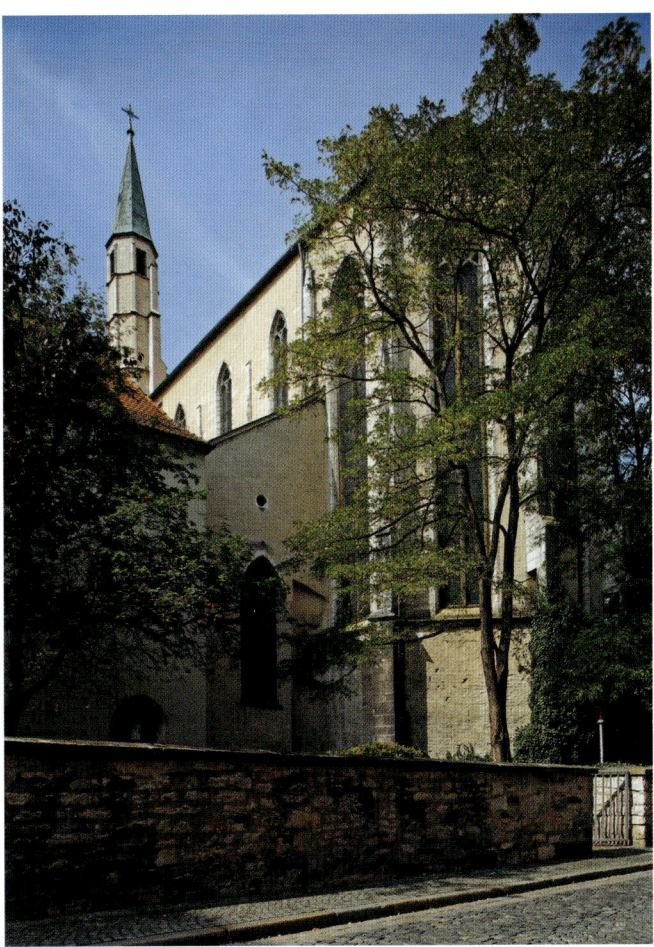

tenkirche (S. 196ff.) die zweite große spätmittelalterliche Bettelordenskirche Regensburgs und zugleich einer der frühesten
und größten Bauten der Dominikaner im deutschen Sprach-
raum überhaupt. Auch für die Entwicklung der deutschen
Hochgotik kommt der Kirche überregionale Bedeutung zu.

Die erste Erwähnung einer Dominikanerniederlassung in
Regensburg stammt aus dem Jahr 1229. Eine frühe geistige

Blüte erlebte der Konvent von 1237 bis 1240, als der hl. Albertus Magnus hier wirkte. Zu dieser Zeit – mit Sicherheit vor 1246 – wurde mit dem Bau der Ostteile der Kirche begonnen. Erste Altarweihen erfolgten 1254. Das Langhaus entstand nach 1271 und konnte zu Beginn des 14. Jahrhunderts liturgisch genutzt werden. In der Reformationszeit wurde die traditionell eng mit dem Regensburger Patriziat verbundene Kirche zeitweise vom Rat der Stadt beschlagnahmt, um im Langhaus evangelischen Gottesdienst zu halten, während man den Chor den Mönchen überließ. Das Verbot dieser Simultannutzung 1626 hatte den Bau der Dreieinigkeitskirche (vgl. S. 108 ff.) zur Folge.

Äußeres

Der langgestreckte Bau mit seinem über Mittelschiff und Hauptchor durchlaufenden Satteldach beeindruckt durch sein homogenes stilistisches Erscheinungsbild. Lediglich das auf der Südseite aufragende schlanke Glockentürmchen stammt als Ersatz für einen älteren Dachreiter aus nachmittelalterlicher Zeit. Der polygonale Chorschluss wirkt, ebenso wie das Langhaus, durch den Verzicht auf ausladende Strebepfeiler umso steiler aufragend. Lediglich der dreiseitig geschlossene Hauptchor ist durch mehrfach gestufte Eckstreben akzentuiert. Diese sind in Höhe des Sohlbankgesimses durchbrochen, so dass über dem fensterlosen Sockel ein durchgehender Laufgang entsteht. Die Wände der Chorseiten sind durch hohe zweibahnige Maßwerkfenster weitgehend aufgelöst. Schlichte, wenig hervortretende Streben begleiten auch in strenger Regelmäßigkeit die Nordfassade, in deren Mitte sich ein Seitenportal befindet. Das Hauptportal liegt an der Westfassade, die im Bereich des Mittelschiffs durch ein Gesims horizontal geteilt ist. Das Portal besteht aus einem Doppelbogentor, das von einem runden Blendbogen mit Dreipassrahmung überfangen wird. In das ursprünglich schmucklose Tympanon wurde um 1400 eine Figur des hl. Dominikus eingefügt. Oberhalb des Gesimses

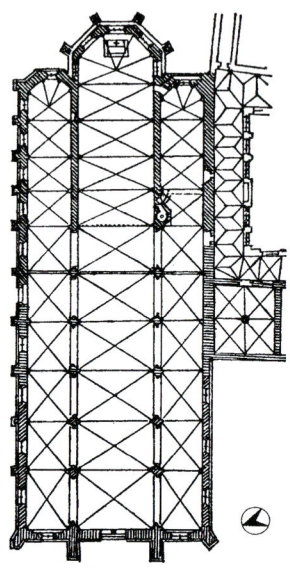

Der schlichte monumentale Innenraum der Dominikanerkirche zeigt sich in diesem Blick durch das Langhaus auf den Hauptchor im Osten.

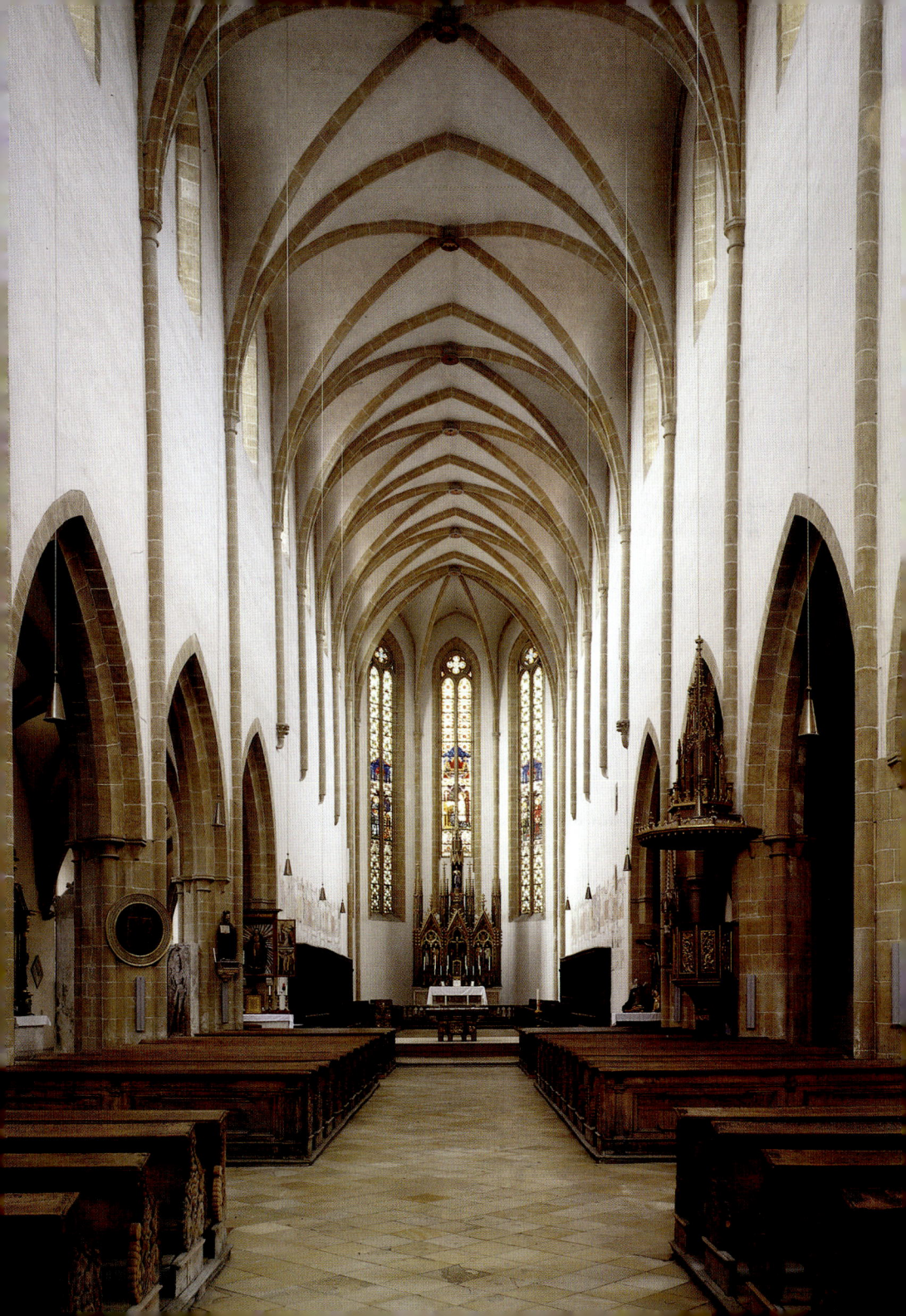

erhebt sich ein großes sechsbahniges Maßwerkfenster, das nach dem Vorbild der Obergadenfenster von St-Urbain in Troyes (vollendet 1286) gestaltet ist.

Inneres

Mehr noch als der Außenbau besticht der Innenraum durch seine strenge Monumentalität und den weitestgehenden Verzicht auf schmückendes Beiwerk. Insofern sind die Prinzipien der Bettelordensarchitektur verwirklicht. Ungewöhnlich dafür sind jedoch die Kreuzrippengewölbe im gesamten sechsjochigen Langhaus und die beachtliche Höhe des Mittelschiffs. Daran schließt sich, erstmals in der deutschen Bettelordensarchitektur, ein vierjochiger Langchor mit polygonalem Dreiapsidenschluss an. Dahinter steht der konzeptionelle Anspruch, Mönchschor, Gottesdienst- und Predigtraum zu verbinden. In der nördlichen Chorkapelle befinden sich drei figürlich gestaltete Dienstkapitelle; eines davon zeigt als Träger eines Knospenkapitells einen Baumeister mit der Beischrift „Bruder Diemar". Ob wir in ihm den Architekten der Kirche erkennen dürfen oder lediglich den Bauleiter, ist freilich unklar.

Trotz der Sparsamkeit der Bauplastik und trotz des weitgehenden Verlustes der originalen Ausstattung muss das Erscheinungsbild des Kirchenraumes im Mittelalter prächtig gewesen sein. Zum einen gibt es Hinweise, dass sämtliche Fenster mit Glasmalereien versehen waren, zum andern sind Reste bedeutender Wandmalereien erhalten. Die Erstfassung der Chorwände bestand, für Bettelordenskirchen um 1300 durchaus charakteristisch, aus einer monochromen grauen Quadermalerei mit weißem Fugenstrich. An der Südwand der nördlichen Chorkapelle wurde damals ein Wappen- und Kreuzfries mit den Namen hier bestatteter Personen angebracht. Der Hauptchor erhielt zu Beginn des 14. Jahrhunderts einen illusionistischen Architekturfries, in den die Namen der Klöster der deutschen Dominikanerprovinz eingeschrieben sind und von dem ein Schmuckteppich abgehängt ist. Da im Regensburger

Kloster bis zur Reformation mehrmals Provinzialkapitel statt-
fanden, ist anzunehmen, dass die Klosternamen bis zur
Anschaffung des Chorgestühls (um 1490/1500) die Sitz-
ordnung der Priore angaben. Darüber wurden im fortgeschrit-
tenen 15. Jahrhundert Stundenbilder mit Szenen aus der Pas-
sion Christi angebracht, die wiederum durch einen von Engeln
gehaltenen Schmuckteppich verbunden sind. – Unter den
übrigen Wandmalereien besonders bemerkenswert sind der
1331 datierte 14-Nothelfer-Fries im südlichen Seitenschiff,
eine der frühesten monumentalen Darstellungen dieses Themas (vgl. S. 50, 201), sowie ein äußerst qualitätvolles Ölberg-
bild aus dem zweiten Viertel des 15. Jahrhunderts im nördlichen Seitenschiff.

Unter der übrigen Ausstattung verdient vor allem der Sakra-
mentsaltar an der nördlichen Stirnwand des Hauptchores Be-
achtung, den eine Schutzmantelmadonna (um 1460/70) mit
originaler Fassung schmückt. In ihrem ausgebreiteten Mantel
birgt die Gottesmutter Vertreter der drei Stände (Klerus, Adel,
Bürger). Die Skulptur erinnert auch daran, dass die Verehrung
der Schutzmantelmadonna im Mittelalter von den Dominika-
nern besonders propagiert wurde.

Südlich an die Kirche schließt der Kreuzgang an. Seine Anlage inklusive der dreibahnigen Maßwerkarkaden entstand zur
Zeit der Klostergründung im 13. Jahrhundert. Die ursprünglich
wohl flach gedeckten Flügel wurden um 1424 mit einem Rippengewölbe versehen. Im Westen des Kreuzgangs befindet
sich in einem mutmaßlichen mittelalterlichen Hörsaal seit 1694
die Albertus-Magnus-Kapelle (1896/97 durchgreifend restau-
riert). In ihr steht eine zweigeschossige spätgotische Lehrkan-
zel, deren oberer Sitz dem *magister* diente, während darunter
bei Disputationen der *baccalaureus* saß. An der Stirnwand des
Katheders befindet sich eine Darstellung des 1455 heilig-
gesprochenen Dominikaners Vinzenz Ferrer. Ebenfalls aus der
zweiten Hälfte des 15. Jahrhunderts stammen auch noch Teile
der den Raum umziehenden Sitzbänke.

Der klassizistische Bismarckplatz

Westlich der Dominikanerkirche scheint die mittelalterliche Stadt abrupt zu enden. Dieser Eindruck rührt von einem urbanistischen Eingriff her, zu dem es ab 1803 unter dem damaligen Regensburger Landesherrn, dem Reichserzkanzler Carl von Dalberg, gekommen ist. Dieser ließ von seinem Hofarchitekten, dem in Portugal geborenen und in Paris und Wien geschulten Emanuel von Herigoyen, das bis dahin weitgehend unbebaute Areal von Oberem und Unterem Jakobsplatz (heute Arnulfsplatz und Bismarckplatz) grundlegend neu gestalten. Als Erstes hatte Herigoyen ein **Theater- und Gesellschaftshaus (21)** zu planen. Dem Bau musste das alte Zeughaus weichen, das aufgrund der nunmehrigen politischen Neutralität Regensburgs entbehrlich erschien. Neuartig an dem bereits am 2. September 1804 eröffneten Gebäude war zum einen die damals hochmoderne Verbindung eines Theaters mit einem

Das Stadttheater, 1804 als Theater- und Gesellschaftshaus eröffnet und nach einem Brand 1849 in leicht veränderter Form wieder aufgebaut.

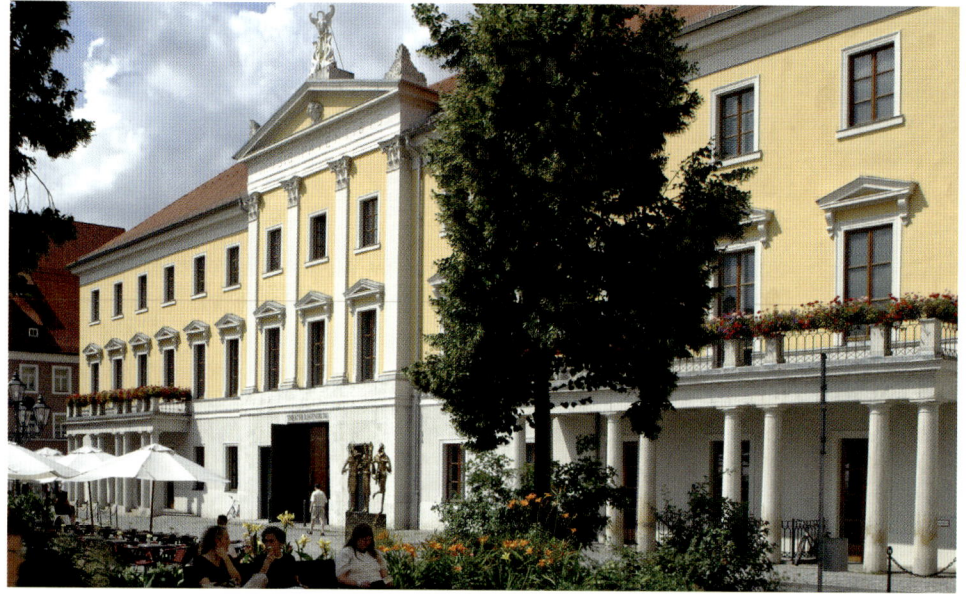

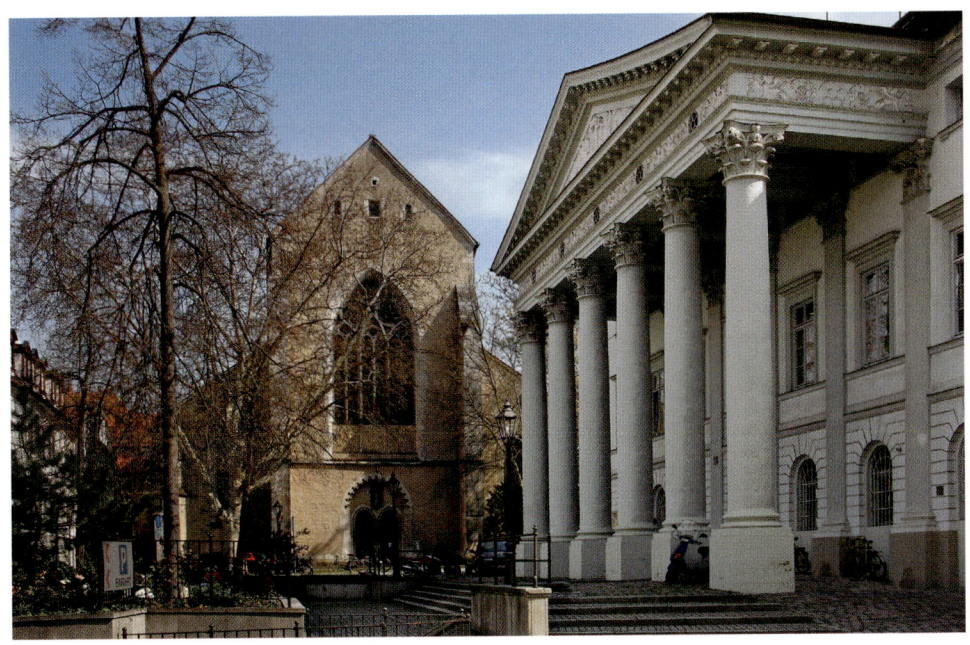

Blick über die ehem. Französische Gesandtschaft (1804/05) auf die Westfassade der Dominikanerkirche (13./14. Jh.)

Festsaal, Restaurant, Café und Clubräumen. Zum andern führte der – 1849 abgebrannte und 1851/52 durch den Fürstlich Thurn und Taxisschen Baurat Karl Victor Keim wieder errichtete – Bau eine Form des Klassizismus in Regensburg ein, die barocke Traditionen nicht mehr klassizistisch modifizierte, sondern mit ihnen brach.

Das Theater- und Gesellschaftshaus war noch nicht vollendet, als Dalberg Herigoyen mit der Planung eines repräsentativen Palais für die **Französische Gesandtschaft (22)** am Südende des Areals beauftragte. Für das 1804/05 errichtete Gebäude mussten der städtische Getreidestadel und der Marstall weichen. Die Platzfassade brachte mit ihrem sechssäuligen Kolossalportikus ein neues architektonisches Repräsentationsmotiv nach Regensburg. Die Wahl der korinthischen, d.h. imperialen Säulenordnung legt den Schluss nahe, Dalberg habe mit dem Bau Napoleon huldigen wollen.

Vorbei an der Ostseite des Theaters gelangt man durch die Drei-Mohren-Straße in die Ludwigstraße. Sie ist trotz ihres wesentlich jüngeren Aussehens der westliche Abschnitt der bis um 920 ausgebildeten Verkehrsachse, welche die Kaufmannsstadt vom Kohlenmarkt her in Ost-West-Richtung durchquert. Einige der Anwesen verfügen noch über beachtliche romanische und gotische Bausubstanz. So besitzt etwa gleich das durch sein für Regensburg untypisches Sichtfachwerk auffallende Eckhaus zur Drei-Mohren-Straße im östlichen Teil einen romanischen Kernbau. Massiv aus Stein errichtet, ist er durch das Fehlen von Fachwerk leicht von außen ablesbar. Auch am übernächsten Haus (Nr. 3) ist der turmartige, von einem Treppengiebel überhöhte Bauteil unschwer als gotisch zu erkennen. Dasselbe gilt für die wenige Meter weiter östlich gelegene ehem. Elefantenapotheke, die mit ihrem spätgotischen Treppengiebel die Ecke zur Glockengasse betont.

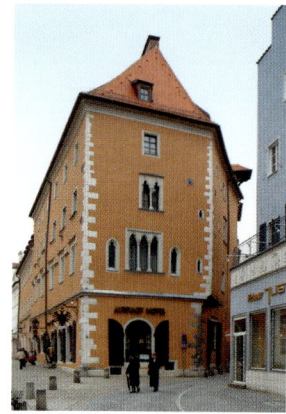

Blick auf die schmale Westfassade der „Arch" (Ende 13. Jh.)

Ehe wir uns weiter auf den sich trichterförmig öffnenden Haidplatz begeben, empfiehlt sich ein Abstecher in die nach Norden abzweigende Gasse Am Römling, auf deren linker Seite der erkerturmartige Chor der um 1300 errichteten **Thomaskapelle (23)** auffällt. Diese gehört zu dem einst weitläufigen Anwesen der Auer, die damals zu den mächtigsten Patrizierfamilien der Stadt zählten. Nach dem bedauerlichen Abbruch mehrerer Gebäudeflügel in den Jahren 1888/89 ist nur der nordöstliche Teil des romanisch-gotischen Häuserkomplexes übriggeblieben. Der nördliche der beiden erhaltenen Bauteile bildet gleichsam das Gehäuse der Kapelle, die durch ihren in den Straßenraum vorspringenden dreiseitigen Chorschluss als einzige Regensburger Hauskapelle nach außen in Erscheinung tritt. Obwohl sie in der Reformation profaniert wurde und 1646 durch den Einzug einer Zwischendecke ihre ursprüngliche Höhe von 11 m verloren hat, ist der Raumeindruck noch immer außergewöhnlich: Aus einem zentralen Bündelpfeiler wachsen ohne trennende Kapitelle acht tief gekehlte Rippen

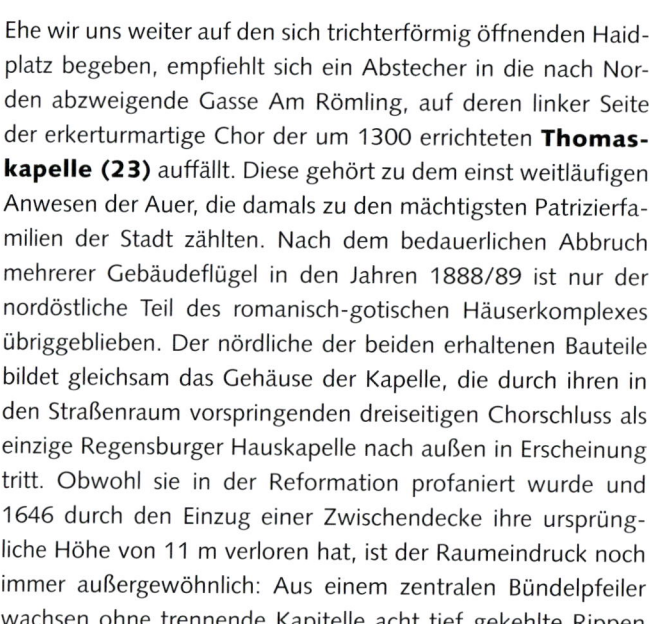

empor, die sich zu einem Sterngewölbe verbinden. Dieses ruht an den Wänden auf Konsolen, die ebenso wie die Schluss-steine mit vorzüglicher Bauplastik versehen sind. Alles fügt sich zu einem Raumganzen, das die – heute gastronomisch ge-nutzte – Auerkapelle zu einem Hauptwerk Regensburger Sakralarchitektur um 1300 macht.

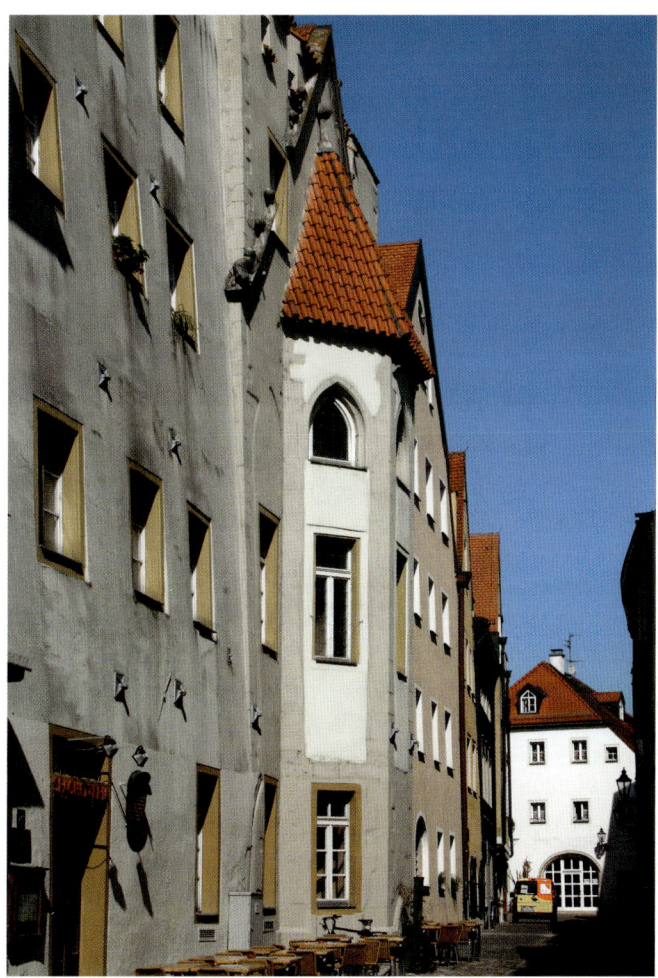

Blick in die Gasse Am Römling. Links der erhaltene Teil des Auerhauses mit dem Chor der Thomaskapelle (um 1300).

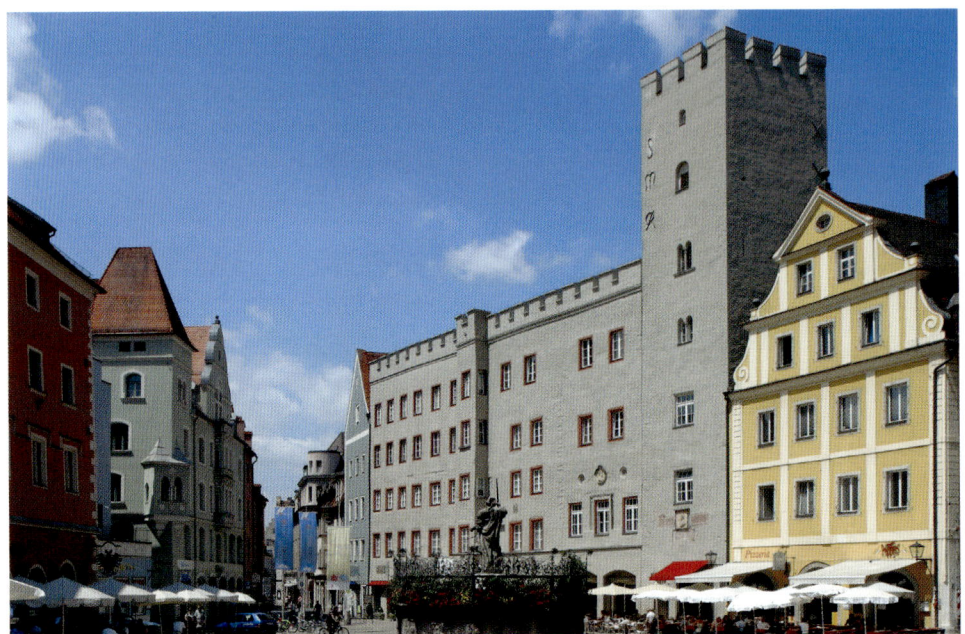

Der Haidplatz

Über die Ludwigstraße sind es nur wenige Meter auf den **Haidplatz (24)**, der durch seinen dreieckigen Grundriss ebenso beeindruckt wie durch die ihn rahmende Bebauung. Nachdem das Areal in spätantik-frühmittelalterlicher Zeit zu einem Gräberfeld gehört hatte, das sich von der Nordwestecke des Römerlagers nach Westen erstreckte, lassen sich für das 10. Jahrhundert zumindest auf der Südseite des Platzes Holzbauten nachweisen. Seit dem 12. Jahrhundert ist die Ortsbezeichnung „Haid" belegt, die auf die relativ große unbebaute Fläche hinweist. Ab dem 13. Jahrhundert entstanden repräsentative Bauten des städtischen Patriziats um den Platz. In seinem Zentrum wurde 1656 der Justitiabrunnen errichtet, der durch seinen Bezug zur Herrschertugend der Gerechtigkeit Teil des allegorischen reichsstädtischen Brunnenprogramms war.

Blick über den Haidplatz nach Westen: links ein Teil der „Arch", rechts das „Goldene Kreuz", in der Mitte der Justitiabrunnen.

Die Arch

Auf der Südseite des Platzes erhebt sich ein markanter gotischer Stadtpalast, die sog. **Arch (25)**. Die Besonderheit der im späten 13. Jahrhundert errichteten, auf drei Seiten freistehenden Anlage beruht auf ihrem trapezförmigen Grundriss. Dieser erklärt sich aus dem Verlauf der hier nach Südosten abzweigenden, bis ins 19. Jahrhundert von einem Zweig des Vitusbaches (vgl. S. 104) durchflossenen Roten-Hahnen-Gasse. Die schmale Westfassade, gleichsam der Bug der „Arch", ist durch eine Dreier- und eine Doppelarkade sowie durch Eckquaderung betont. Auf der dem Platz zugewandten Nordseite lag im Erdgeschoss östlich der Durchfahrt einst eine wohl romanische, dem hl. Laurentius geweihte öffentliche Kapelle, die bei der Errichtung der „Arch" überbaut wurde.

Goldenes Kreuz

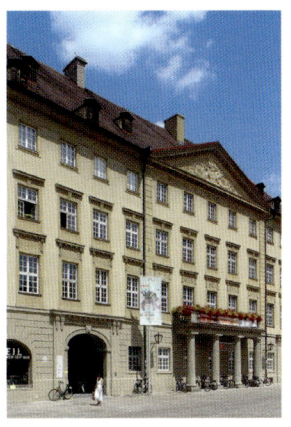

Das klassizistische Thon-Dittmer-Palais birgt in sich Reste der gotischen Vorgängerbebauung.

Die gegenüberliegende Platzseite wird dominiert von der sog. Kaiserherberge **Goldenes Kreuz (26)**, die aus einer Patrizierburg aus der Mitte des 13. Jahrhunderts hervorgegangen ist. Der frühgotische Kernbau besteht aus dem siebengeschossigen Turm und dem daran anschließenden Wohntrakt. Der Erker jedoch gehörte ursprünglich bereits zum Nachbarhaus, das erst 1862 umgebaut und in seinem Erscheinungsbild dem Goldenen Kreuz anglichen wurde. Die Erweiterung war Ausdruck der letzten großen Blütezeit, die das traditionsreiche Hotel, in dem zahlreiche gekrönte Häupter abstiegen, damals erlebte. Begonnen hatte die Nutzung des Anwesens als noble Herberge bereits im 15. Jahrhundert. Kaiser Karl V. stieg dreimal im Goldenen Kreuz ab; 1546 hatte er hier seine Affäre mit Barbara Blomberg (vgl. S. 92). Der an den Turm anschließende Erdgeschossraum des einstigen Wohntrakts besitzt eine flach gewölbte Bohlendecke mit spätgotischer Rankenmalerei, die jedoch aufgrund der gastronomischen Nutzung des Raums aus konservatorischen Gründen verdeckt ist. Darüber liegt im ersten Stock, an der Fassade durch drei gleichartige Fenster ablesbar, der mittel-

alterliche Festsaal, der im 17. Jahrhundert aufwendig barockisiert und im 19. Jahrhundert abermals überformt wurde. Ihr
mittelalterliches Aussehen bewahrt hat hingegen die ehem. Le-
onhardskapelle im rückwärtigen Erdgeschossbereich. Es handelt sich um einen Einstützenraum mit Kreuzrippengewölbe,
der um 1300 wohl zunächst zu profanen Zwecken errichtet
und erst im 15. Jahrhundert zur Kapelle umfunktioniert wurde.
In ihr hat Karl V. am Gründonnerstag 1541 an zwölf alten Män-
nern die Fußwaschung vollzogen.

Thon-Dittmer-Palais

Der zweite die Nordseite des Platzes prägende Bau entstand
anstelle eines gotischen, barock überformten Anwesens, das
der Handelsmann und Bankier Georg Friedrich Dittmer zwischen 1781 und 1785 durch einen Neubau ersetzen ließ.
Dieses frühklassizistische **Palais (27)** wurde 1808/09 durch
Herigoyen erweitert und mit der heutigen 15-achsigen Fassade versehen. Deren Regelmäßigkeit lässt die komplexe Baugeschichte nicht mehr erahnen. Ein Blick in den Hof der Vierflügelanlage lässt jedoch noch die mittelalterlichen Wurzeln
des Anwesens erkennen. Über dem gotischen Tor der Durchfahrt sitzt ein Uhrerker (um 1380), dessen reich profilierte
Konsole mit einem Liebespaar geschmückt ist. Dessen wohl
allegorischer Sinngehalt wurde im 17. Jahrhundert durch die
Anbringung einer Personifikation der Vergänglichkeit aufge-
griffen. Östlich der Durchfahrt liegt die ehem. Hauskapelle St.
Sigismund (um 1380), ein zweijochiger Raum mit interes-
santer Bauplastik.

Neue Waag

Die gesamte östliche Stirnseite des Platzes nimmt eine **Vierflügelanlage (28)** ein, die aus einem um 1300 errichteten
Patrizieranwesen hervorgegangen ist. Von diesem stammen
noch der Nordflügel und der Turm mit der einst dem hl. Christophorus geweihten, heute als Laden genutzten Hauskapelle

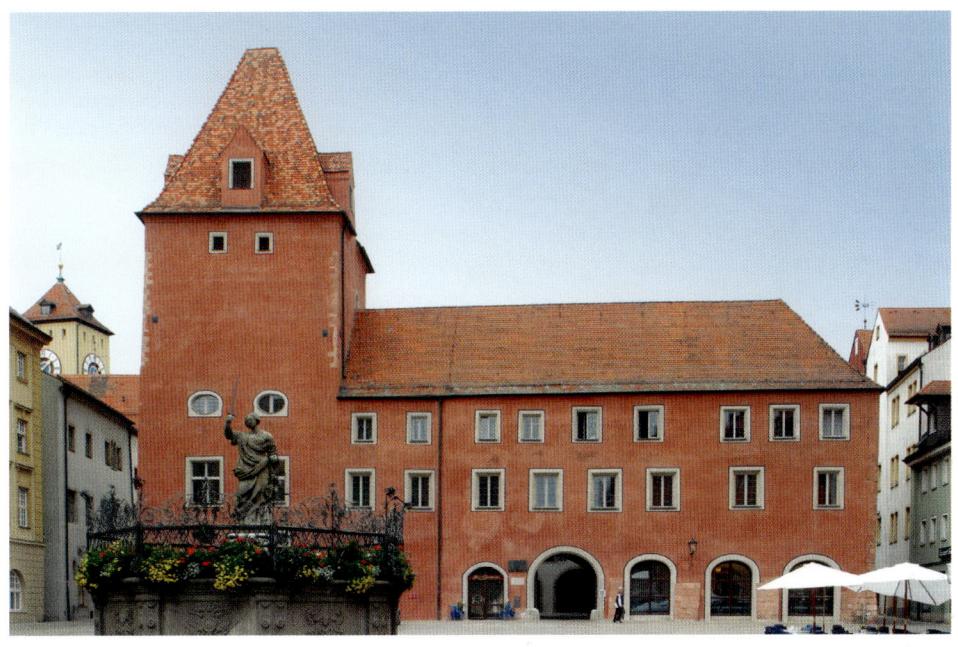

Die Neue Waag auf der Ostseite des Haidplatzes, im Vordergrund der Justitiabrunnen.

im Erdgeschoss. Im 15. Jahrhundert wurden die restlichen Bauteile angefügt, wobei der Arkadenhof seine heutige Gestalt erst 1573 im Stil der Renaissance erhielt. Wegen seiner zentralen Lage bot sich eine öffentliche Nutzung des Anwesens an. So erwarb es die Reichsstadt 1441 und brachte hier die städtische Waage, die zuvor etwas versteckt in der St.-Albans-Gasse gelegen war, sowie die sog. Herrentrinkstube, ein patrizisches Gesellschaftslokal, unter. 1541 fand hier unter dem Vorsitz Kaiser Karls V. ein sog. Religionsgespräch statt mit dem Ziel, die Abspaltung der evangelischen Christen rückgängig zu machen. 1782 wurde im Obergeschoss von Turm und Nordflügel die reichsstädtische Bibliothek eingerichtet. Dieser Maßnahme fiel der gotische Festsaal zum Opfer.

Vorbei am **Altmannschen Haus (29)**, an dem zwischen erstem und zweitem Geschoss ein um 1060/80 entstandenes

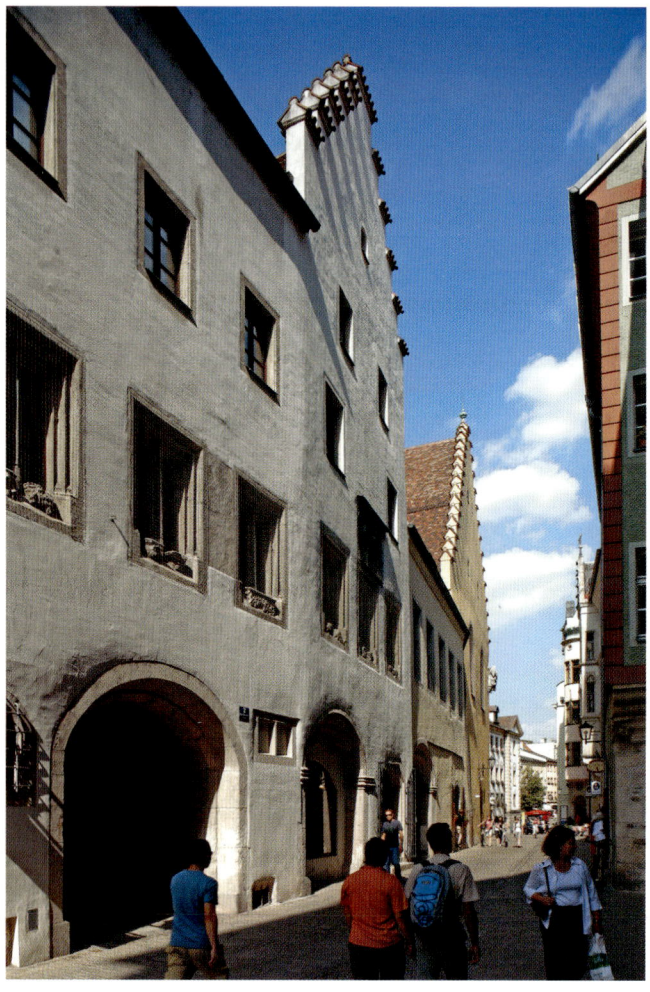

Das Altmannsche Haus, dessen Ostteil (mit rekonstruiertem Treppengiebel) 1052 erstmals erwähnt ist. Dahinter die südliche Giebelfront des Reichssaalbaus.

Triforium des frühromanischen Kernbaus freigelegt ist, gelangt man in wenigen Schritten zurück zum Rathausplatz. Empfehlenswert ist jedoch, vom Haidplatz nach Norden in die Weingasse einzubiegen, die einst zum Weinmarkt an der Keplerstraße führte. An der Ecke zum Scheugäßchen bietet sich über eine Ende der 1950er Jahre durch Gebäudeabbrüche

geschaffene Grünanlage ein guter Blick auf die frühgotischen Türme der die Keplerstraße säumenden Anwesen. In der parallel zur Donau verlaufenden Keplerstraße wird die Nähe zum Fluss spürbar. So erheben sich an der Nordseite der Straße seit dem Mittelalter Bauten, die im Zusammenhang mit dem Warenverkehr auf der Donau entstanden. Der mächtige, 1527 nach Plänen Albrecht Altdorfers errichtete **Weinstadel (30)** diente zur Lagerung und wohl auch zur Verzollung jener Fässer, die an der dahinter liegenden Weinlände entladen wurden. In die Nordfassade des Stadels, der sicher über einen mittelalterlichen Vorgängerbau verfügte, ist die Stadtmauer des 14. Jahrhunderts integriert. Dem 1849/50 hinzugefügten westlichen Anbau (Keplerstraße 16) fiel das mittelalterliche Weintor zum Opfer, das den direkten Zugang von der Straße zur Weinlände ermöglichte. Östlich neben dem Stadel erhebt sich das Mauttor von 1611, an das sich das Mauthaus

Der Weinstadel, 1527 zur Lagerung des auf der Donau antransportierten Weines errichtet.

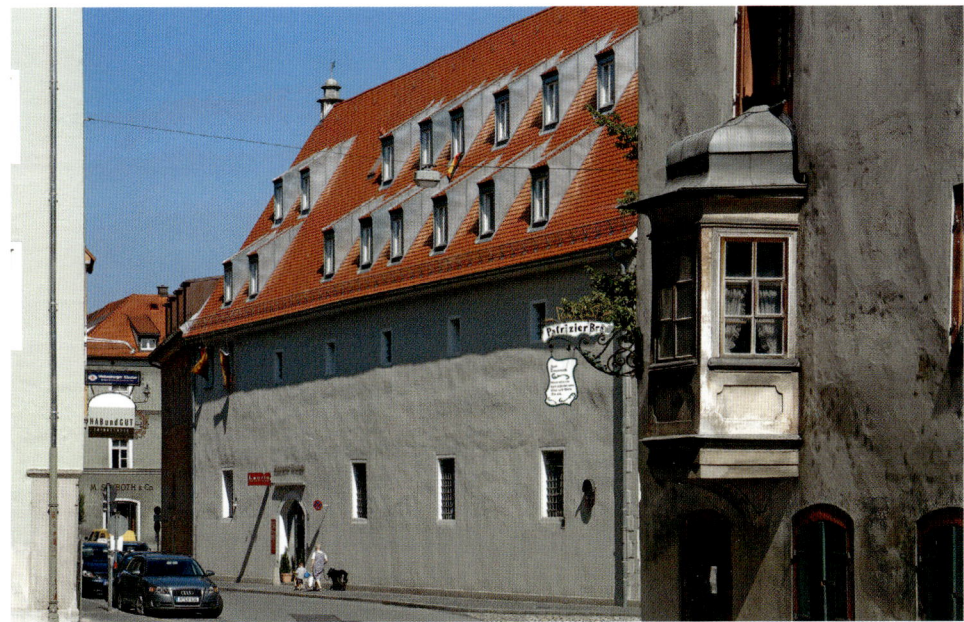

anschließt. Dieses wurde unter Einbeziehung eines Stadtmauerturmes aus dem ersten Drittel des 14. Jahrhunderts im 15./16. Jahrhundert als Lagerhaus erbaut und 1611 zur Straße hin erweitert.

Runtingerhaus

Die dem Weinstadel gegenüberliegende Straßenseite wird von einem imposanten **Kaufmannshaus (31)** dominiert. Die Familie der Runtinger, die vor allem durch den Handel mit Venedig zu großem Reichtum gelangt war, erwarb 1367 den östlichen und 1399 den westlichen Teil des Anwesens und machte daraus einen einzigen repräsentativen Palast. Den Kern der Anlage bildet ein gegen 1200 errichtetes Turmhaus im Osten, das in der zweiten Hälfte des 13. Jahrhunderts überformt und mit einem westlichen Anbau versehen wurde.

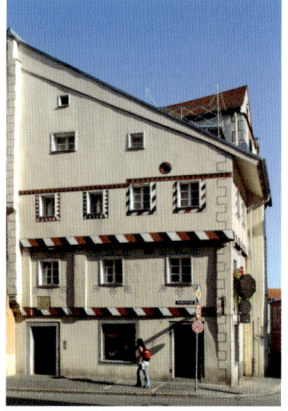

Das Anwesen Keplerstraße 2. Vorne das um 1250 errichtete Holzhaus, im Hintergrund überragt vom zugehörigen turmartigen Steinhaus.

Damals entstanden die aufwendigen Fensterarkaden, die Zinnenbekrönung und zunächst auch eine Loggia im ersten Geschoss, die allerdings aus klimatischen Gründen schon um 1330 wieder mit drei Rechteckfenstern vermauert wurde. Der westliche, von Zinnen bekrönte Anbau erhielt erst um 1400 nach dem Erwerb durch die Runtinger seine heutige Form. Das Innere vermittelt infolge einer durch freie Rekonstruktionen geprägten Sanierung in den 1960/70er Jahren nur mehr partiell ein authentisches Bild. Dennoch sind charakteristische Bestandteile des mittelalterlichen Kaufmannspalastes erhalten, so im Erdgeschoss gewölbte Lagerräume und im ersten Obergeschoss der einst hinter der Loggia gelegene Raum sowie der daran angrenzende Festsaal (um 1400). Dessen Bohlenbalkendecke ruht, wie einst auch beim gotischen Festsaal der Neuen Waag (S. 125), auf einer achteckigen Mittelstütze. Die freigelegten Wandmalereien stammen aus unterschiedlichen Epochen. An der Ostwand ist eine Sinopia (Vorzeichnung der Freskomalerei) aus der Zeit um 1340 erhalten, die einen Zug aneinandergeketteter Hunde mit Helmzier und Geschlechternamen zeigt und sich möglicherweise auf die Jagddichtung des Minnesängers Hademar von Laber bezieht. Im zweiten Obergeschoss ist vor allem die um 1440 eingebaute Bohlenstube bemerkenswert.

Auf der nördlichen Straßenseite befindet sich an der Ecke zur Gasse Am Schallern das frühgotische Haus **Kepler-**

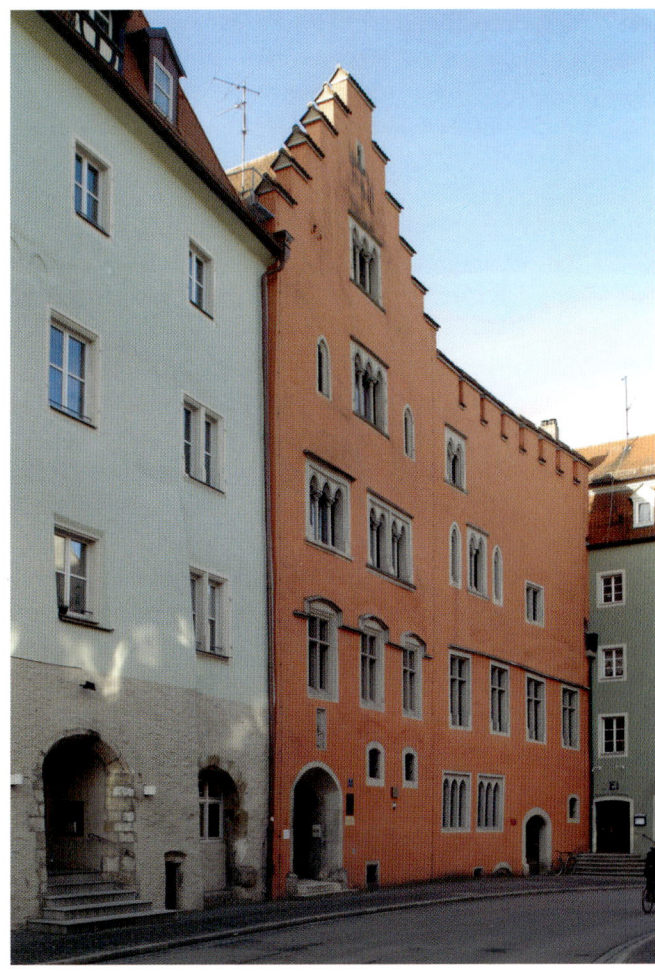

Die frühgotische Straßenfassade des Runtingerhauses. Der von einem Treppengiebel abgeschlossene Ostteil ist aus einem romanischen Hausturm hervorgegangen.

straße 2 (32), in dem der Astronom Johannes Kepler 1626
bis 1628 mit seiner Familie gewohnt hat. Über einem gemein-
samen Keller entstanden um 1250 der nördlich gelegene
turmartige Steinbau und der südliche, die Ecksituation prägende dreigeschossige Holzbau. Bei diesem handelt es sich um
eines der ältesten erhaltenen Holzhäuser Deutschlands. Als
interessantes bautechnisches Detail haben sich unter dem Putz
rechteckige Ziegelplatten erhalten, die man bereits zur Erbauungszeit sowohl als Putzträger als auch zur Wärmeisolierung
angebracht hat. Die Fassadenbemalung ist eine nach den originalen Putz- und Farbenresten vorgenommene Rekonstruk-
tion der Fassung des 13. Jahrhunderts.

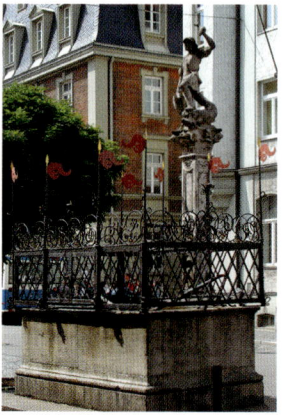

Der Fischmarktbrunnen
von Südosten

    Hier öffnet sich die Keplerstraße nach Osten zum **Fisch-
markt (33)**, der historisch korrekter eigentlich Fleischmarkt
heißen müsste. Denn im Mittelalter wurden hier und in den
umliegenden Gassen Fleisch, Innereien und Wildbret feilgebo-
ten, während die Fischhändler an mehreren Stellen der Stadt
ihre Stände hatten. Erst 1529 wurde der östliche Teil des Platzes
zum zentralen Fischmarkt bestimmt und dafür gepflastert. Der
dort befindliche Brunnen, der in seiner heutigen Form auf das
Jahr 1610 zurückgeht, scheint durch die Attribute der bekrönenden Statue Bezug auf den Fischhandel zu nehmen, doch
dürfte es sich bei der Figur ursprünglich um eine dem reichsstädtischen Brunnenprogramm entsprechende Tugendallegorie
gehandelt haben, der man später, im Zuge einer Restaurierung,
anstelle des Schwertes (?) irrtümlich einen Fisch in die Hand
gegeben hat.

Am mittelalterlichen Hafen

Östlich geht der Fischmarkt in die Goldene-Bären-Straße über,
deren nördliche Bebauung inselartig isoliert ist. Dahinter, zur
Donau hin, verläuft die Gasse Am Wiedfang. Deren vom mit-
telhochdeutschen *witfend*, d. h. Holzlagerplatz, abgeleiteter
Name deutet noch auf die mittelalterliche Hafensituation hin,

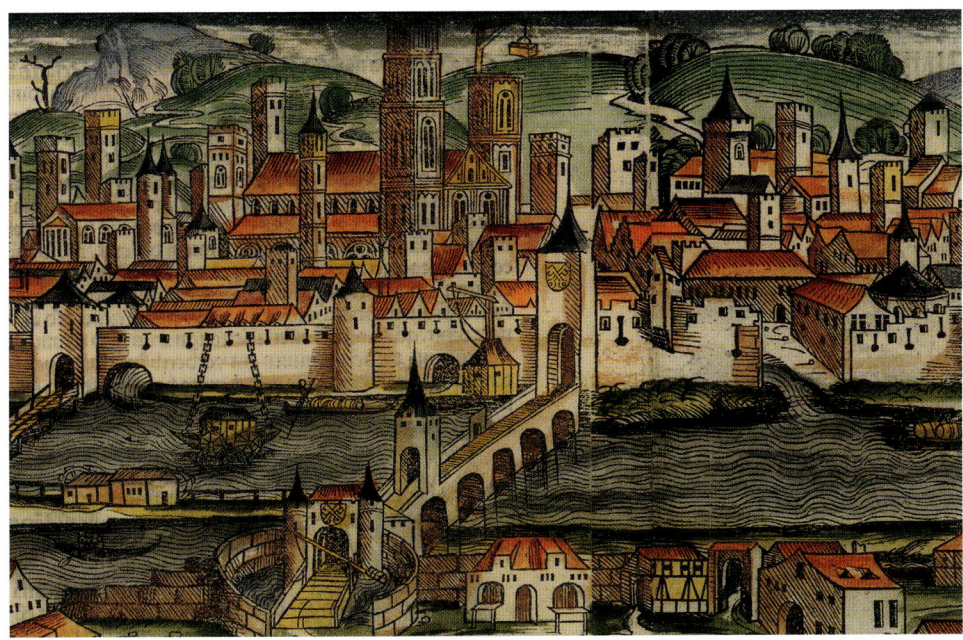

Regensburg von Norden. Detail aus einem Holzschnitt von Michael Wolgemut in der Weltchronik des Hartmann Schedel (1493, Historisches Museum Regensburg). Schön zu sehen sind Ein- und Ausmündung des Hafenkanals.

die auch das eigentümliche Straßenbild erklärt. Denn gegen die Mitte des 12. Jahrhunderts legte man zur Umgehung der durch den Bau der Steinernen Brücke verursachten gefährlichen Strudel einen Schiffskanal an, der neben dem Haus Am Wiedfang 1 nach Osten führte und bald nach der Brücke, die er unter dem heute verfüllten südlichsten Joch querte, wieder in die Donau mündete. Dieser nur etwa 3 m breite, für die damals üblichen Salzzillen gerade ausreichende Kanal wurde spätestens in der ersten Hälfte des 16. Jahrhunderts wieder verfüllt. Vermutlich stand sein Nutzen in keinem Verhältnis zu den wirtschaftlich bedeutenden Bauvorhaben am Fuß der Steinernen Brücke. Die Stelle, an der einst der Hafenkanal in den Uferbereich eintrat, ist noch heute am spitzwinklingen Nordosteck des Hauses Am Wiedfang 1 und an dem daneben befindlichen unbebauten Grundstück, auf dem die 1528 wieder geschlossene Stadtmauer frei ansichtig ist, ablesbar.

Inmitten dieses Hafengebiets, direkt am Kanal, errichtete man in der zweiten Hälfte des 12. Jahrhunderts die Kapelle **St. Georg am Wiedfang (34)**. Obwohl zur Reformationszeit profaniert und in ein Wohnhaus (Goldene-Bären-Straße 7) umgebaut, sind die architektonischen Besonderheiten des doppelgeschossigen Sakralbaus noch ablesbar. An der Goldenen-Bären-Straße ist das romanische Portal erhalten, und auf der Ostseite des Hauses tritt die unverputzte, aus Handquadern errichtete Apsis hervor. Dass diese im 18. Jahrhundert noch über das erste Obergeschoss hinaus weitergeführt wurde, entspricht einer Fehlinterpretation als Erkerturm. Im Inneren ist im Erdgeschoss noch die dreischiffige und dreijochige Halle zu erkennen, deren Gewölbe auf vier Kreuzpfeilern ruht. Diese treten hier erstmals in Regensburg auf. In der starken Westwand führt eine Treppe ins Obergeschoss; außerdem gab es einst im Mitteljoch eine Verbindung zwischen den beiden Geschossen. Die Anlage als Doppelkapelle legt nahe, dass St. Georg für zwei unterschiedliche Personenkreise oder Nutzungen bestimmt war. Interessant in diesem Zusammenhang ist, dass nur wenige Meter weiter östlich die gleichfalls in der Reformationszeit profanierte achteckige Margarethenkapelle stand. Von diesem wohl spätromanischen Zentralbau fehlt heute jede Spur, doch ist das Wissen um ihn wichtig, will man sich eine Vorstellung vom mittelalterlichen Regensburger Hafen machen.

Am Ende der Goldenen-Bären-Straße steigt links die Auffahrt zur Steinernen Brücke (vgl. S. 223ff.) an, während rechts die Brückstraße ins Stadtzentrum führt. Die im Mittelalter hier vertretenen Gewerbe waren auf die Bedürfnisse der Reisenden abgestimmt, die hier, gleich nach Betreten der Stadt, zum Beispiel ihr kaputtes Schuhwerk reparieren lassen konnten. So hatten etwa 1319 drei der vier Regensburger Schuster hier ihre Werkstatt. Die einstmals enge wirtschaftliche Verknüpfung zwischen Brücke und Straße zeigt sich auch daran, dass die meisten Häuser der Brückstraße bis 1366 gegenüber dem Brü-

Die ehem. Kapelle St. Georg am Wiedfang (12. Jh.) von Südosten. Davor ein Renaissancebrunnen von 1610.

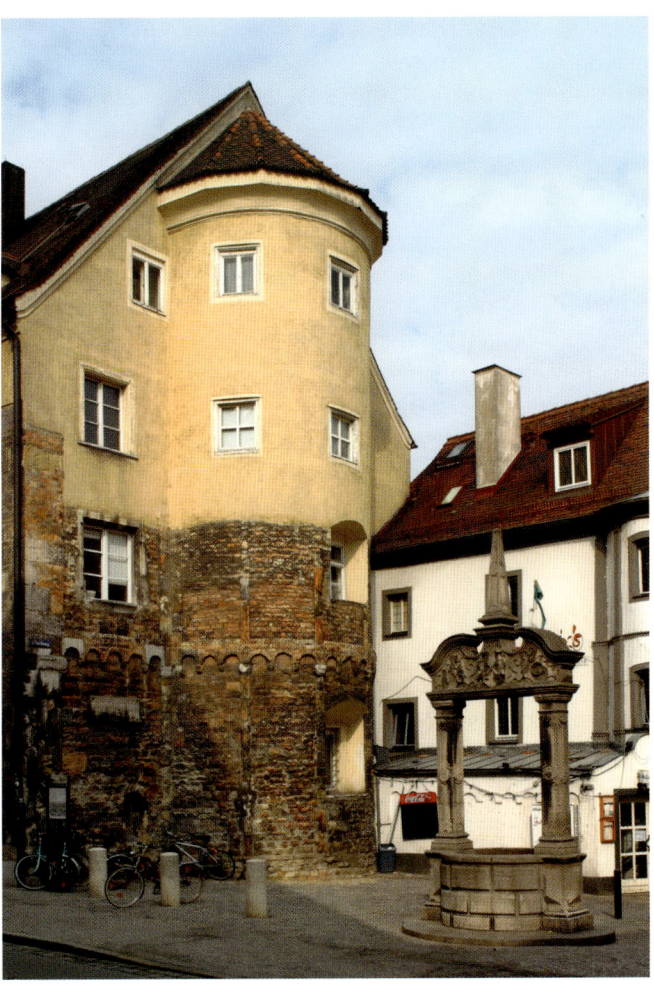

ckenmeister zinspflichtig waren. Die mittelalterliche Bebauung der Straße ist durch diverse Um- und Neubauten verändert. Anschaulich erhalten sind jedoch an mehreren Häusern die sog. Überschüsse, d. h. Auskragungen, mittels derer der Wohnraum in den oberen Geschossen vergrößert wurde. Rechts ist ferner – als Teil des Hauses Nr. 4 – der heute nur noch fünfgeschossige

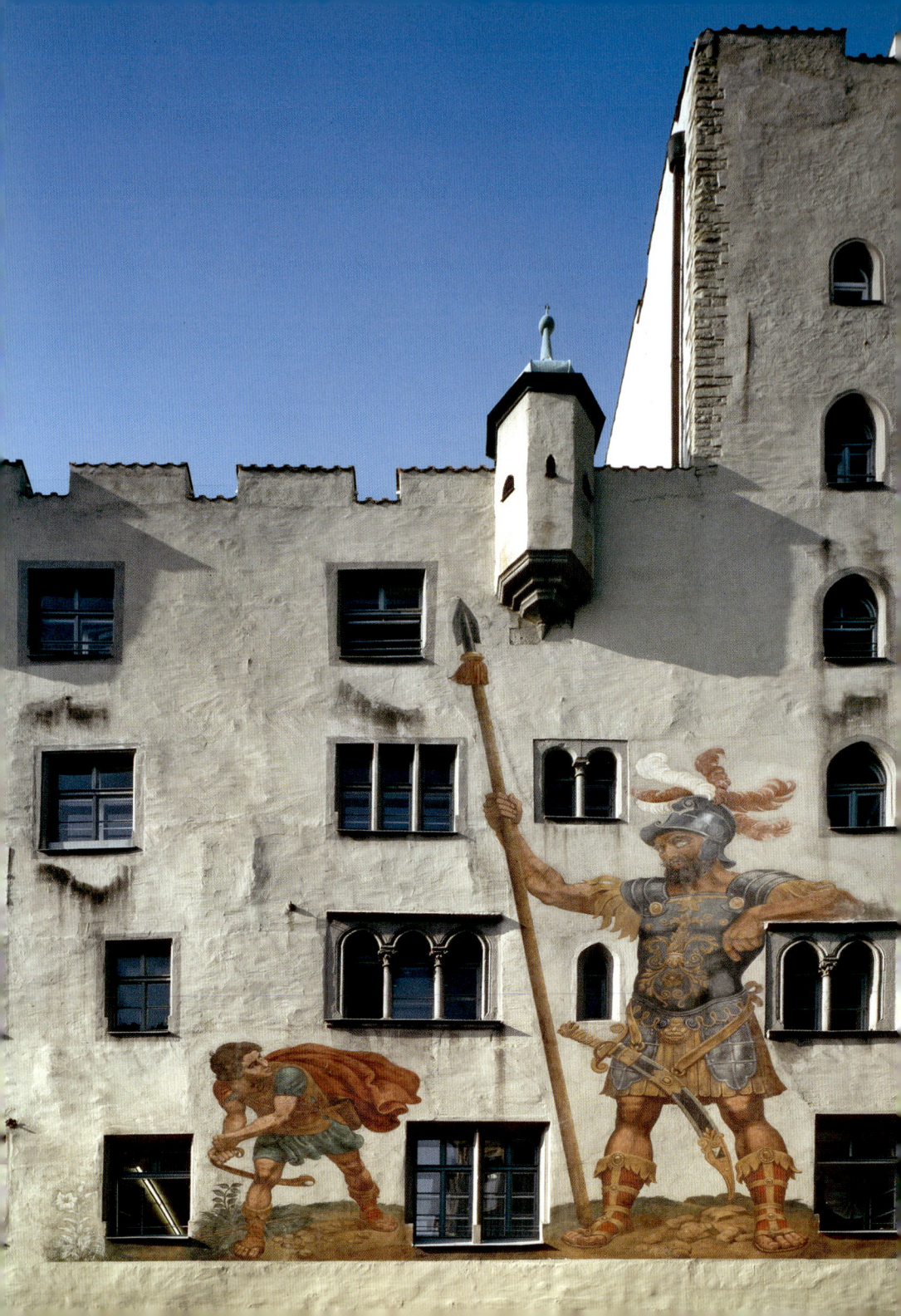

Blick durch die Brückstraße auf das Goliathhaus (13 Jh.). Fassadenmalerei von Melchior Bocksberger (um 1570/80).

Überrest eines ehemals höheren Turmes aus der Zeit um 1220 zu erkennen. Das Anwesen, zu dem er gehörte, befand sich vor 1255 im Besitz der Benediktinerabtei Kastl.

Aus der Brückstraße fällt der Blick auf eine imposante frühgotische Fassade, die mit einer monumentalen Darstellung des Zweikampfs von David und Goliath geschmückt ist. Von dieser um 1570/80 von Melchior Bocksberger ausgeführten und inzwischen mehrfach veränderten Malerei leitet sich die Bezeichnung des Patrizierpalastes als **Goliathhaus (35)** ab. Es erhebt sich, wie auch die benachbarten Bauten, über der Nordmauer des römischen Legionslagers. Errichtet wurde es in der ersten Hälfte des 13. Jahrhunderts wohl von der Familie der Thundorfer, in deren Besitz es sich bis 1290 befand. Mit dem – vom Betrachter aus gesehen – rechts neben dem Wohntrakt befindlichen Turm entspricht es dem „klassischen" Typus des repräsentativen Regensburger Bürgerhauses. Dazu passen auch der abschließende Zinnenkranz und die polygonalen Erkertürmchen als Ausdruck von Wehrhaftigkeit. Der symbolhafte Charakter dieser für Verteidigungszwecke kaum tauglichen Bauzier wird hier besonders deutlich, denn hinter den Zinnen gab es nie einen Umgang.

Vom Goliathhaus sind es nur noch wenige Schritte zurück zum Kohlenmarkt und Rathausplatz.

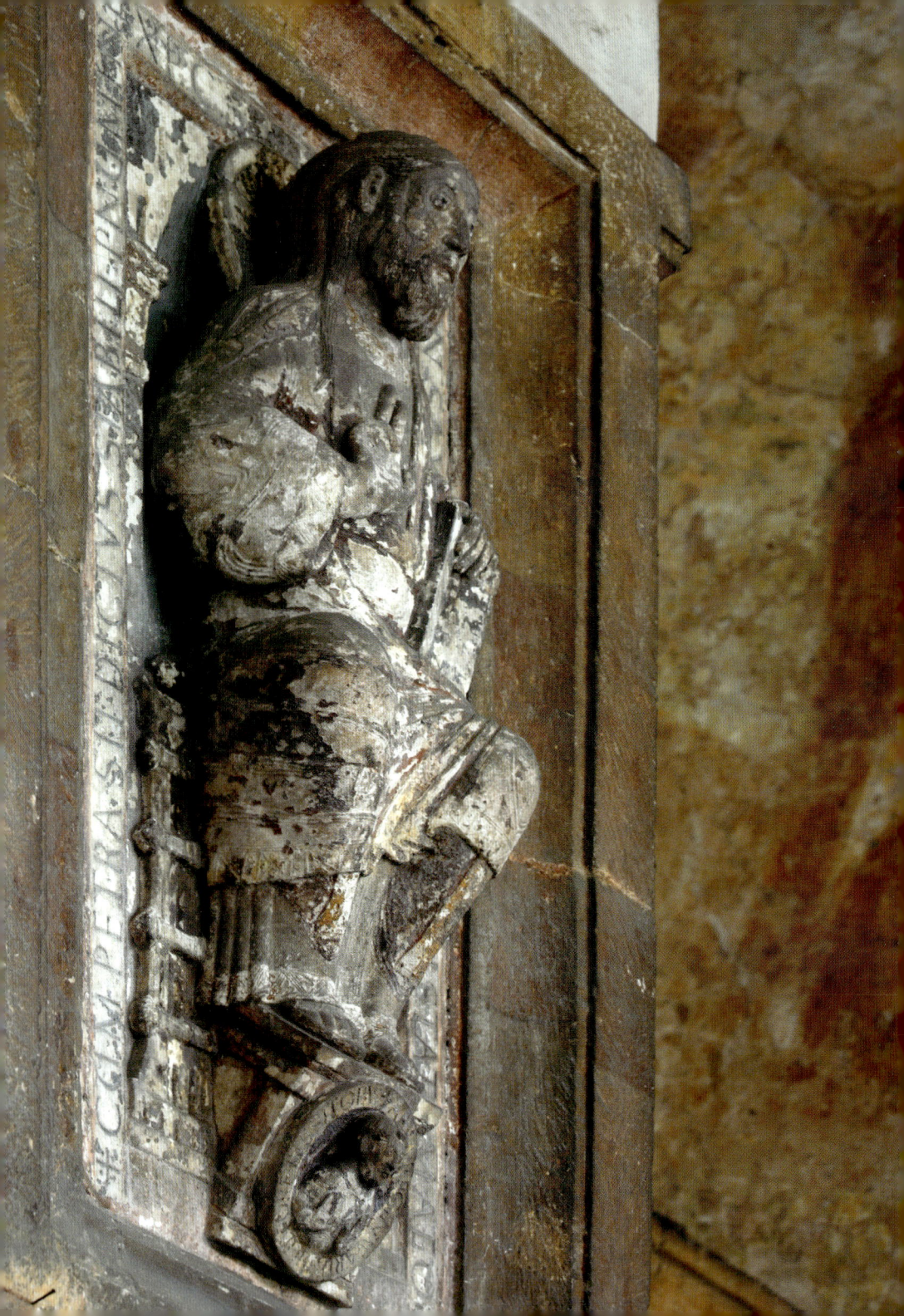

Vom Kloster zum Schloss: St. Emmeram

Als Herzog Arnulf von Bayern um 920 die Regensburger Neustadt befestigen ließ, wurde auch das in ihrem äußersten Süden gelegene Areal der Abtei St. Emmeram in den Mauerring mit eingeschlossen. Diese älteste und bedeutendste klösterliche Kommunität der Stadt bestand bereits 740, nachdem hier um 700 der Märtyrer Emmeram bestattet worden war. Sein erstes Grab dürfte sich in der heute verschwundenen, im Bereich eines spätantiken Friedhofs gelegenen, Georgskirche befunden haben.

Der aus dem westfranzösischen Poitiers stammende Emmeram scheint am Hof des Bajuwarenherzogs Theodo als Bischof gewirkt zu haben. Die Legende berichtet, dass die Herzogstochter Uta damals eine Affäre mit dem Sohn eines Richters hatte. Als die Folgen dieser Beziehung unübersehbar wurden und die beiden sich Emmeram anvertrauten, habe dieser, um das junge Paar zu retten, ihnen geraten, die Schuld an der Schwangerschaft auf ihn abzuwälzen. Er selbst sei dann zu einer bereits vorher geplanten Pilgerfahrt nach Rom aufgebrochen. Der Sohn des Herzogs, der die seiner Schwester zugefügte Schande rächen wollte, habe Emmeram nach drei Tagen eingeholt und in Kleinhelfendorf (südlich von München) an eine Leiter binden und grausam martern lassen. Der Sterbende habe den Wunsch geäußert, in Regensburg bestattet zu werden. Als es nach seinem Tod 40 Tage lang regnete, sei man schließlich, um ein Ende der Überschwemmungen zu erwirken, diesem Wunsch nachgekommen und habe ihn in einem Boot auf Isar und Donau nach Regensburg gebracht. Hier habe ihm die Volksmenge einen triumphalen Empfang beschert.

Vor dem historischen Hintergrund der Rivalität zwischen dem agilolfingisch-bayerischen Herzogshaus und dem fränkischen Königshaus spricht einiges dafür, dass die – mittels einer phantasievollen Legende publik gemachte – Ermordung Emmerams dazu diente, den Agilolfingern einen Bischofsmord anzuhängen. Insofern wäre auch die Heiligsprechung Emmerams durch den 739 von Bonifatius eingesetzten Bischof Gaubald als ein politischer Akt gegen das agilolfingische Herzogtum zu interpretieren.

St. Emmeram, Vorhalle. Hochrelief des thronenden Christus Salvator und Stifterbildnis (1049–60). Zusammen mit den flankierenden Reliefs der hll. Emmeram und Dionysius steht diese Skulptur am Beginn der romanischen Portalplastik in Deutschland.

Unter Abt Sintpert (768–791) entstand die karolingische Klosterkirche mit der noch erhaltenen Ringkrypta, die das Emmeramsgrab umschließt. Der nun folgende rasche Aufstieg des Klosters, dessen Äbte bis 975 auch das Regensburger Bischofsamt bekleideten, zu einem Zentrum von Kultur und Kunst ging einher mit der Propagierung des Emmeramskultes durch das karolingische Königshaus. Kaiser Arnulf von Kärnten schließlich machte Emmeram zum Patron des ostfränkischen Reichs und ließ in der Nähe des Märtyrergrabes eine neue Königspfalz anlegen. Ferner sollte die Klosterkirche als Herrschergrablege dienen. Die Bestrebungen, die Abtei St. Emmeram und mit ihr die Stadt Regensburg zum politischen und ideellen Mittelpunkt des Reichs zu machen, endeten, als 911 mit dem Tod Ludwigs des Kindes die karolingische Dynastie erlosch. Zwar knüpften die ottonischen Kaiser in der zweiten Hälfte des 10. Jahrhunderts nochmals vorübergehend an den karolingischen Emmeramskult an und wohnten bei ihren Aufenthalten in Regensburg in der Pfalz bei St. Emmeram; Heinrich II. verlegte dann aber die Königspfalz wieder zurück an den Alten Kornmarkt.

Ungeachtet der reichspolitischen Entwicklungen entfaltete sich der monastische Aufschwung, der unter dem 975 vom hl. Wolfgang aus Trier geholten Abt Ramwold begonnen hatte, im 11. Jahrhundert zu voller Blüte: In St. Emmeram entstanden damals Meisterwerke der Buchmalerei, und nicht zuletzt dank der hervorragenden Bibliothek wurde die Abtei zu einem kulturellen Zentrum von europäischem Rang. 1052 besuchte Papst Leo IX. das Kloster und weihte in Anwesenheit von Kaiser Heinrich III. die damals vollendete Wolfgangskrypta. Nur vier Jahre später weilte abermals ein Papst, Viktor II., in St. Emmeram.

Bis zum Tode Bischof Hartwigs II. 1164, der sich die Allerheiligenkapelle (vgl. S. 52ff.) als Mausoleum errichten ließ, war St. Emmeram Begräbnisstätte der Bischöfe von Regensburg. Im Jahre 1166 führte ein verheerender Brand zu einem weitgehenden Neubau der Basilika und der kurz zuvor errichteten Pfarrkirche St. Rupert. Von der damals entstandenen Ausmalung der Basilika sind die Bildbeischriften erhalten, so dass das Freskenprogramm rekonstruiert werden kann. Wohl angeregt durch die schlimme Feuersbrunst ließ Abt Peringer II. (1177–1201) in

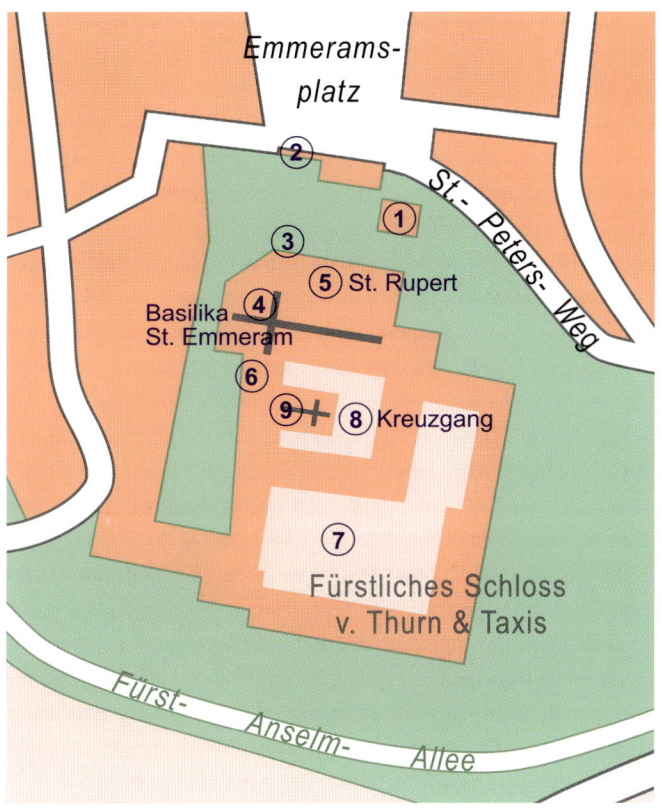

einer großartigen Ingenieurleistung eine bleierne Wasserleitung von Dechbetten zum Kloster verlegen.

Als im 13. Jahrhundert die Streitigkeiten mit den Bischöfen von Regensburg zunahmen, präsentierte die Abtei eine meisterlich gefälschte Urkunde, nach der ihr von dem 911 in St. Emmeram bestatteten ostfränkischen König Ludwig dem Kind die Reichsunmittelbarkeit und andere Privilegien zugesichert wurden. Die Bestätigung dieses Diploms durch König Adolf von Nassau 1295 hatte weitreichende Folgen: Der Abt von St. Emmeram wurde in den Reichsfürstenstand erhoben, und das Kloster wurde unmittelbar der päpstlichen Kurie unterstellt.

Dank der kontinuierlich vergrößerten Bibliothek entwickelte sich St. Emmeram im frühen 16. Jahrhundert zu einem Zentrum des Humanismus. So gut die Abtei die Wirren der Reformation überstand, so übel wurde ihr im Dreißigjährigen Krieg mitgespielt: 1633, nach der Einnahme Regensburgs durch den Herzog von Weimar, wurden die Konventsgebäude beschädigt und geplündert. Am schlimmsten aber ist der Verlust des aus dem ersten Drittel des 10. Jahrhunderts stammenden silbernen Hochaltars, den die Mönche einschmelzen ließen, um die Kontributionszahlungen leisten zu können. Verheerende Folgen hatte auch ein durch Unachtsamkeit ausgelöster Brand im Jahre 1642, dem u. a. das Dach der Basilika zum Opfer gefallen ist. Damals wurde die bemalte romanische Kassettendecke endgültig zerstört.

Trotz dieser schwerwiegenden Verluste, die das Kloster in der ersten Hälfte des 17. Jahrhunderts hinnehmen musste, brach nur wenige Jahrzehnte später die letzte große Blütezeit der Abtei an. Dies ist dem Wirken einiger großer Äbte zu verdanken. Am Anfang dieser Reihe steht Coelestin Vogl (1655–91), der geschickt wirtschaftete und sich überdies als Geschichtsforscher hervor tat. Er begründete damit die Rolle St. Emmerams als Zentrum der kritischen Historiographie. Das ganze 18. Jahrhundert blieb die Abtei ein überregional bedeutender Hort der Forschung und eine wichtige Ressource für die 1759 in München gegründete Bayerische Akademie der Wissenschaften. Das ausgeprägte Repräsentationsbedürfnis der selbstbewussten Reichsäbte führte ferner zu zahlreichen Verschönerungsmaßnahmen, deren künstlerischen Höhepunkt die Neugestaltung von Kirche und Bibliothek durch die Gebrüder Asam darstellt.

Die politischen Umwälzungen zu Beginn des 19. Jahrhunderts brachten das Ende dieser glanzvollen Epoche mit sich. Durch den Reichsdeputationshauptschluss fiel die Abtei 1803 an Fürstprimas Carl von Dalberg, der den Mönchen zunächst eine Fortsetzung ihrer seelsorgerischen und wissenschaftlichen Tätigkeit ermöglichte. Als dann jedoch 1810 das Dalberg'sche Fürstentum dem Königreich Bayern einverleibt wurde, schlug die Säkularisation mit voller Härte zu: Die Klosterkirche wurde Pfarrkirche und die im Kloster gehüteten Schätze

Die ehem. Abtei St. Emmeram aus der Vogelschau von Südosten. Kupferstich um 1750 (Historisches Museum Regensburg)

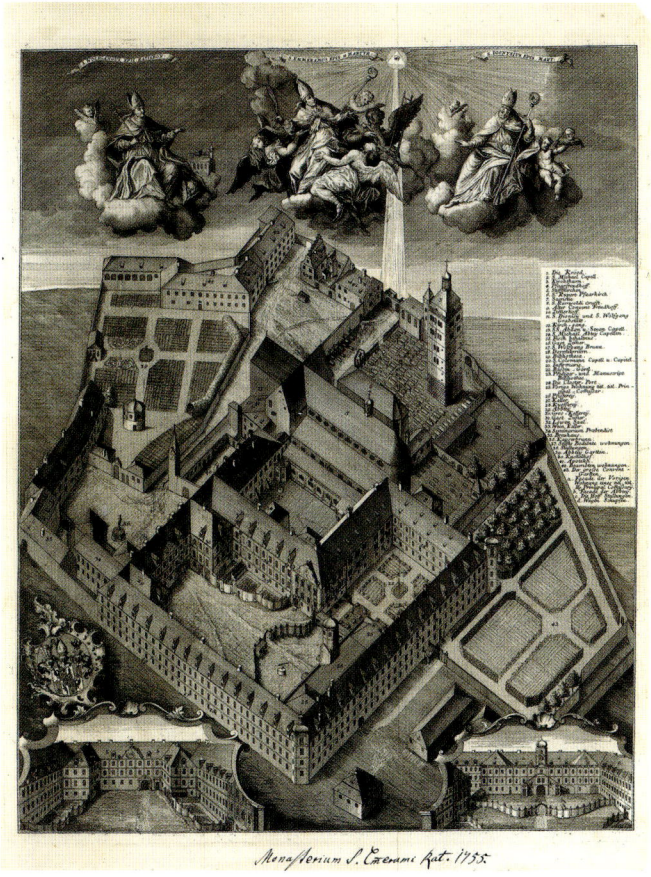

mittelalterlicher, vornehmlich karolingischer und ottonischer Kunst – der um 870 im Auftrag von Kaiser Karl dem Kahlen geschaffene Codex Aureus und der Tragaltar Kaiser Arnulfs von Kärnten ebenso wie das Sakramentar Kaiser Heinrichs II. aus dem frühen 11. Jahrhundert – wurden nach München abtransportiert. Die nach der Vertreibung der Mönche ungenutzten Stiftsgebäude wurden 1812 dem Haus Thurn und Taxis übereignet, um es für das verlorene Postmonopol zu entschädigen.

Die Fürsten von Thurn und Taxis waren bereits seit 1748, als ihnen der Kaiser das erbliche Amt übertrug, ihn beim Immerwährenden Reichstag zu vertreten, in Regensburg präsent, wenngleich sich der damalige Familiensitz noch in Frankfurt befand. Erst die Überlassung des ehemaligen Reichsstiftes St. Emmeram führte zur Verlegung der fürstlichen Residenz nach Regensburg. So wurde im frühen 19. Jahrhundert aus einem Klosterkomplex, der sich im Mittelalter reichsgeschichtlicher Bedeutung erfreut hatte, eine prachtvolle Schlossanlage, die ihrerseits europäischen Rang erlangte. Ungeachtet der eigentumsrechtlichen Brüche im Zuge der Säkularisation fühlten sich die Fürsten von Thurn und Taxis bis ins 20. Jahrhundert der über 1200-jährigen Tradition des Denkmalensembles von St. Emmeram verpflichtet, an dem die Geschichte des Hl. Römischen Reiches in ihrer vielschichtigen sakralen und profanen Dimension noch immer authentisch erlebbar ist.

Vom Emmeramsplatz aus kündet zunächst nur der imposante **Glockenturm (1)** von der weitläufigen einstigen Klosteranlage. Wie die Türme der Alten Kapelle (vgl. S. 67f.) und des 1945 zerstörten Obermünsters freistehend, wurde der wohl im 10. Jahrhundert aus römischen Quadern errichtete Campanile in den Jahren 1575–79 ummantelt und mit Statuen bestückt, die in einem besonderen Bezug zu St. Emmeram standen. Diese ungewöhnliche Aktion ist aus dem Geist der Gegenreformation zu verstehen: Anstelle des alten, durch diverse Beschädigungen unansehnlich gewordenen Turmes errichtete die Abtei in den Mauern der protestantischen Reichsstadt gleichsam ein Monument ihrer eigenen, aus der Geschichte legitimierten Bedeutung. So erklären sich auch die auffallend konservativen Architekturformen, etwa die gotisierenden Figurenbaldachine und die romanisch wirkenden gekuppelten Rundbogenfenster.

Man betritt das weitläufige Areal der ehemaligen Abtei durch eine gotische **Torwand (2)**. Sie ist der einzige ausgeführte Teil einer sehr wahrscheinlich zu Beginn der 1250er Jahre begonnenen, zweigeschossig geplanten Torhalle über rechteckigem

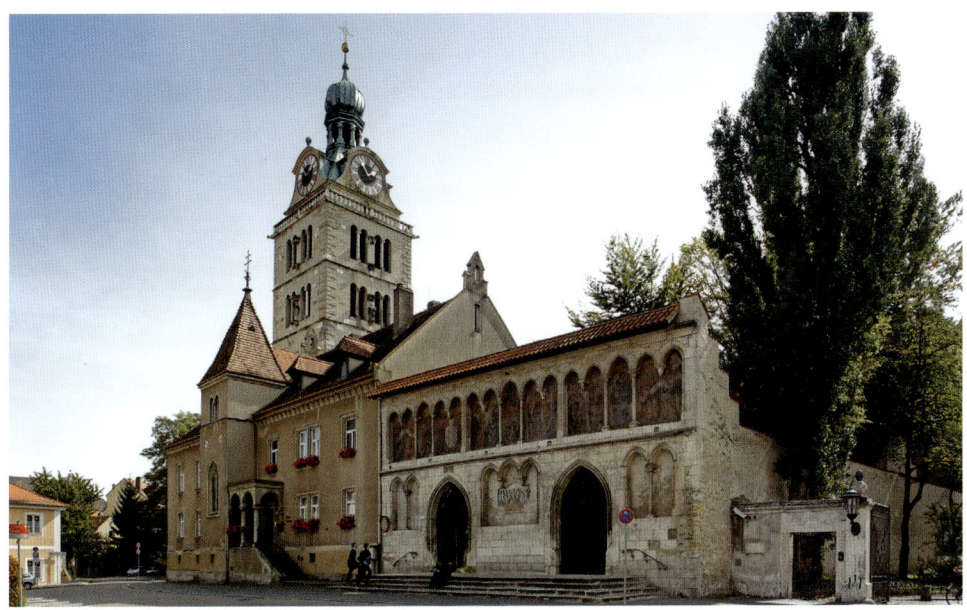

Blick von Nordwesten auf die Torwand von St. Emmeram. Links daneben der 1890 über den Fundamenten der romanischen Michaelskapelle erbaute Pfarrhof, dahinter der freistehende Glockenturm.

Grundriss. Dieser Bau sollte eine ältere, wohl karolingische Torhalle ersetzen, die sich an derselben Stelle befunden hatte. Die beiden Spitzbogenportale lassen noch die ursprünglich zweischiffige Disposition der Anlage erkennen. In die Blendarkade zwischen den Portalen wurde gemäß Inschrift 1511 ein Relief mit der ersten Station eines Kreuzwegs eingemauert (Verurteilung Jesu durch Pilatus, Jesus nimmt das Kreuz auf seine Schultern). Es handelt sich damit um einen sehr frühen Beleg für den im ausgehenden Mittelalter aufkommenden Brauch, in Anspielung auf die Via Dolorosa in Jerusalem, den Leidensweg Christi nachzuempfinden. Die Malereien in den darüberliegenden Blendarkaden gehen ebenfalls auf das Mittelalter zurück, wurden jedoch seither mehrmals erneuert.

Hinter der Torwand liegen **Vorhof und Vorhalle (3)** der Basilika. An der Stelle des idyllischen, begrünten Hofes befand sich wohl ab dem 11. Jahrhundert eine zweischiffige Halle, die

als Bindeglied zwischen Basilika und Torbau diente. Die Zweischiffigkeit war durch das Doppelportal der Kirche vorgegeben.
Nach dem Brand von 1166 wurde die Halle neu errichtet. Obwohl nur die beiden südlichen, an die Kirche angrenzenden Joche erhalten sind, lassen die Wandpfeiler und Blendarkaden an
der Westmauer des Vorhofs noch die ursprünglich siebenjochi-
ge Gliederung erkennen. Unklar ist, ob die Halle nach relativ
kurzer Zeit einstürzte oder zerstört wurde. Hierbei wäre an den
staufischen König Konrad IV. zu denken, der 1250 aus Rache
für einen auf ihn in St. Emmeram verübten Mordanschlag einige Gebäude niederreißen ließ.

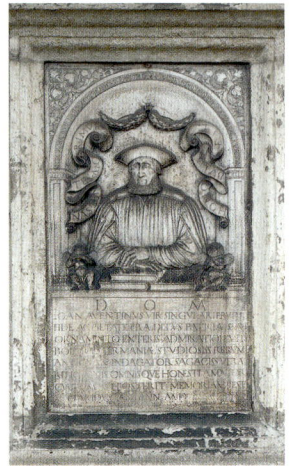

Das Epitaph des bayerischen
Geschichtsschreibers Aventinus
im Vorhof von St. Emmeram.

    In den beiden erhaltenen Jochen ist, da hier noch das hoch-
mittelalterliche Laufniveau erhalten ist, die Architektur der Vorhalle noch erlebbar: Die Gurt- und Scheidbögen des Kreuzgrat-
gewölbes ruhten auf mächtigen Freipfeilern, welche die zwei
Schiffe trennten, und Wandpfeilern. Die den Pfeilern vorgeleg-
ten Halbsäulen besitzen unterschiedlich ornamental gestaltete
Wulstkapitelle, die stilistisch und motivisch zum Teil mit jenen
im Langhaus von St. Jakob (vgl. S. 188f.) verwandt sind.

    Unter den zahlreichen im Vorhof und in der Vorhalle befind-
lichen Steinbildwerken und Grabdenkmälern besonders bemerkenswert sind das um 1389/90 wohl von einem Meister der
Dombauhütte geschaffene Ölbergrelief am östlichen Wandpfeiler der Vorhalle sowie das Renaissance-Epitaph für den großen
bayerischen Geschichtsschreiber und Philologen Johann Turmair,
gen. Aventinus (1477–1534), der ein häufiger Gast in der Bibliothek des Klosters gewesen war, an der Westmauer des Vorhofs.

Die Basilika

Äußeres

Das Äußere der **Basilika (4)** erschließt sich dem Besucher aufgrund der baulichen Situation und der eingeschränkten Zugänglichkeit nur fragmentarisch (vgl. auch S. 156). Eine ausgeprägte Schauseite fehlt. Großartig jedoch ist die Eingangssitua-

St. Emmeram, Westmauer
des Vorhofs mit romanischer
Wandgliederung.

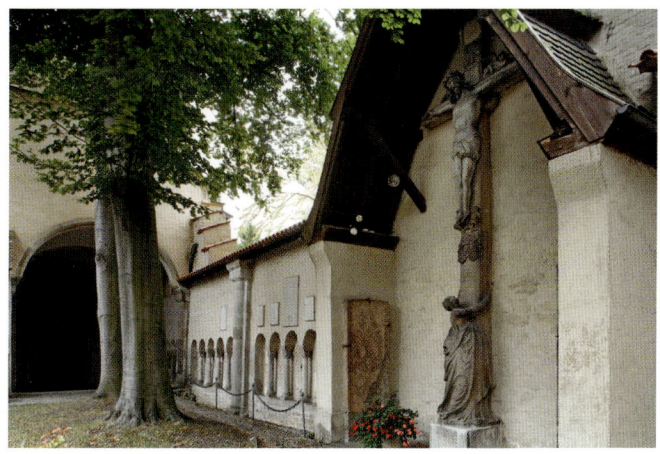

tion. In der Südwand der Vorhalle öffnen sich zwei apsidenartige,
rundbogige Nischen, in denen rechteckige Türen sitzen. Ger-
ahmt werden die Nischen von Pfeilern, deren plastischer
Schmuck den Beginn der figürlichen romanischen Portalskulptur nördlich der Alpen signalisiert. Es handelt sich um drei
Kalksteinreliefs mit fast vollplastisch hervortretenden Figuren:
in der Mitte der thronende Christus, links der hl. Emmeram und
rechts der hl. Dionysius. Unter der Christusfigur befindet sich
das Bildnis des Abtes Reginward mit der Widmungsinschrift.
Danach ist die Portalanlage zwischen 1049 und 1060 entstanden. Die dendrochronologische Untersuchung eines beim Bau
verwendeten Holzstücks hat diese Datierung bestätigt.

Die eigentümliche Form des sog. Doppelnischenportals war
möglicherweise als Anspielung auf die monumentale Nische im
Westbau der Aachener Pfalzkapelle gedacht, wodurch der besondere Anspruch von St. Emmeram als Repräsentationsbau des
karolingischen Königtums zum Ausdruck kommen würde. Auch
die Auswahl der Skulpturen kann in diesem Zusammenhang gesehen werden: Die Salvatorverehrung wurde von den karolingischen Herrschern gefördert, Emmeram hatte seit Kaiser Arnulf
den Rang eines Reichsheiligen, und Dionysius war traditionell

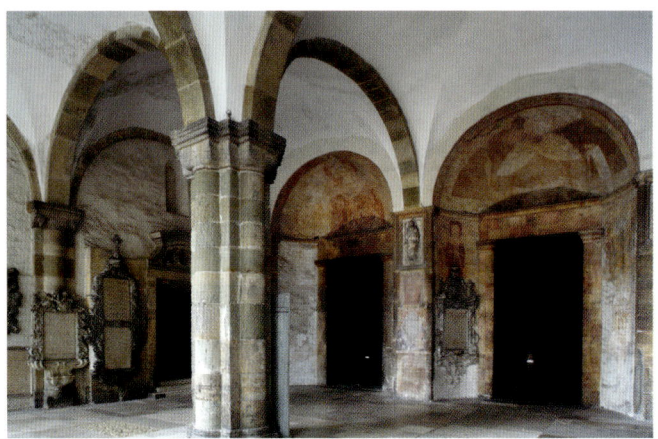

St. Emmeram, Blick durch die Vorhalle auf das Doppel-nischenportal, entstanden zwischen 1049 und 1060.

der bevorzugte Heilige der fränkischen Könige. Gerade zur Ent-stehungszeit des Portals erhob die Abtei St. Emmeram massiv den Anspruch, Reliquien dieses Heiligen zu besitzen, die Kaiser Arnulf angeblich aus St-Denis bei Paris hatte stehlen lassen.

Inneres

Während der rechte Zugang in das Westquerhaus führt, ge-langt man durch den linken in die eigentliche Basilika. Auf den ersten Blick wirkt sie barock, doch wenn man durch das Mittel-schiff zum Hochaltar blickt, erkennt man unter dem prächtigen Kleid aus Stuck und Malerei noch gut die originale Architektur der dreischiffigen, querhauslosen Pfeilerbasilika des späten 10. Jahrhunderts, die wiederum aus dem Kernbau des 8. Jahr-hunderts hervorgegangen ist und im 11. Jahrhundert erweitert wurde. Auffallend für eine vorromanische Kirche ist vor allem die außergewöhnliche Breite des Mittelschiffs. Allein schon an diesen beachtlichen Dimensionen wird die Bedeutung von St. Emmeram für die süddeutsche Baugeschichte augenfällig.

Um zu den architektonischen Anfängen von St. Emmeram zu gelangen, begeben wir uns in den nördlichen Nebenchor, wo der entfernte Putz zwei Pfeiler aus ottonischer (?) Zeit so-wie romanisches Mauerwerk mit eingesetzten Doppelarkaden

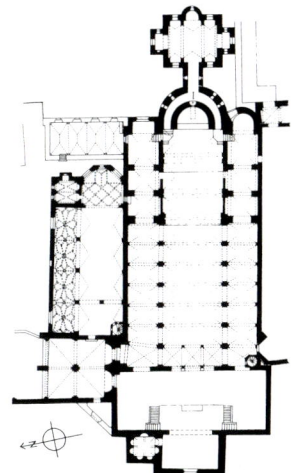

erkennen lässt. Hier befindet sich auch der Zugang zu der unter dem Hauptchor liegenden **Ringkrypta** des 8. Jahrhunderts (vor 791). Bei dieser handelt es sich um einen tonnengewölbten Gang, der halbkreisförmig das unter dem Hochaltar befindliche Grab des hl. Emmeram umschließt und sich – als Besonderheit – einst um die Außenwand des karolingischen Chores legte. Im inneren Scheitel der Ringkrypta befindet sich eine Nische mit einer sog. *fenestella*, einer Wandöffnung, die den Gläubigen einst den Blick auf den Sarkophag mit den Gebeinen des Heiligen verschaffte. In der karolingischen Architektur waren derartige über einen halbrunden Gang erschlossene Confessio-Anlagen durchaus verbreitet; ihr gemeinsames Vorbild war die um 590 um das Petrusgrab in Rom errichtete Ringkrypta. Wohl noch aus der Erbauungszeit stammen die – nur zum Teil freigelegten – Inschriften und ornamentalen Wandmalereien, die von der damaligen angelsächsischen Kunst beeinflusst sind und auch in der karolingischen Buchmalerei des Klosters ihre Parallelen haben.

Vom äußeren Scheitel der Ringkrypta aus gelangt man durch einen nach Osten abzweigenden, tonnengewölbten Gang in eine **Außenkrypta**, die Abt Ramwold offenbar in Erinnerung an seine frühere Wirkungsstätte, St. Maximin in Trier, als

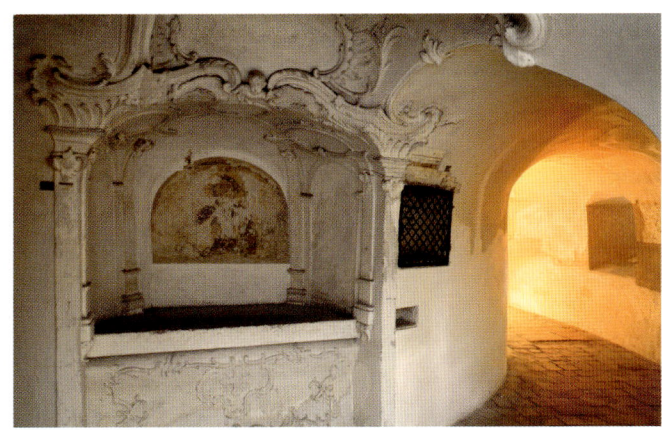

St. Emmeram, Ringkrypta (8. Jh.). Die *fenestella*, die einst den Blick auf den Sarkophag des Heiligen ermöglichte, wurde schon früh mit einer Steinplatte verschlossen und im 18. Jh. mit Stuck eingefasst.

cryptica ecclesia, d. h. als zum Teil unter der Erde liegende Kirche, hatte errichten lassen. Der 980 vom hl. Wolfgang geweihte Bau erhebt sich über einer quadratischen Grundfläche, an die im Osten eine Apsis und im Norden und Süden jeweils ein rechteckiger Annex angefügt sind. Im südlichen dieser beiden Nebenräume steht der Sarkophag Ramwolds, was vermutlich auch der ursprünglichen Intention des Bauherrn entspricht, zumal Außenkrypten häufig zur Bestattung geistlicher Würdenträger dienten. Nicht mehr ursprünglich hingegen ist die Raumkonzeption. Der Bau war bis zu seiner Umgestaltung 1773/75 durch zwei eingestellte Säulen in drei Schiffe und zwei Joche gegliedert. Dieser mutmaßliche Hallenraum war einer der frühesten seiner Art in Deutschland. Ein Relikt dieser Raumgliederung ist das vor dem südwestlichen Wandpfeiler aufgestellte Topfkapitell, das von einer der beiden Säulen stammt. Zu einer weiteren Abänderung der ursprünglichen Planung war es bereits zu Lebzeiten Ramwolds gekommen. Denn noch während der Bauzeit hat man, vielleicht aus statischen Gründen, die Idee aufgegeben, einen zweigeschossigen Bau zu errichten.

In dem Gang, der die Außenkrypta mit der Ringkrypta verbindet, zeugt ein an der Nordwand aufgedecktes Malereifragment (um 980) von einer bauzeitlichen Darstellung des Jüngsten Gerichts.

Im Westen der Basilika erhebt sich, durch den Einbau der barocken Orgelempore leider optisch abgetrennt, das um die Mitte des 11. Jahrhunderts angefügte **Westquerhaus** mit seinem rechteckigen Chor. Hier ist die monumentale Raumwirkung aus der Erbauungszeit noch gut erlebbar. Der Triumphbogen am Eingang zum Chor entspricht in seinen Maßen jenem Bogen, der bis zum Bau der Orgelempore den Zugang vom Westquerhaus zum Mittelschiff der Basilika rahmte. Belebt wird die archaische Strenge dieser Architektur durch das Chorpodest mit seinen seitlichen Aufgängen. Unter dem Podest liegt die 1052 von Papst Leo IX. geweihte **Wolfgangskrypta**, ein fünfschiffiger und fünfjochiger Hallenraum von außergewöhn-

St. Emmeram, Ramwoldskrypta
(gew. 980). Der Raum wurde
1773–75 seines ursprünglichen
Erscheinungsbildes weitgehend
beraubt.

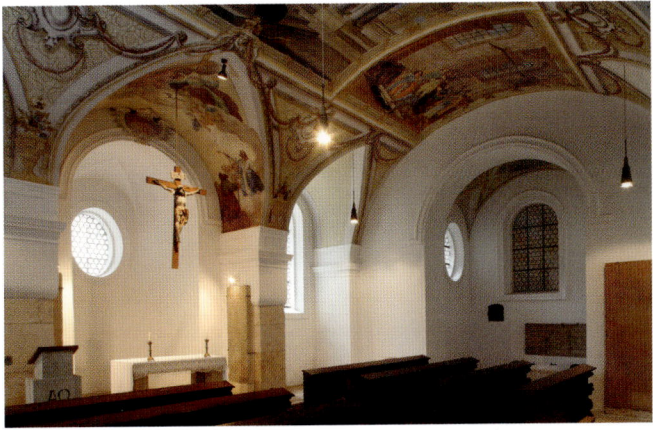

licher Harmonie. Dazu trägt bei, dass alle fünf Schiffe in der
Westwand sowie die drei westlichen Joche in den Seitenwänden in halbrunden Nischen enden. Runde und, am Mittelschiff,
achteckige Stützen mit zum Teil ornamental geschmückten
Würfelkapitellen tragen die Kreuzgratgewölbe. Deren Größe
variiert geringfügig, wobei das Spiel mit den unterschiedlichen
Maßverhältnissen darauf ausgerichtet ist, dass das Gewölbe-
feld über dem Wolfgangsaltar, gleich einem Baldachin, ein ex-
aktes Quadrat bildet. Das dahinter liegende östlichste Joch des
Mittelschiffs ist vermauert und birgt drei übereinander liegende
Grabkammern, die zur Aufnahme der Gebeine des hl. Wolfgang und der angeblichen Reliquien des hl. Dionysius dienten.
Die oberste, über die Krypta hinausragende Grabkammer trägt
die Mensa des 1211 geweihten Dionysiusaltars (heute Kreuzal-
tar) und ist nach Osten durch eine Maueröffnung mit einer
vom Querhaus aus begehbaren Andachtsnische verbunden.
Diese überaus originelle Confessio-Anlage wurde offenbar anlässlich der Weihe des Altars um 1211 erneuert.

Erst im Zusammenhang mit dem um 1052 geschaffenen,
neuen kultischen Zentrum der Wolfgangskrypta werden die
gewaltigen Dimensionen von Westquerhaus und Westchor
nachvollziehbar. Die Abtei trat damit architektonisch mit dem

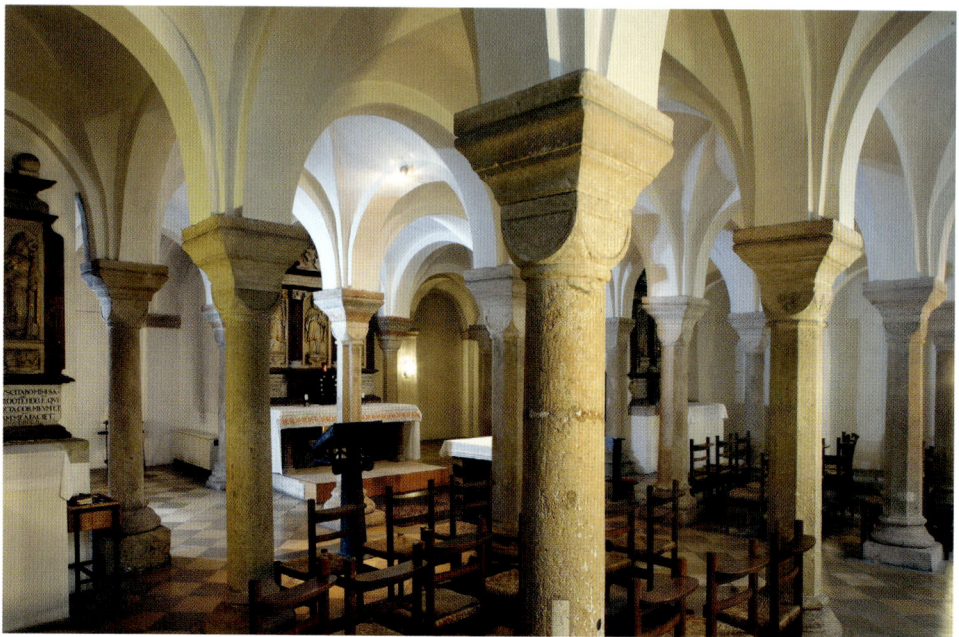

St. Emmeram, Wolfgangskrypta (gew. 1052). 16 Säulen und Pfeiler tragen die Gewölbe des harmonischen Hallenraums.

Dom in Konkurrenz, denn auch dieser hatte wenige Jahrzehnte zuvor einen monumentalen Westbau erhalten. Mindestens genauso wichtig war aber der Bezug zur Abteikirche St-Denis bei Paris, die ebenfalls ein vergleichbares Westquerhaus besaß. Da St. Emmeram damals den Anspruch erhob, die angeblich aus St-Denis gestohlenen Dionysiusreliquien zu verwahren, wollte man sich durch den Westbau ganz offensichtlich in die Tradition des alten fränkischen Königsklosters stellen. Bezeichnenderweise wurde der Altar im Westchor dem hl. Dionysius geweiht.

Im nördlichen Zwickel zwischen Chor und Querhaus liegt die **Magdalenenkapelle**. Sie befindet sich im Stumpf eines geplanten Turms, der vermutlich auf der Südseite des Chors ein Pendant erhalten sollte, was zu einer weiteren Monumentalisierung des Westbaus beigetragen hätte. Die Magdalenenkapelle ist ein quadratischer, in der Art der Wolfgangskrypta mit halbrunden Wandnischen versehener Raum von außergewöhnlicher Schönheit. Diese wird durch die Ausmalung unterstrichen, deren älteste Schicht aus der Zeit nach dem Brand von 1166 stammt. Im Untergeschoss der Kapelle bzw. des geplanten Turms befindet sich ein von der Wolfgangskrypta aus zugänglicher Einstützenraum.

Barocke Raumfassung

Anders als der Westbau und die Krypten wurde der basilikale Teil von St. Emmeram ab 1731 im Auftrag von Abt Anselm Godin einer umfassenden Neugestaltung unterzogen. Der Linzer Baumeister Johann Michael Prunner verkleidete die Pfeiler, rhythmisierte das Mittelschiff durch Wandpilaster und zog unter der romanischen Flachdecke ein durch Gurtbögen und Stichkappen gegliedertes Tonnengewölbe ein. Diese Raumhülle wird belebt durch die Malereien und Stuckaturen der Brüder Cosmas Damian und Egid Quirin Asam. Dabei ist bemerkenswert, dass das auf das Mittelalter zurückgehende architektonische Grundkonzept der Basilika nicht, wie häufig bei ähnlichen Barockisierungen, durch illusionistische Überformungen verwischt wurde. Dazu passt die thematische Ausrichtung des Fresken- und Statuenprogramms auf die Verherrlichung der großen mittelalterlichen Geschichte der Abtei. So stellen die Stuckfiguren über den Mittelschiffarkaden und über den Oratorien im Hauptchor ausnahmslos mittelalterliche Heilige und Selige dar, die in Beziehung zu St. Emmeram stehen. Die Wandmalereien, die im Wechsel mit den Statuen die Hochschiffwände schmücken, zeigen Szenen aus dem Leben Emmerams. Dabei wurde durch Rahmung und leichte Neigung der Bildfläche mit den Mitteln der Stuckatur gezielt der Eindruck erweckt, es handle sich um aufgehängte Historienbilder. Das auf zwei Blickrichtungen hin konzipierte Deckenfresko des Langhauses illustriert abermals die Frühgeschichte des Klosters: Nach Osten blickend, erkennt man den nahe der Abtei gelegenen legendären „Marterberg", benannt nach den

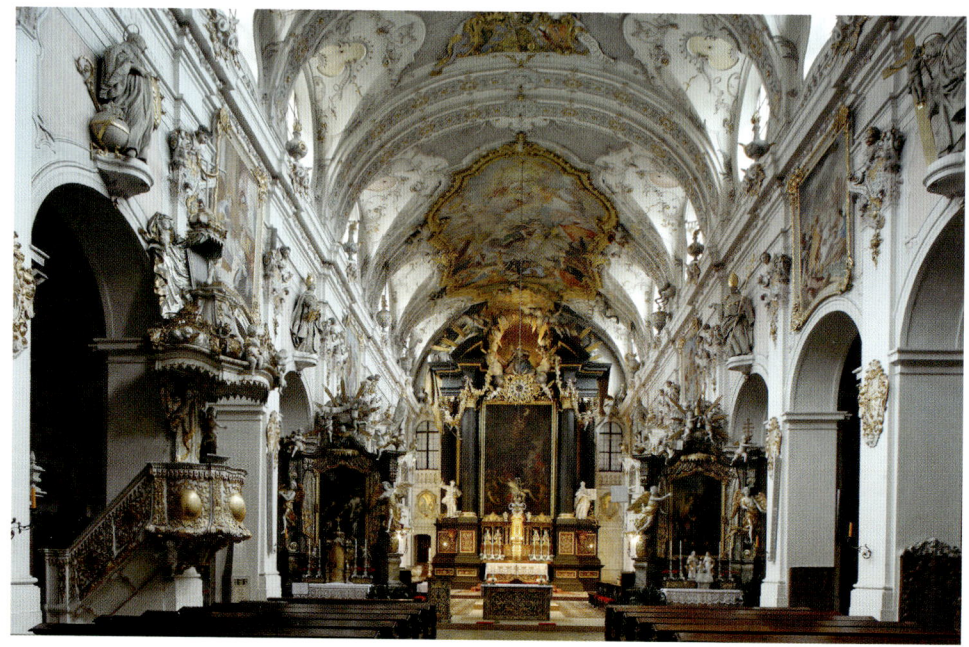

St. Emmeram. Trotz der barocken Raumfassung der Basilika ist deren romanische Struktur noch gut ablesbar. Malereien und Stuckaturen stammen von den Gebrüdern Asam (1731–33).

angeblich dort ermordeten frühen Regensburger Christen. In westlicher Blickrichtung sieht man Papst Leo III., der durch die Übergabe der Exemtionsbulle an St. Emmeramer Mönche das Kloster 798 aus der Verfügungsgewalt des Regensburger Bischofs befreit haben soll. Lediglich das Chorfresko ist, der liturgisch hervorgehobenen Stelle entsprechend, einem rein religiösen Thema, der Glorie des hl. Benedikt und dessen missionarischer Bedeutung, gewidmet.

Ausstattung

Der überwiegende Teil der Altäre gehört dem 18. Jahrhundert an. Der von Egid Quirin Asam überarbeitete viersäulige Hochaltar stammt noch aus dem 17. Jahrhundert; das Altarblatt (Martyrium des hl. Emmeram) malte Joachim von Sandrart 1666. Unter der Mensa befindet sich ein silberner Reliquienschrein, der bald nach 1423 zur Aufnahme der angeblichen

Gebeine des hl. Dionysius entstanden ist. Mit seinem reichen, teilweise vergoldeten Reliefschmuck gehört er zu den Hauptwerken der Regensburger Goldschmiedekunst des 15. Jahrhunderts. Der Auftraggeber des Schreins, Abt Wolfhart Strauß, stiftete auch ein Tafelbild der *Maria lactans*, das in einem barocken Glasschrein auf dem Dreifaltigkeitsaltar im nördlichen Seitenschiff verwahrt wird. Die wohl von einem unbekannten Meister um 1440 geschaffene Darstellung der thronenden, von Engeln gekrönten Madonna weist Bezüge zur niederländischen Malerei dieser Zeit auf.

Grabdenkmäler

St. Emmeram besitzt einen außergewöhnlich reichen und vielgestaltigen Bestand an Sepulkralskulptur. Besonders bemerkenswert sind die in den östlichen Teilen der Basilika befindlichen mittelalterlichen Hochgräber zur Erinnerung an kirchliche und vor allem weltliche Würdenträger, die allerdings mehrheitlich gar nicht in St. Emmeram bestattet sind. Auch hierin spiegeln sich Selbstverständnis und Anspruch der Abtei.

Während an Kaiser Arnulf von Kärnten, der 899 tatsächlich in St. Emmeram bestattet worden sein dürfte, seit dem Brand von 1642 nur noch eine Inschrift im Boden des Hauptchores erinnert, bildet das vermutlich um die Mitte des 11. Jahrhunderts errichtete, im südlichen Seitenschiff aufgestellte tischförmige Hochgrab des sel. Abtbischofs Tuto († 930) den Anfang einer Reihe eng miteinander verwandter Monumente. Am Ende des 13. und in der ersten Hälfte des 14. Jahrhunderts kombinierte man die neutrale Tischform mit individuell gestalteten Hochrelieffiguren der Verstorbenen. Das qualitativ wertvollste dieser Idealportraits entstand um 1280/90 und zeigt eine Königin oder Kaiserin, die traditionell mit Hemma († 876), der Gemahlin König Ludwigs des Deutschen, identifiziert wird. Die Liegefigur, die noch über Reste der originalen Farbfassung verfügt, wurde bedauerlicherweise im 17. Jahrhundert stehend in die Wand eingelassen, nachdem die rest-

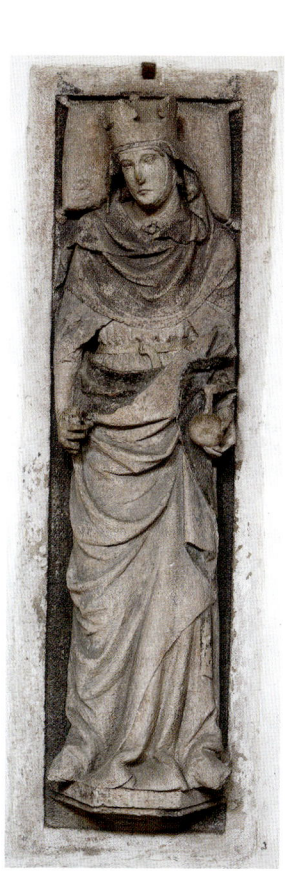

St. Emmeram, Grabplatte der Königin Hemma (?)

lichen Teile des Grabdenkmals damals offenbar zugrunde gegangen waren.

St. Rupert

Nördlich an die Basilika angebaut und über deren Vorhalle zugänglich, befindet sich **St. Rupert (5)**, bis 1812 die Pfarrkirche der Abtei. Der ursprünglich einschiffige, nach dem Brand von 1166 erneuerte Bau erhielt um 1405 seinen dreiseitig geschlossenen Chor. An seine Nordseite wurde 1431 die Marienkapelle angebaut, ehe man 1474 auch ein nördliches Seitenschiff errichtete. Dessen östlichstes Joch diente als Bruderschaftskapelle der Regensburger Goldschmiede; westlich schloss sich die Kapelle der Zimmerleute und Wagner an.

Der 1765 erfolgte Einsturz der hölzernen Kassettendecke des Mittelschiffs führte zur Erneuerung von Decke und gesamter Raumfassung im Stil des Rokoko, wobei man die mittelalterlichen Gliederungselemente in das neue Raumkonzept mit einbezog. So harmonieren im Seitenschiff zarte Rocaillen mit dem feingliedrigen spätgotischen Sterngewölbe. Ferner wurden Teile der mittelalterlichen Ausstattung übernommen, so das aus der Mitte des 15. Jahrhunderts stammende Sakramentshäuschen, dessen hoch aufragender Fialenaufbau mit farbig gefassten Heiligenfiguren geschmückt ist. Bemerkenswert ist auch die – auf einer romanischen Säule aufgestellte – steinerne Halbfigur der Muttergottes mit bekleidetem Kind (um 1330).

Das Gemälde am barocken Hochaltar (um 1690) stammt von dem Augsburger Maler Johann Heiß und zeigt die Taufe des Bajuwarenherzogs Theodo durch den hl. Rupert. Auch das von Otto Gebhard 1765 (?) geschaffene Deckenbild im Hauptschiff feiert den Triumph des Christentums über das Heidentum im frühmittelalterlichen Bayern.

Hinter dem Chor von St. Rupert, an der Stelle der heutigen Sakristei von St. Emmeram, stand bis zu deren Bau 1615 eine

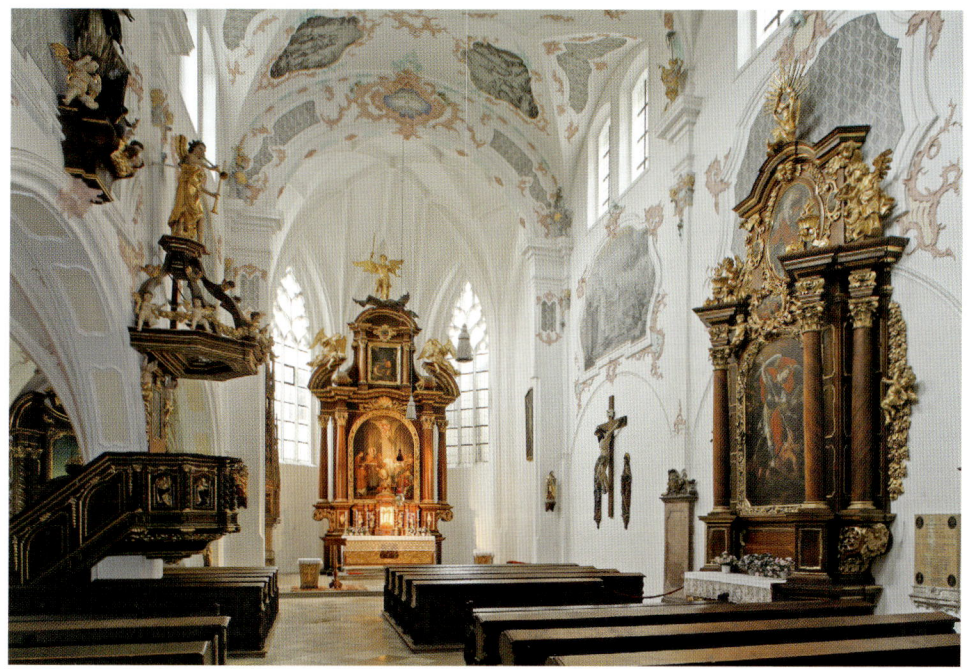

St. Rupert, bis 1812 Pfarrkirche der Abtei St. Emmeram, wurde im 12. Jh. erbaut und 1765 mit einem barocken Gewölbe versehen.

vermutlich im 8. Jahrhundert errichtete, dem hl. Zeno von Verona geweihte Kapelle. Sie war einer der frühesten Sakralbauten Regensburgs und der nördlichste Ort der mittelalterlichen Zenoverehrung.

Das ehemalige Kloster

Gegenüber von St. Rupert, in der Westwand der Vorhalle, öffnet sich ein Durchgang ins ehemalige Klosterareal, dessen Gebäudebestand allerdings auf den ersten Blick kaum mehr etwas von der mittelalterlichen Abtei erkennen lässt. Seit dem Einzug der Fürsten von Thurn und Taxis 1812 herrscht hier vielmehr eine höfische Atmosphäre, die nicht zuletzt von den im 19. Jahrhundert errichteten noblen Bauten ausgeht: An die zum Emmeramsplatz hin gelegene ehem. Fürstliche Rentkam-

mer schließt sich nach Süden, im Bereich des einstigen Klostergartens, der 1828–31 von Jean-Baptiste Métivier errichtete
Marstall (⬚) an. Die klassizistische Dreiflügelanlage beherbergte in den seitlichen Flügeln Pferde und Kutschen, während
der zurückgesetzte Mittelbau als Reithalle diente.

Auf der östlichen Straßenseite erhebt sich eindrucksvoll der
Westbau von St. Emmeram. Der südlich daran anschließende
Alte Konvent (6, ⬚) wurde nach dem Brand von 1166 neu
errichtet. In dem von der Straße aus sichtbaren Westflügel liegen im Erdgeschoss die Räume, die der Versorgung der Mönche
dienten: Küche, Zehrgaden (Speisekammer) und Refektorium.
Während letzteres 1689 barockisiert wurde, sind sowohl die
zweischiffige romanische Küche wie auch der Zehrgaden, ein
ebenfalls romanischer Einstützenraum, erhalten geblieben. In
diesem Bereich wurde aus Gründen der Anschaulichkeit das
Mauerwerk des 12. Jahrhunderts freigelegt. Diesen Räumen
vorgelagert war einst der ummauerte „Kuchlhof", der wohl als

St. Emmeram, Blick auf Westchor und Querhaus. Südlich
anschließend der romanische
Westflügel des Alten Konvents.

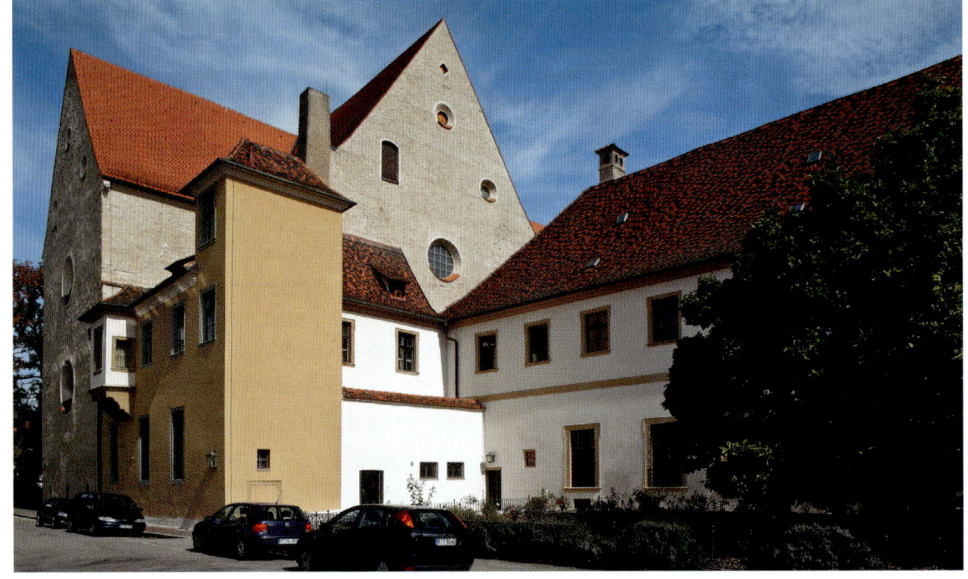

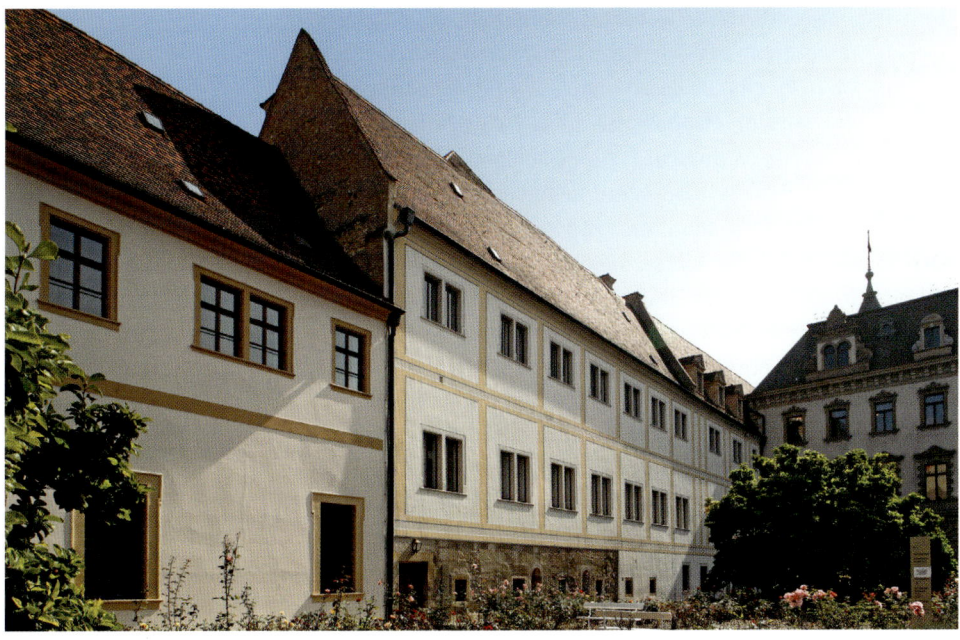

Ehem. Abtei St. Emmeram, heute Schloss Thurn und Taxis: Blick auf den Westflügel des Alten Konvents (12. Jh.). Daran rechtwinklig anschließend der Äußere Südflügel des Schlosses (1883–91).

Kräutergarten genutzt wurde. Den Westflügel schließt ein Anbau des 18. Jahrhunderts ab, in dem sich die Durchfahrt zum **Schlosshof (7)** befindet, dessen architektonische Rahmung gleichsam die Geschichte von St. Emmeram resümiert: links zunächst der romanische Südflügel des Alten Konvents, dann dessen nach Norden zurückspringender Ostflügel, der 1732–37 von Johann Michael Prunner erneuert wurde und über dem einstigen Kapitelsaal die großartige, 1737 von Cosmas Damian Asam freskierte Bibliothek birgt; im Nordosten um den sog. Davidhof der 1666 angebaute Neue Konvent; ganz im Osten der auf spätmittelalterlichen Grundmauern errichtete, im 18. und abermals im 19. Jahrhundert veränderte Äußere Ostflügel, in dem von 1740–42 der kaiserliche Prinzipalkommissär residierte; im Süden der 165 m lange Äußere Südflügel, 1883–91 vom Thurn und Taxis'schen Baurat Max Schultze neu errichtet – im Einklang von Architektur und Ausstattung einst ein Gesamtkunstwerk historischer Fürstenrepräsentation. In der Mitte des Hofes erhebt sich seit 1889 der Kurfürstenbrunnen. Er war zunächst 1578/79 im damaligen Vorhof des Klosters aufgestellt worden und diente, ebenso wie der Statuenschmuck des Glockenturms, zur monumentalen Selbstdarstellung der Abtei gegenüber der Reichsstadt Regensburg. Garanten des engen Bundes zwischen Abtei und Reich waren die (ab dem 13. Jahrhundert) von den Kurfürsten gewählten Könige. Als deren Ahnherr erscheint über dem Brunnen Kaiser Arnulf von Kärnten, der sogar seine Pfalz bei St. Emmeram hatte errichten lassen.

Der Kreuzgang

Die Gebäude des Alten Konvents umschließen den **Kreuzgang (8, 🏛)**, dessen Nordflügel an die Basilika grenzt. Über den verhältnismäßig langen Zeitraum von ca. 1220 bis zum Ende des 14. Jahrhunderts entstanden, vermittelt er einen hervorragenden Überblick über die stilistische Entwicklung der Gotik in Regensburg. Er umfasst aber auch interessante Reste der Vorgängerbebauung: So ist das nordöstliche Eckjoch das letzte Relikt einer dem hl. Benedikt geweihten Kapelle, die 996 erwähnt und gegen 1064 erneuert wurde. Sie erstreckte sich einst von hier weiter nach Osten, wurde aber offenbar nach dem Brand von 1166 nicht wiederhergestellt. Die drei Joche, die westlich an das Eckjoch anschließen, sind hingegen ein Teil des Dormitoriums, das sich bis 1166 hier befand. Durch das Portal im mittleren Joch konnten die Mönche zum nächtlichen Chorgebet direkt in die Basilika gelangen. Auch von dem nach der Brandkatastrophe um 1170 errichteten romanischen Kreuzgang, der bereits die Größe der jetzigen Anlage hatte, sind noch Reste erhalten, so vor allem die beiden Viererarkaden im Ostflügel, die einst die Sichtverbindung zum Kapitelsaal herstellten. Derartige Fensteröffnungen zwischen Kapitelsaal und Kreuzgang sind für mittelalterliche Klöster charakteristisch. Neben dem praktischen Grund der besseren Belichtung des Saales dürfte es sich dabei auch um eine formale Reminiszenz an

Ehem. Abtei St. Emmeram,
heute Schloss Thurn und Taxis:
Blick durch den Westflügel des
Kreuzgangs nach Norden.
Das Portal (um 1220) führt
in die Basilika.

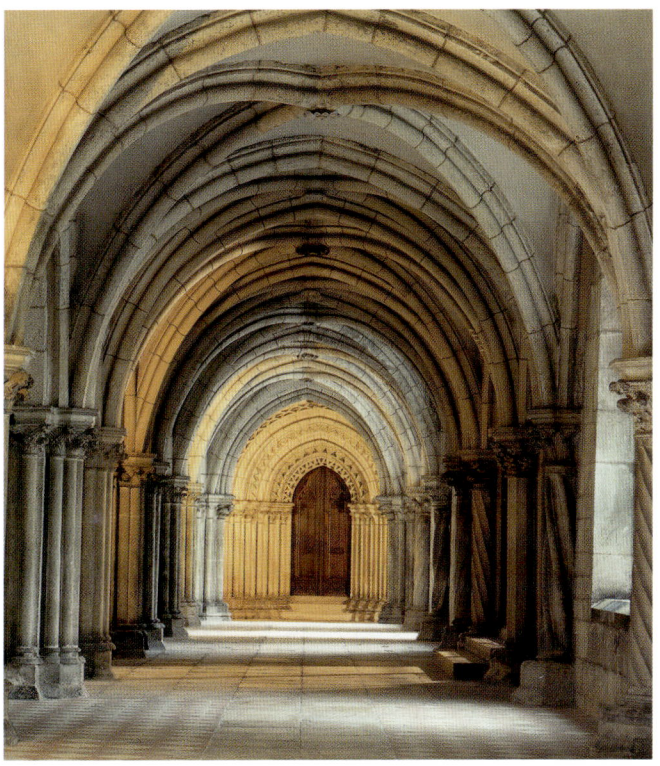

die ursprüngliche Nutzung der Kapitelsäle als Ort der Buße und des Gerichts, gleichsam als Vorhalle zum Heiligtum, handeln. Daneben gibt es Hinweise dafür, dass man vom Kapitelsaal aus auch gerne das Geschehen im Kreuzgang im Blick hatte.

Zur gotischen Erneuerung des Kreuzgangs engagierte man um 1230 einen dem zisterziensischen Umfeld entstammenden Baumeister und nordfranzösisch geschulte Ornamentbildhauer. Der Trupp begann seine Arbeit im Nordflügel, ohne allerdings die drei alten Dormitoriumsjoche anzutasten. Diese wurden trotz des unterschiedlichen Bodenniveaus und des trennenden Portalbogens in die Neuanlage integriert. Die sieben bis um 1240 angefügten Joche – mit dem westlichen Eckjoch sind es acht – zeigen in ihrer Bauplastik reiche frühgotische Details. An die zisterziensische Prägung des Baumeisters erinnern u. a. die Vorliebe für dreiteilige Fenster (Symbol des dreieinigen Gottes) und die Interpretation dieses Kreuzgangflügels als Lesegang. Davon zeugen noch heute die Sitzbänke an der Nordwand sowie die zentrierende Ausrichtung der hofseitigen Arkadenfront auf das Mitteljoch, in dem sich die Sitze von Abt und Vorleser befanden. Als repräsentativer Hintergrund diente ihnen eine fünfbogige Arkade mit darüberliegendem Radfenster. Sowohl die Spitzbögen der Arkade als auch das Rund des Radfensters sind von einem Zackenband umzogen. Dieses Dekorationsmotiv beherrscht, vielfach variiert, auch die spitzbogigen Archivolten des siebenstufigen Säulenportals, das vom Eckjoch aus in die Basilika führt. Seine beeindruckende tiefenräumliche Wirkung entfaltet es erst in der Ansicht aus dem Westflügel, der bis zum Ende des 13. Jahrhunderts, von Norden nach Süden fortschreitend, gotisiert wurde. Im Maßwerk der Fenster fanden nun Ornamente wie Dreipass und Fischblase Anwendung. Hier waren Steinmetzen der Dombauhütte am Werk, ebenso wie im Südflügel, der sich mit seinen naturalistischen Laubwerkkapitellen bereits ganz hochgotisch präsentiert. An ihm wurde, wie die Abtportraits auf den Schlusssteinen verraten, nahezu das ganze 14. Jahrhundert hindurch gebaut. Danach kam die Phase der gotischen Erneuerung zum Erliegen. Der romanische Ostflügel wurde 1573 von Hans Bocksberger freskiert und 1732/33 durchgreifend barockisiert. Teile dieser Malereien sowie die bereits erwähnten Fenster des romanischen Kapitelsaals sind seit 1972 freigelegt.

Die Fürstliche Gruftkapelle

Der Kreuzgarten hat sein ursprüngliches Erscheinungsbild weitgehend eingebüßt, als Maximilian Karl von Thurn und Taxis 1836 von seinem Baurat Karl Victor Keim eine **Gruftkapelle (9, 🅜)** für die Mitglieder der fürstlichen Familie errichten ließ. Für sich gesehen ist der 1841 vollendete, an mittel-

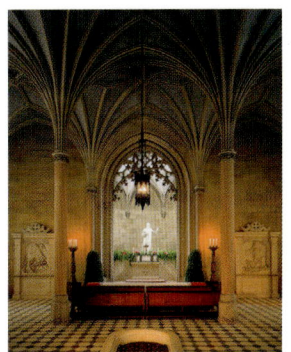

Ehem. Abtei St. Emmeram, heute Schloss Thurn und Taxis: Fürstliche Gruftkapelle (1836). Auf dem Altar Christusstatue von Johann Heinrich von Dannecker (1832).

alterlichen Burgkapellen inspirierte neugotische Bau eines der bedeutendsten historistischen Fürstenmausoleen in Deutschland; den Kreuzgang aber degradiert er durch seine Unmaßstäblichkeit zur untergeordneten Wandelhalle. Überdies musste der Gruftkapelle u. a. das spätromanische Brunnenhaus weichen, das den Endpunkt der unter Abt Peringer II. angelegten Wasserleitung darstellte.

Man betritt das zweigeschossige Mausoleum vom Westflügel aus. Während seitliche Stiegen in die Fürstengruft hinabführen, bildet eine flach ansteigende Treppe den Zugang zur Kapelle. Der düstere dreischiffige Hallenraum, dessen Sternrippengewölbe auf schlanken Marmorsäulen ruht, öffnet sich im Osten zu einem lichtdurchfluteten eingezogenen Chor. Darin erscheint über dem schlichten Altar die auf einer drehbaren Basis aufgestellte Christusfigur des Stuttgarter Bildhauers Johann Heinrich von Dannecker. Die theatralische Inszenierung der 1832 vollendeten Marmorstatue, deren Gestik die Sockelinschrift „durch mich zum Vater" illustriert, erklärt sich daraus, dass die Figur – ihre Erstfassung war 1824 an den russischen Zarenhof gegangen – in den Augen der deutschen Romantiker den gelungenen Versuch darstellte, an die mittelalterliche Blüte der christlichen Skulptur anzuknüpfen.

Die 1836 bis 1840 von Franz Josef Sauterleute ausgeführten Glasmalereien der seitlichen Fenster vervollständigen den angestrebten Raumeindruck im Sinne der Gotik.

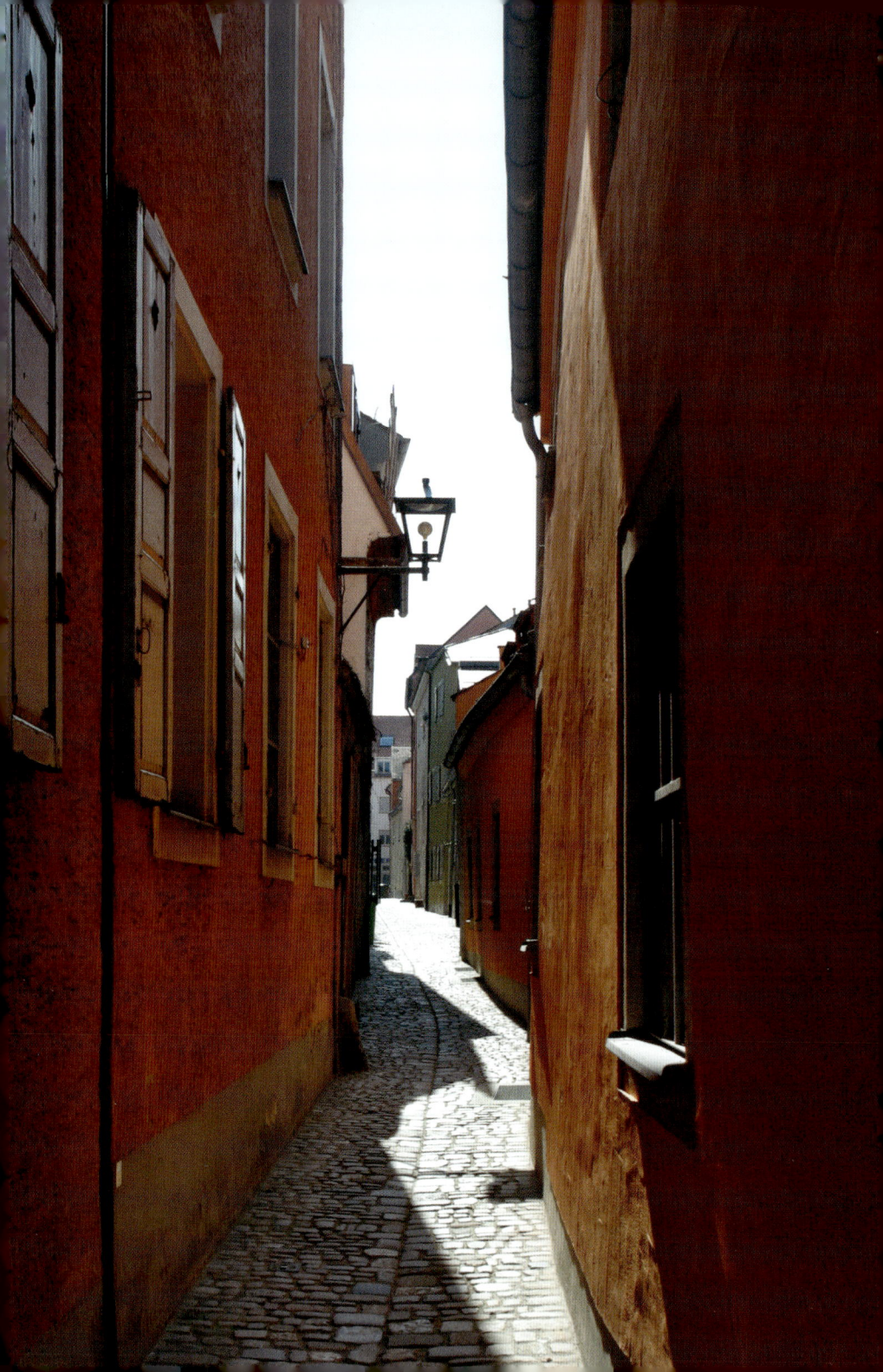

Die Westnerwacht

Nachdem Herzog Arnulf um 920 das Viertel der Kaufleute und das Klosterareal von St. Emmeram in den Regensburger Befestigungsring miteinbeziehen hatte lassen, verlief die westliche Stadtgrenze dort, wo noch heute Weißgerbergraben, Arnulfs- und Bismarckplatz eine Zäsur im urbanen Gefüge erkennen lassen. Schon im 11. Jahrhundert aber dehnte sich die Besiedlung über diese Grenze hinweg aus und reichte von der Brunnleite an der Donau nach Süden bis zu dem um 1100 gegründeten Benediktinerkloster St. Jakob. Um die Mitte des 12. Jahrhunderts schien es daher an der Zeit, diese Vorstadt mit ihrem repräsentativen und wehrhaften Baubestand ebenfalls zu befestigen. Die damals errichtete Verteidigungsanlage, eine Bruchsteinmauer mit zwei vorgelagerten Gräben, hat keine sichtbaren Spuren im Stadtbild hinterlassen; sie konnte lediglich archäologisch im Bereich zwischen Rote-Löwen-Straße und Fidelgasse nachgewiesen werden. Überdies trug sie der rasanten Entwicklung, welche die Stadt entlang der Lederergasse, der damaligen Ausfallstraße in Richtung Nürnberg, rasch anwachsen ließ, nicht wirklich Rechnung, so dass die Befestigung bald abermals nach Westen erweitert werden musste. Spätestens bis 1233 war der Bereich bis zum damals gegründeten Dominikanerinnenkloster durch eine doppelte Mauer geschützt. 1284 schließlich begann die Eingliederung der gesamten Westvorstadt als sog. Westnerwacht in den städtischen Mauerring. Die einstige Vorstadt wurde damit zu einem innerstädtischen Wachtbezirk mit eigenem Wachtmeister. Die vollständige Ummauerung, die für die Reichsstadt einen finanziellen Kraftakt darstellte, erreichte 1293 mit dem Bau des Prebrunntores ihren westlichsten Punkt und fand im frühen 14. Jahrhundert mit dem Bau der donauseitigen Mauer ihren Abschluss. Damit hatte die mittelalterliche Befestigung Regensburgs auch im Westen jene Ausdehnung erreicht, die noch heute durch den Verlauf des Grüngürtels klar im Stadtbild erkennbar ist. Dass man den noch weiter westlich gelegenen Vorort Prebrunn, der als Töpfersiedlung wirtschaftlich bedeutsam war, nicht mit in den Mauerring einbezog, hatte politische Gründe, denn dort übte seit 1181 der Herzog von Bayern die landesherrlichen Rechte aus.

Die Siedlungsstruktur der Westnerwacht war bis ins 19. Jahrhundert sehr heterogen: In dem der Innenstadt zugewandten Bereich

Blick durch die Fidelgasse
in der Westnerwacht

sowie entlang der Wollwirker- und insbesondere der Lederergasse herrschte eine dichte Bebauung mit zum Teil stattlichen Handwerkerhäusern vor, während in den übrigen Bereichen der Anteil an Kleinhäusern sowie an privaten und kirchlichen Gärten hoch war. Im Mittelalter wies das Viertel eine hohe Konzentration an metall- und lederverarbeitenden Gewerbebetrieben auf. Die Gerber waren aufgrund der von ihnen verursachten Geruchsbelästigung lange Zeit in der Stadt überhaupt nicht geduldet gewesen. Daher wanderten sie seit dem 10. Jahrhundert mit jeder Stadterweiterung weiter nach Westen, bis sie sich nach der letztmaligen Befestigung der westlichen Vorstadt im späten 13. Jahrhundert endlich innerhalb der Mauern niederlassen konnten. Auch die Wollweber und Wollwirker waren im Spätmittelalter überwiegend in der Westnerwacht tätig. Relativ hoch war ferner der Anteil der Bierbrauer. Dazu kamen verschiedenste Kleinhandwerker, nicht wenige Taglöhner, ein paar Stadtbauern und, nicht zu vergessen, drei Ordenshäuser.

Ein schwerer Schlag für die wirtschaftliche Entwicklung der Westnerwacht war die im ausgehenden 15. Jahrhundert vollzogene Verlegung des Handelsweges nach Nürnberg an das Nordufer der Donau. Die Lederergasse verlor damit ihre Bedeutung als überregionale Verkehrsader. Als dann im Dreißigjährigen Krieg das Prebrunntor mit einem Hornwerk verbaut und somit definitiv geschlossen wurde, gerieten die Gewerbetreibenden der Westnerwacht vollends ins Abseits. Die Ruhe des Quartiers mag den Regensburger Ratsherrn und Maler Albrecht Altdorfer veranlasst haben, hier 1532, sechs Jahre vor seinem Tod, ein Haus inmitten eines großen Gartens zu erwerben. Der Hauptmeister der sog. Donauschule begründete damit eine Tradition, die im 18. und frühen 19. Jahrhundert ihren Höhepunkt erlebte, als in der äußersten Westnerwacht einige Gartenpalais entstanden und punktuell großbürgerliches Leben in dieses Viertel der kleinen Leute brachten.

Zu einem wirklichen Strukturwandel aber führte erst die 1986 systematisch begonnene Sanierung des gesamten Quartiers. Sie machte die Westnerwacht zu einem bevorzugten Wohngebiet. Die Handwerker sind heute nahezu verschwunden.

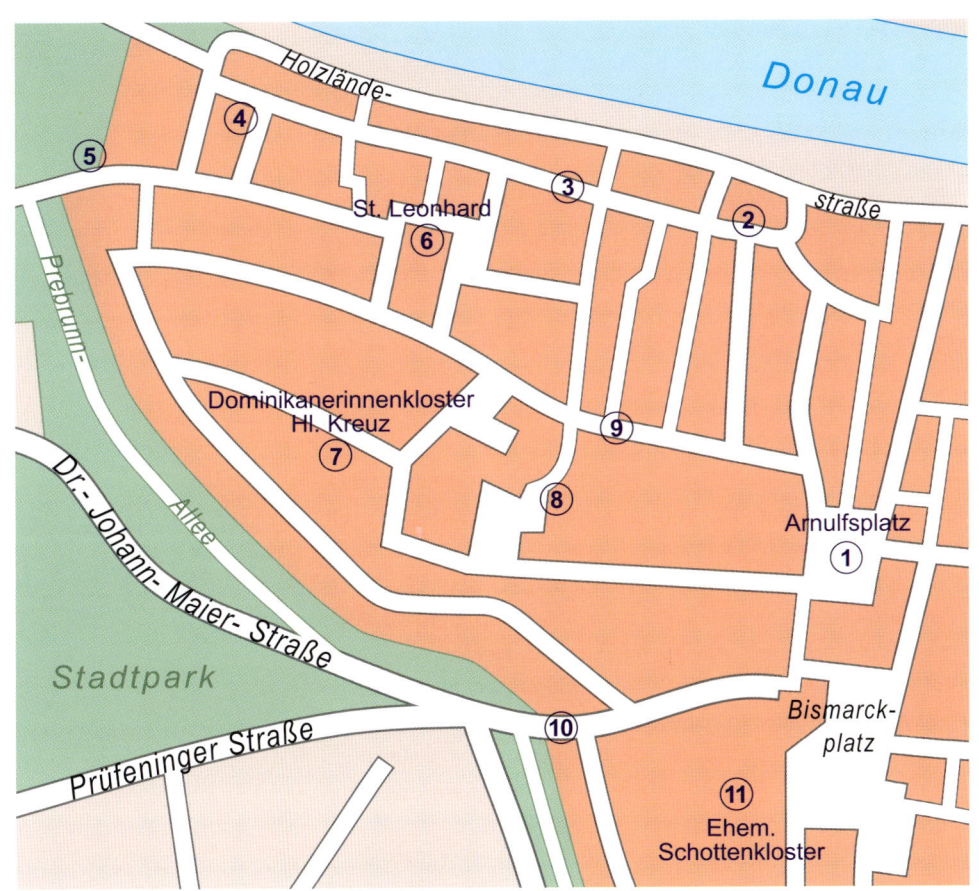

Arnulfsplatz

Der **Arnulfsplatz (1)**, schon zu römischer Zeit ein Verkehrs-knotenpunkt und Standort eines dem Feuergott Vulcanus geweihten Altars, ist auch für die Erkundung der mittelalter-lichen Westnerwacht der ideale historische Ausgangspunkt. Von ca. 920 bis 1830 erhob sich auf seiner Ostseite, an der Einmündung der Ludwigstraße, das sog. Ruozanburgtor, das Westtor der vom Bayernherzog Arnulf veranlassten Stadter-weiterung. Davor gabelten sich die Straßen nach Westen und

Südwesten, während der geradlinig nach Norden zur Donau führende Weißgerbergraben bis heute den Verlauf des arnulfinischen Stadtgrabens nachzeichnet. Genau genommen handelte es sich dabei um zwei parallel verlaufende Gräben mit einem dazwischen liegenden Wall.

Die Häuserzeilen auf der Westseite des Arnulfsplatzes und westlich des Weißgerbergrabens markierten vom 10. Jahrhundert an den Beginn der Vorstadt. Wenn heute – mit Ausnahme des behäbigen barocken Brauereigasthofs Kneitinger – historistische Fassaden die Westseite des Platzes dominieren, ist dieses Bild insofern trügerisch, als die Keller dieser Häuser mehrheitlich romanisch sind. So erhob sich etwa südlich des Gasthofs Kneitinger, auf der anderen Seite der Kreuzgasse, bis zu seinem Einsturz 1648 der romanische Arnulfsturm, und weiter nördlich, am Übergang in die Wollwirkergasse, sind noch heute die Mauerreste eines auf das 11. Jahrhundert zurückgehenden Gebäudes zu sehen. Diese frühen Steinbauten beweisen, dass diese westliche Regensburger Vorstadt nicht nur eine Siedlung armer Leute gewesen ist, sondern dass sich hier, zumal in dem der Stadt zugewandten Teil, auch durchaus wohlhabende Familien niedergelassen haben, die offenbar selbst für ihre Verteidigung sorgten. Im 13./14. Jahrhundert wurde dieses Areal *vor burgh* genannt – eine Bezeichnung, die im französischen Wort *faubourg* (= Vorstadt) lebendig geblieben ist.

Vom Arnulfsplatz führen außer dem Weißgerbergraben noch zwei weitere Straßen nach Norden: die Straße Zur Schönen Gelegenheit und die Rote-Löwen-Straße. Obwohl die erstgenannte für mittelalterliche Verhältnisse relativ breit ist und daher schlicht als *ampla strata* (1266) bzw. *weite strazze* (1325) bezeichnet wurde – die heutige Benennung geht auf die Zeit um 1700 zurück und leitet sich von einem Hausnamen ab –, war die schmale Rote-Löwen-Straße bis ins späte 15. Jahrhundert die wichtigere Verkehrsverbindung zur Donau und zur Ausfallstraße in Richtung Nürnberg. Aus dieser Zeit stammt

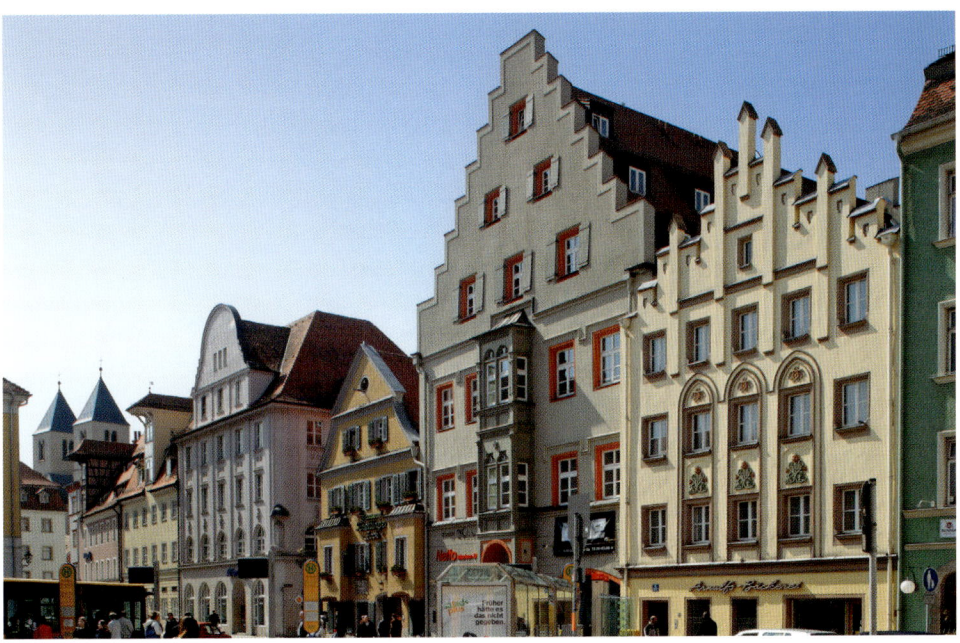

Die westliche Häuserfront
des Arnulfsplatzes. Hier begann
ab dem 10. Jh. die Vorstadt.
Ganz links die Türme des
Schottenklosters St. Jakob.

noch das den Straßenraum verengende Haus Rote-Löwen-Straße 1, dessen älteste Teile bis in Höhe des Erdgeschosses noch der Romanik angehören. Das Türgewände des hausinternen Zugangs zum Hauptkeller wurde aus römischen Quadern zugehauen. Die oberen Geschosse fielen im 14. Jahrhundert einem Brand zum Opfer. Das Holz der zum Wiederaufbau verwendeten Decken- und Dachbalken wurde, wie eine dendrochronologische Untersuchung ergab, 1354 geschlagen.

Von hier führt der Weg nach links, vorbei an dem im Kern romanischen Wohnhaus Weintingergasse 6 und barocken Speicherbauten, zur **Brunnleite (2)**. Dieser nahe der Donau gelegene Platz, an dem der Fluss einst eine Bucht bildete, wird erstmals 1007 schriftlich erwähnt, als Kaiser Heinrich II. zwei dort befindliche Höfe dem Bistum Bamberg schenkte. Diese beiden Anwesen, von denen heute jede Spur fehlt, wurden

zwischen 1125 und 1156 in die erste Ummauerung der Westvorstadt miteinbezogen. Ferner befand sich an der Brunnleite
ein dem hl. Matthäus geweihtes Kirchlein, das 1253 mehrfach
erwähnt wird, wahrscheinlich aber schon vor 1155 geweiht
wurde. Die Grundmauern dieses romanischen Baus stecken in
dem zur Donau hin orientierten Haus Nr. 4, also an einer im
Mittelalter verkehrsreichen Stelle zwischen der Lederergasse
(s.u.) und dem Donauufer mit der Holzlände, die von hier aus
nach Osten verlief. Die Bebauung dieses Uferstreifens, an dem
der Holzmarkt stattfand, geht auf das Spätmittelalter zurück.
Das Haus Holzländestraße 5 birgt in seinem rückwärtigen, im
14. Jahrhundert errichteten steinernen Kernbau ein jüdisches
Ritualbad aus dem späten 18. Jahrhundert.

Lederergasse

An der Brunnleite beginnt die **Lederergasse (3)**, die bis ins
späte 15. Jahrhundert die Hauptverbindung zwischen der Innenstadt und der Landstraße nach Nürnberg darstellte. Ihren
Namen hat sie von den sog. Lederern, den Rotgerbern, die aus
Rinderhäuten das härtere Leder für Schuhsohlen und derglei-
chen herstellten, während die Weißgerber Felle von Kälbern,
Ziegen, Schafen und anderen Tieren zu geschmeidigem Leder
verarbeiteten. 1251 taucht erstmals die Ortsbezeichnung *Unter den Lederern* auf, aber die Siedlungsspuren reichen bis ins
Frühmittelalter zurück. Nach der anfänglichen Bebauung des
Areals mit Holzhäusern entstanden ab dem Ende des 11. Jahrhunderts – verbunden mit der heute noch sichtbaren Parzellenstruktur – die ersten Steinhäuser.

Gleich das Anwesen Lederergasse 1 gibt ein authentisches
Bild von der frühen Steinbebauung des langen Straßenzugs.
Während der zur Brunnleite hin gelegene östliche Teil des Hauses
in der zweiten Hälfte des 13. Jahrhunderts bereits in gotischen
Formen errichtet wurde, stammt der westliche Kernbau noch
aus dem 12. Jahrhundert. Vom Keller bis ins erste Obergeschoss
verfügt er noch über romanische Tonnen- und Kreuzgratgewöl-

Das Anwesen Lederergasse 1, eines der ältesten Handwerkerhäuser der Straße. Vorne der Erweiterungsbau aus dem 13. Jh., dahinter der Kernbau aus dem 12. Jh.

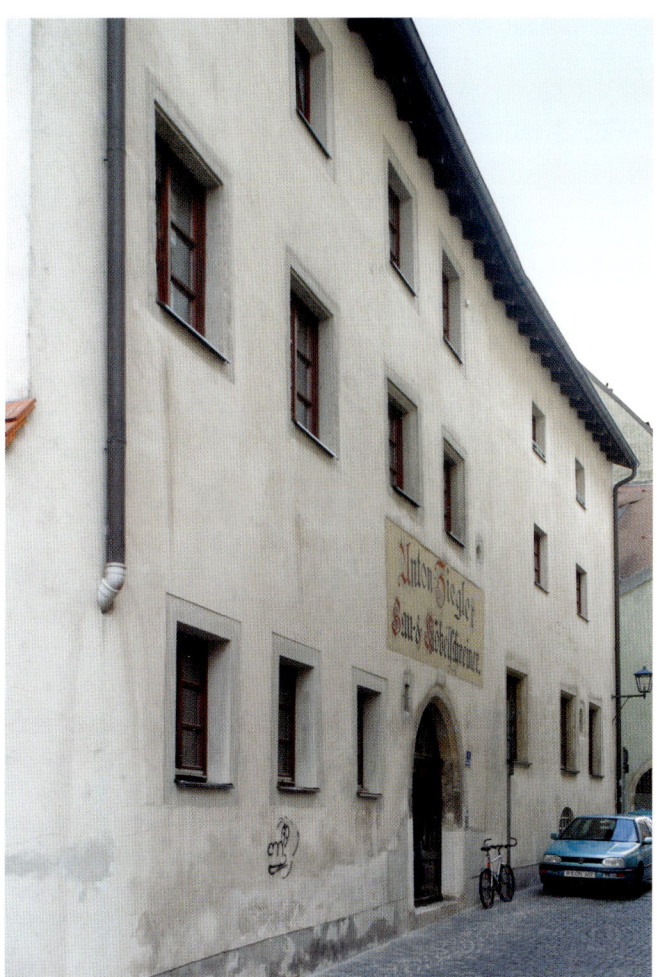

be. Ferner stieß man hier bei einer archäologischen Grabung auf Ofenanlagen aus der zweiten Hälfte des 13. Jahrhunderts, in denen die Gerber die Tierfelle erhitzten, um den Verwesungsprozess und damit die Lockerung der Haare zu beschleunigen.

Beim weiteren Weg durch die Lederergasse legen vielfach noch alte Aufzugsgiebel Zeugnis ab von der einstigen gewerb-

lichen Nutzung der Anwesen. Nahezu jedes Haus besitzt, ungeachtet späterer Umbauten, mittelalterliche Keller. Selbst der in
der Renaissance grundlegend veränderte ehem. Brauereigast-
hof Nr. 9 verfügt im südwestlichen Bereich noch über einen
zweigeschossigen Kernbau aus dem 12. Jahrhundert. Auch das
ebenfalls in der Renaissance umgebaute ehem. Braueranwesen
Nr. 25 ist aus einem südöstlich gelegenen Kernbau des 12. Jahrhunderts, von dem nur der gemauerte Keller erhalten ist, und
einem westlich davon in der zweiten Hälfte des 13. Jahrhunderts errichteten viergeschossigen, unterkellerten Turmbau
hervorgegangen. Diese Beispiele zeigen, dass sich die zum Teil
offenbar recht wohlhabenden mittelalterlichen Bewohner der
Westvorstadt bei der Bebauung ihrer Grundstücke durchaus an
der innerstädtischen Bürgerhausarchitektur orientierten.

Herrenplatz

Am Ende der Ledergasse öffnet sich der **Herrenplatz (4)**, der
dank seines Baumbestandes zwar idyllisch, wegen seines regel-
mäßigen, weiten Grundrisses aber zugleich auch etwas fremd
in seiner kleinteiligen vorstädtischen Umgebung wirkt. In der
Tat handelt es sich um keinen „gewachsenen" Platz. Seine
Fläche war bis ins späte 15. Jahrhundert ebenso bebaut wie die
umliegenden Gassen.

Nachdem sich die Reichsstadt 1486 aus wirtschaftlichen
Gründen dem bayerischen Herzog Albrecht IV. unterworfen
hatte, ließ dieser 1489 mit dem Bau eines Schlosses beginnen.
Neben dem alten Herzogshof im Stadtzentrum (vgl. S. 64ff.)
sollte nun eine neue wittelsbachische Residenz entstehen. Eine
Reihe von Gebäuden am westlichen Ende der Lederergasse und
ihrer südlichen Parallele, der Gerbergasse, wurden abgerissen,
um Platz für den Neubau zu schaffen. Dieser war jedoch noch
lange nicht vollendet, als der Herzog unter kaiserlichem Druck
Regensburg 1499 wieder als Freie Reichsstadt anerkennen
musste. So kam es, dass damals in den bereits fertiggestellten
Schlossteil anstelle des Herzogs ein Vertreter des Kaisers ein-

Blick von der Holzlände auf das Anwesen Herrenplatz 2. Dessen Kern bildet ein Stadtmauerturm von 1320.

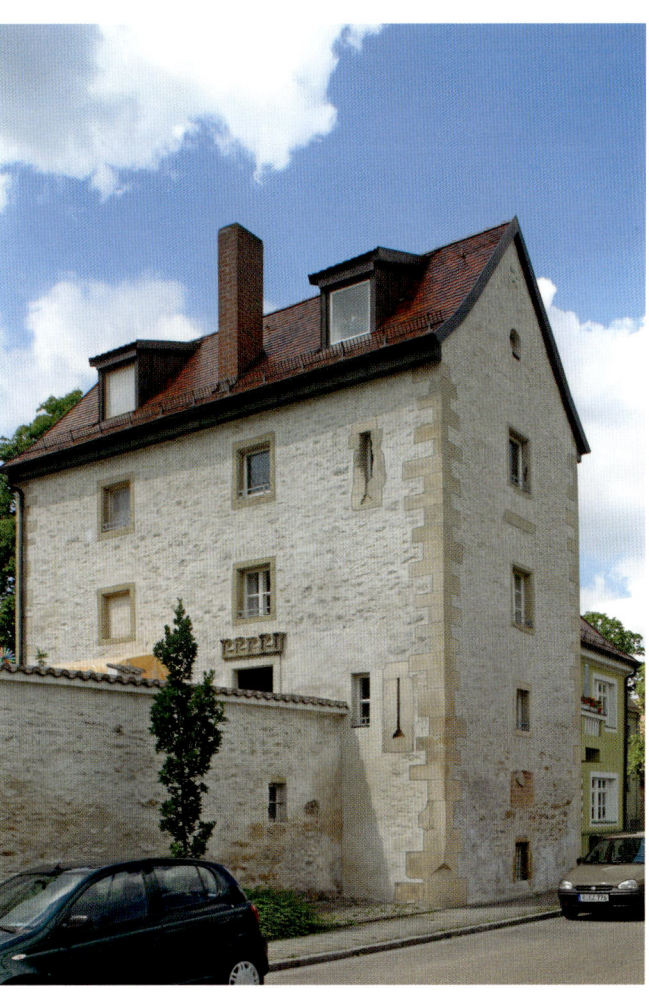

zog. Als dieser Reichshauptmann 1510 auszog, setzte der Verfall der unvollendeten Residenz ein.

Die Abbruchmaßnahmen des 15. Jahrhunderts überdauert hat das an der Nordseite des Platzes befindliche Anwesen Herrenplatz 2. Sein Kernstück bildet ein 1320 errichteter Stadtmauerturm. Eine lateinische Inschrift an der Nordseite erinnert

an das damals entlang der Donau begonnene letzte Teilstück
der Ummauerung der Westnerwacht. Auf dem gotischen
Wappenschild befand sich, inzwischen völlig abgewittert, eine
der frühesten Darstellungen der gekreuzten Regensburger
Stadtschlüssel. Der Turm dürfte, wie auch andere Stadtmauer-
türme in diesem Bereich, bereits früh zu Wohnzwecken genutzt
worden sein. Im 15. Jahrhundert hat man ihn nach Süden erweitert, so dass er heute wie ein etwas hoch geratenes Wohnhaus wirkt.

Im Südwesten des Platzes erinnert eine markante turmartige
Überhöhung der seit den 1990er Jahren dort befindlichen Wohnbebauung an einen früher dort stehenden Turm, bei dem es sich
sehr wahrscheinlich um ein Relikt des von Herzog Albrecht erbauten Schlosses handelte. Dieser spätgotische Turm war durch
Aufstockung eines romanischen Hausturms des 12. Jahrhunderts
entstanden, dessen Reste noch im Keller- und Erdgeschossbereich des heutigen Baus erhalten sind. Vor Errichtung des nördlichen Hausteils (Herrenplatz 4) stieß man bei archäologischen
Untersuchungen auf die gleiche Art romanischer Heizkammern,
wie sie auch im Anwesen Ledergasse 1 nachgewiesen und
dem Gerberhandwerk zugeordnet wurden.

Südwestlich des Herrenplatzes schließt das Areal Am Singrün
an, dessen seit dem Spätmittelalter belegter Name wohl daran
erinnert, dass hier einst das Singrün, eine immergrüne Pflanze,
gedieh. Hier, im äußersten Zipfel der Westnerwacht, hat zu
Beginn des 19. Jahrhunderts der Geist des Klassizismus Einzug gehalten. Im Zwingerbereich der Stadtmauer, nahe dem
einstigen „Prebrunner Türl", entstanden nach Plänen des
Dalberg'schen Stadtbaumeisters Emanuel von Herigoyen
1804 ein Gartenpalais sowie eine Porzellanfabrik. Beide Gebäude veranschaulichen noch heute die allmähliche architektonische und gärtnerische Überwindung der Stadtmauern, die
sich ab dem späten 18. Jahrhundert im Süden und Westen
Regensburgs vollzog.

Das als **Württembergisches Palais (5, 🏛)** bekannte und heute als städtisches Naturkundemuseum genutzte Gartenpalais wurde nach Abbruch eines Stadtmauerturms 1804–06 nach Plänen von Emanuel von Herigoyen für den Thurn und Taxis'schen Hofrat Georg Friedrich von Müller erbaut. Nach dessen Tod gelangte es an Prinzessin Sophie von Thurn und Taxis, die Gemahlin Herzog Pauls von Württemberg. Charakteristisch für den Regensburger Klassizismus sind die an Süd- und Westfassade angebrachten figürlichen Relieffriese, sehr wahrscheinlich Werke des Bildhauers Christoph Ittlsberger. Im Inneren des Palais sind interessante Teile der klassizistischen Ausstattung, darunter eine frei schwingende Wendeltreppe, erhalten.

Das sog. Württembergische Palais (1804–06) zeugt von der architektonischen und gärtnerischen Überwindung der mittelalterlichen Stadtbefestigung am Beginn des 19. Jhs.

Auf dem Rückweg ins Innere der Westnerwacht erhebt sich rechts zunächst der palaisartige, 1908 leider veränderte Bau der erwähnten klassizistischen Porzellanfabrik (Am Singrün 1). Auf

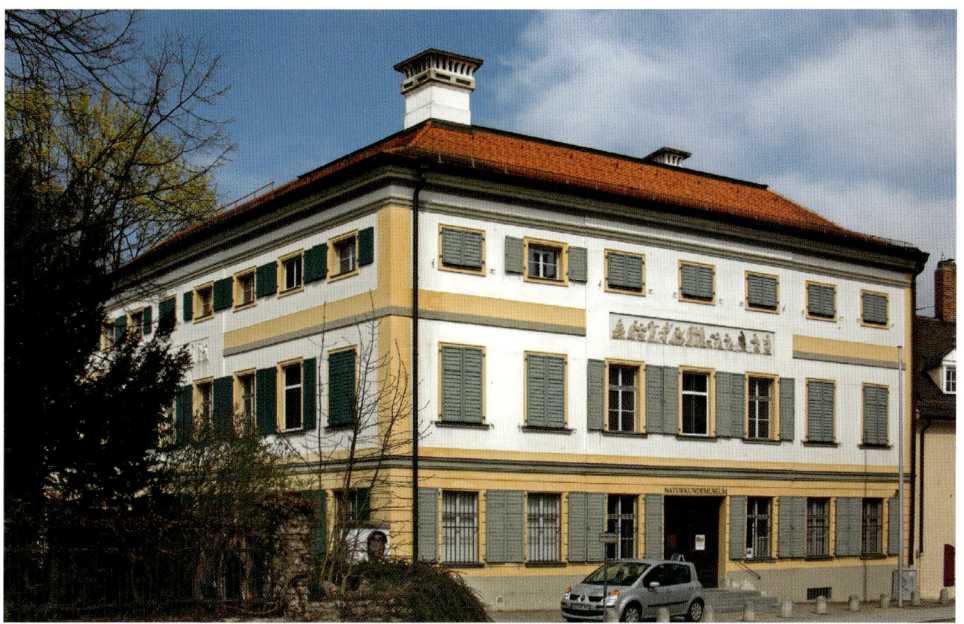

der Südseite des Herrenplatzes folgt der, aus einem barocken Gartenpalais hervorgegangene, weitläufige Komplex des Bürgerstiftes St. Michael. Am Eingang zur Gerbergasse, deren Name wieder an die mittelalterliche Handwerkertradition des Quartiers erinnert, entstand 2001 nach Plänen von Manfred Blasch ein turmartiges Wohnhaus als jüngster Beitrag zur reichen Baugeschichte der Westnerwacht.

St. Leonhard

Die Gerbergasse läuft auf die ehem. Johanniterordenskirche **St. Leonhard (6)** zu, eine überaus bemerkenswerte romanische Anlage aus der Zeit um 1130/50. Von unbekannten Auftraggebern in der damals noch nicht ummauerten Vorstadt errichtet, scheint für diesen frühen dreischiffigen Hallenbau die 1110 geweihte Kirche des südlich der Stadt gelegenen ehem. Benediktinerklosters Prüll als Anregung gedient zu haben. Erst ein Jahrhundert später, zwischen 1264 und 1276, kam St. Leonhard in den Besitz des Johanniterordens, der sich als Ritterorden ursprünglich besonders dem Schutz der Pilger ins Heilige Land annahm. Die Regensburger Kommende (Niederlassung) des Ordens hatte bereits im Mittelalter wirtschaftliche und dann zunehmend auch personelle Probleme. Nach einer vorübergehenden Nutzung der Kirche für evangelische Gottesdienste in der zweiten Hälfte des 16. Jahrhunderts und nach Verwüstungen im Dreißigjährigen Krieg fristete die Kommende bis zu ihrer Auflösung 1810 ein höchst bescheidenes Dasein. Ein Hauch von Pracht zog in die Kirche erst wieder ein, als die Verlegerfamilie Pustet von 1883 bis 1895 eine umfangreiche „Restauration" durchführen ließ. Deren künstlerischer Leiter war der Regensburger Domvikar Georg Dengler, der als Kunstbeauftragter der Diözese im letzten Viertel des 19. Jahrhunderts zahlreiche Kirchen des Bistums in mittelalterlicher Manier überarbeitete und ausstattete. St. Leonhard ist daher sowohl ein bedeutendes Zeugnis originaler romanischer Architektur als auch ein Beispiel neuromanischer Sakralkunst.

Ehem. Johanniterordenskirche St. Leonhard. Hinter der neuromanischen Fassade verbirgt sich ein wertvoller Hallenbau des 12. Jhs.

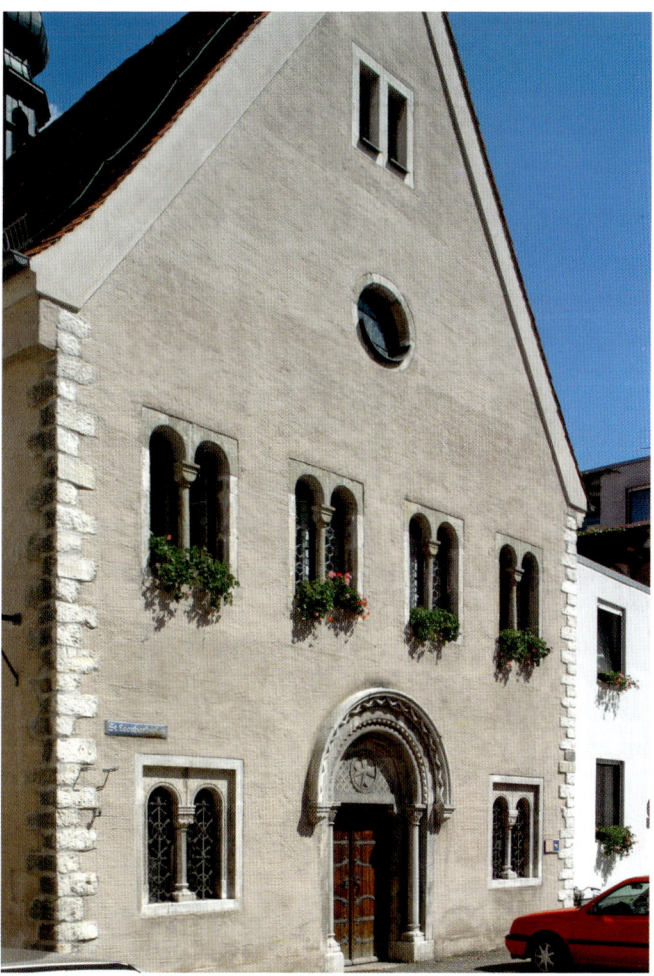

Die Westfassade wurde von Dengler entworfen. Mit der Fensterreihe im Obergeschoss und dem steilen Giebel wirkt sie nahezu wie die Front eines Bürgerhauses; lediglich das Rundbogenportal mit dem Malteserkreuz im Tympanon verweist auf den sakralen Charakter des Gebäudes und seine frühere Nutzung durch den Ritterorden. Die beiden Biforien des Erdgeschosses besitzen originale Mittelsäulen aus dem 12. Jahrhundert. Eine solche Verwendung von Spolien – sie stammen aus dem Kreuzgang des ehem. Schottenklosters St. Jakob (S. 191) – ist für die „Restaurierungen" Denglers charakteristisch.

Betritt man die Kirche durch das Westportal, gelangt man zunächst in die niedere Vorhalle, die sich durch die Erweiterung der romanischen Empore nach Westen ergeben hat. Anlass hierfür war die 1886 erfolgte Einrichtung des von Nonnen betreuten Kinderheims St. Leonhard. Dagegen beeindruckt der dreischiffige romanische Hallenraum mit seinen Kreuzgratgewölben durch seine Höhe. Diese Raumwirkung war früher noch ausgeprägter, da der Fußboden einst tiefer lag. Seit dem Einbau des Terrazzobodens unter Dengler sind die Basen der gemauerten Rundpfeiler und Wandpfeiler nicht mehr sichtbar. Diese Beeinträchtigung des ursprünglichen Raumerlebnisses wird dadurch kaum wettgemacht, dass der Terrazzoboden mit seinen eingearbeiteten figürlichen Mosaiken und lateinischen Inschriften ein bedeutendes Zeugnis neuromanischer Kirchenausstattung ist. Diese wurde ergänzt durch einen Altaraufsatz, der das spätkarolingische Arnulfsziborium imitiert, einen über dem Mittelschiff aufgehängten Radleuchter und nicht zuletzt durch eine (1970 zerstörte) Ausmalung.

Die weitaus größten Schätze von St. Leonhard aber sind die beiden gotischen Seitenaltäre. Beim nördlichen handelt es sich um ein vollständig gemaltes Flügelretabel, das ein ober- oder mittelrheinisch geschulter Maler um 1430 geschaffen hat. Auf dem Mittelteil des Triptychons ist der Kalvarienberg dargestellt, auf den Flügeln links und rechts je zwei Passionsszenen. Die Außenseiten der Flügel zeigen die Verkündigung, die Geburt Jesu, die Anbetung durch die Könige und die Darbringung im Tempel. – Beim südlichen Seitenaltar, dem ehem. Hochaltar, handelt es sich um ein 1505 datiertes, wohl in Regensburg entstandenes Retabel, das in seinem Schrein eine Holzfigur der Madonna birgt. Die vier Reliefs auf den Innenseiten der Flügel zeigen Szenen aus dem Marienleben. Die Außenseiten der Flügel sind mit Darstellungen des Schmerzensmannes und der Schmerzensmutter, flankiert von den hll. Johannes d.T. und Leonhard, bemalt. Die vier Figuren stehen auf illusionistischen Sockeln und sollen offenbar wie Skulpturen wirken.

Von St. Leonhard führt der Weg südwärts durch die St.-Leonhards-Gasse und dann nach Osten in die Weitoldstraße. An dieser fällt links der eigenwillige, mit einem fünfgeschossigen Turm versehene Barockbau der Gaststätte *Malteser* ins Auge, während sich rechts der langgestreckte Platz Am Judenstein öffnet. Seinen Namen hat er von einem jüdischen Grabstein aus dem Jahr 1374, der 1519, im Jahr der Vertreibung der Juden aus Regensburg, hierher gebracht wurde. Der Stein befindet sich heute an der Nordostecke des den Platz dominierenden Schulhauses, das im Jahre 1870 errichtet wurde. Durch seine Monumentalität sprengt der im Rundbogenstil gehaltene Bau die Maßstäbe der Umgebung; zudem sind ihm zunächst der Garten und dann, im Zuge einer Erweiterung 1909, auch das Sommerhaus Albrecht Altdorfers zum Opfer gefallen.

Auf der Westseite des Platzes erhebt sich mit der 1926 geplanten und ab 1928 errichteten Pfarrkirche Herz Jesu ebenfalls ein monumentaler Baukörper, der aber trotz seiner Dimensionen weitaus besser in die kleinteilige Umgebung eingefügt ist. Vor allem im dreischiffigen Inneren ist die Absicht des Architekten, des Fürstlich Thurn und Taxis'schen Oberbaurats Carl Schad, erkennbar, Gestaltungsprinzipien der Neuen Sachlichkeit mit der mittelalterlichen Tradition des Ortes zu verschmelzen. Die Steinreliefs an den Altären sowie die Terrakottafiguren über den Arkaden des Mittelschiffs schuf die Bildhauerin Margarethe von Thurn und Taxis auf eigene Kosten.

Kloster Hl. Kreuz

Südöstlich des Platzes Am Judenstein liegt das **Dominikanerinnenkloster Hl. Kreuz (7)**. Hervorgegangen ist es aus einer Gemeinschaft frommer Frauen, die nach der Regel des

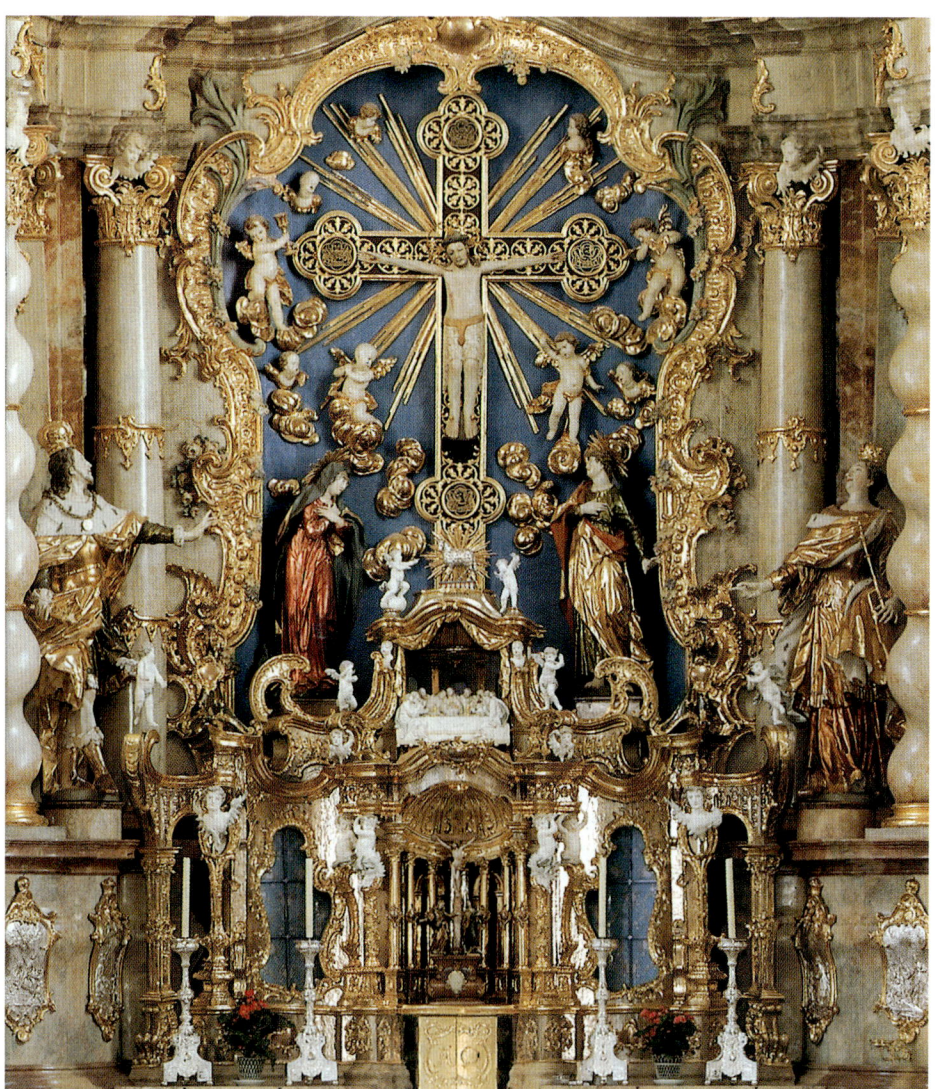

hl. Augustinus und jenen Vorschriften, die der hl. Dominikus 1220 den Nonnen von St. Sixtus in Rom erteilt hatte, in klösterlicher Gemeinschaft leben wollten. Regensburger Bürger

Der Hochaltar des Dominikanerinnenklosters mit dem spätromanischen Kreuz aus der Gründungszeit

schenkten ihnen dazu 1233 den Baugrund. Aus der dafür ausgestellten Urkunde geht hervor, dass die landseitige Ummauerung der Westnerwacht damals bereits bis in die Höhe dieses Grundstücks reichte. Dank eines raschen Aufschwungs, der das ganze 13. und 14. Jahrhundert anhielt, konnte bereits 1244 die Kirche geweiht werden. Abgesehen von einem Brand, dem 1547 einige Gebäude aus der Frühzeit des Klosters zum Opfer fielen, brachte erst die Barockzeit größere bauliche Veränderungen. Der Säkularisation entgingen die Nonnen, indem sie sich, ungeachtet der kontemplativen Ausrichtung ihres Ordens, 1803 zum Schulunterricht der katholischen Mädchen der Unteren (d. h. westlichen) Stadt verpflichteten. So ist Hl. Kreuz heute das älteste noch bestehende Kloster der Dominikanerinnen in Deutschland.

Da die im Nordosten des Klosterareals liegende Kirche keine wirkliche Schaufassade ausbildet, fällt zunächst mehr der moderne Übergang auf, der den straßenartigen Nonnenplatz überbrückt und eine Verbindung zum Schulgebäude herstellt. Den Nonnen ist es dadurch möglich, Unterricht zu halten ohne die Klausur zu verlassen. Die Außenmauern der Kirche und des unmittelbar westlich angefügten Kapitelsaales entsprechen noch dem 1244 geweihten Gründungsbau. Dieser wurde allerdings von 1742 bis 1751 barock überformt. So zeichnet sich die in der Straßenflucht liegende Nordfassade durch geschweifte Rundbogenfenster und ein unter dem Mittelfenster liegendes, über eine zweiläufige Treppe zugängliches Portal aus, dessen Verdachung eine Statue der hl. Helena mit dem Kreuz trägt.

Das ursprünglich mit einer flachen Holzdecke versehene einschiffige Kircheninnere hat im 18. Jahrhundert sein frühgotisches Aussehen restlos eingebüßt und präsentiert sich seitdem als hochwertiger Rokokoraum mit gerundeten Ecken. Auch der außen dreiseitige Chorschluss ist innen gerundet. An der Ausstattung arbeiteten die Oberpfälzer Stuckatorenfamilie Modler, der Regensburger Bildhauer Simon Sorg und der Maler Otto Gebhard aus dem nahen Prüfening. Aus der Gründungszeit des

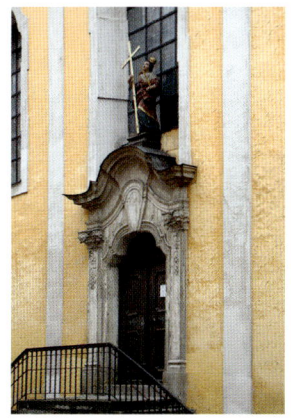

Dominikanerinnenkloster Hl. Kreuz, Kirchenportal (um 1755)

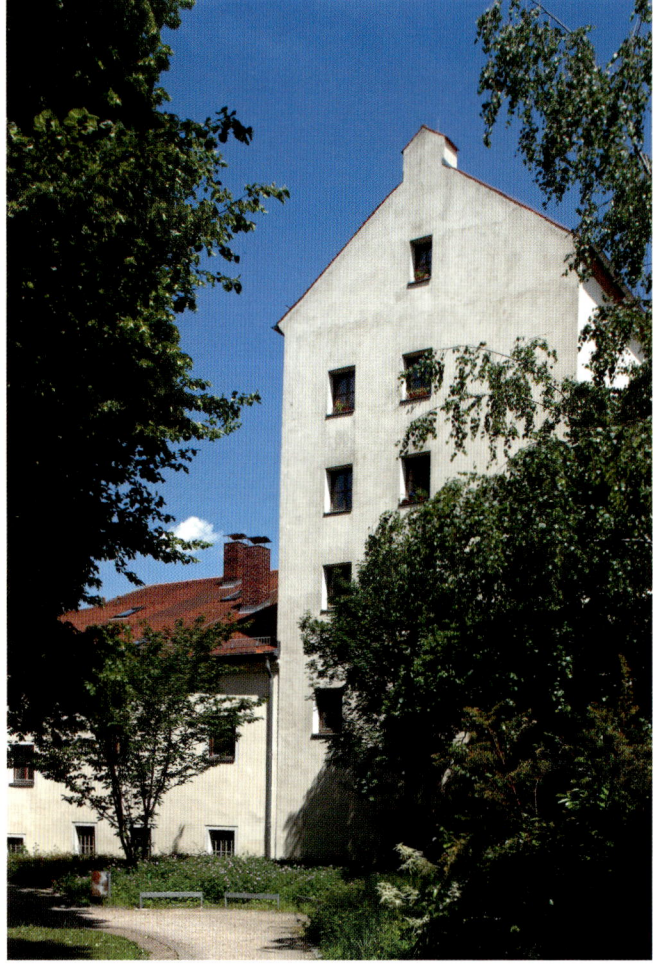

Der im Kern noch romanische
Ehscheiderturm

Klosters stammt lediglich noch das spätromanische Kruzifix auf
dem Hochaltar. Es steht gleichsam stellvertretend für das der
Legende nach von Helena, der Mutter Kaiser Konstantins, auf-
gefundene Kreuz Christi, dem die Kirche geweiht ist. Seine Verehrung, insbesondere durch den Dominikanerorden, bildet das
Thema des großen Freskos über dem Langhaus.

In der nach dem Kloster benannten Kreuzgasse liegt, etwas im Schatten der Herz-Jesu-Kirche, der sog. **Ehscheiderturm (8)**, einer der interessantesten mittelalterlichen Profanbauten der Westnerwacht. Seiner Bezeichnung nach zu schließen, handelt es sich dabei um den Sitz eines Flurwächters und Richters bei Grundstücksstreitigkeiten. Keller und Teile des Erdgeschosses gehen auf das 12. Jahrhundert zurück, die Erdgeschossgewölbe und das erste Obergeschoss stammen aus der Zeit um 1230/40. Die übrigen Geschosse wurden vom 16. Jahrhundert bis 1825 immer wieder verändert. Auch die beiden nördlichen Anbauten, der Wohntrakt und ein ehem. Lagerhaus, verfügen trotz neuzeitlicher Ausbauten noch über bemerkenswerte mittelalterliche Substanz.

Wollwirkergasse

Durch den Engpass zwischen Ehscheiderturm und Chor der Herz-Jesu-Kirche gelangt man in die **Wollwirkergasse (9)**,

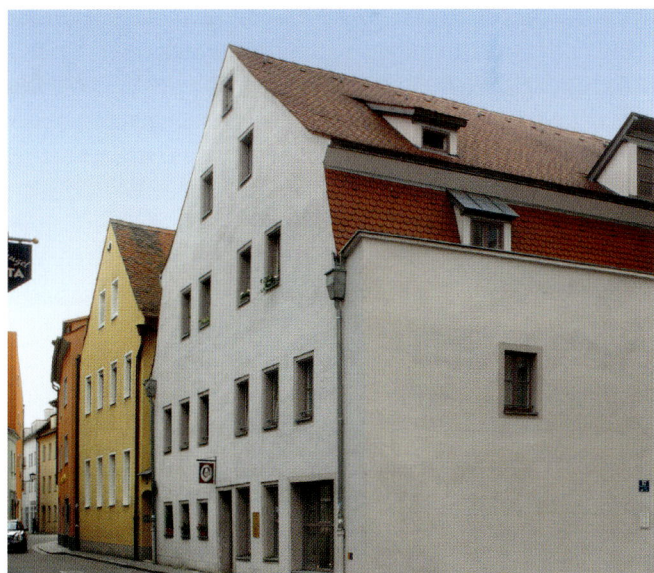

Haus Wollwirkergasse 17. Hinter dem barocken Erscheinungsbild verbirgt sich ein Kernbau des 14. Jhs.

die in östlicher Richtung zurück zum Arnulfsplatz führt. Sie war im Mittelalter neben der Lederergasse die zweitwichtigste Verkehrsader der Westnerwacht. Gleich das erste Haus rechts (Nr. 19), ein banaler Bau von 1954, erinnert durch seine von der Baulinie zurückgesetzte Lage an die Stadtplanung der 1950er Jahre, als die Wollwirkergasse verbreitert werden sollte, um einen besseren Verkehrsfluss zu ermöglichen. Glücklicherweise scheiterte das Projekt, und es ist bei diesem einen Abbruch geblieben. Umso schmerzhafter aber ist, dass ihm eines der repräsentativsten mittelalterlichen Handwerkerhäuser des Viertels zum Opfer gefallen ist. Das im Kern aus der Zeit um 1200 stammende Gebäude war zur Gasse hin mit einem spätgotischen Kastenerker versehen.

Aufwendigen Fassadenschmuck erhielt um die Mitte des 15. Jahrhunderts auch das Nachbarhaus (Nr. 17). Das auf das 14. Jahrhundert zurückgehende Gebäude, das heute durch ein barockes Mansarddach geprägt ist, besaß ursprünglich über dem ersten Obergeschoss der westlichen Fassadenhälfte ein Pultdach, das an den höheren Ostteil anschloss. Der Giebel über dem Westteil war mit figürlichen Malereien von hoher Qualität verziert. Es handelte sich dabei um eine etwas seltsame Kombination der damals beliebten Legende von der Jungfrau mit dem Einhorn mit einer profanen Geschäftsszene, die wahrscheinlich auf den in dem Haus betriebenen Tuchhandel Bezug nahm. Die Malereien wurden nach ihrer Entdeckung und Untersuchung im Jahre 1997 aus konservatorischen Gründen wieder unter einer schützenden Putzschicht verborgen.

Die Fassade des Hauses Nr. 5 erhebt sich über einer römischen Mauer, während wenige Meter weiter südlich eine römische Straße nachgewiesen werden konnte. Von der Dichte römischer Funde in diesem Bereich der einstigen Lagervorstadt kann man sich ein Bild machen in dem archäologischen Schauraum, der im ehem. Velodrom (Arnulfsplatz 4b; 🏛) eingerichtet wurde.

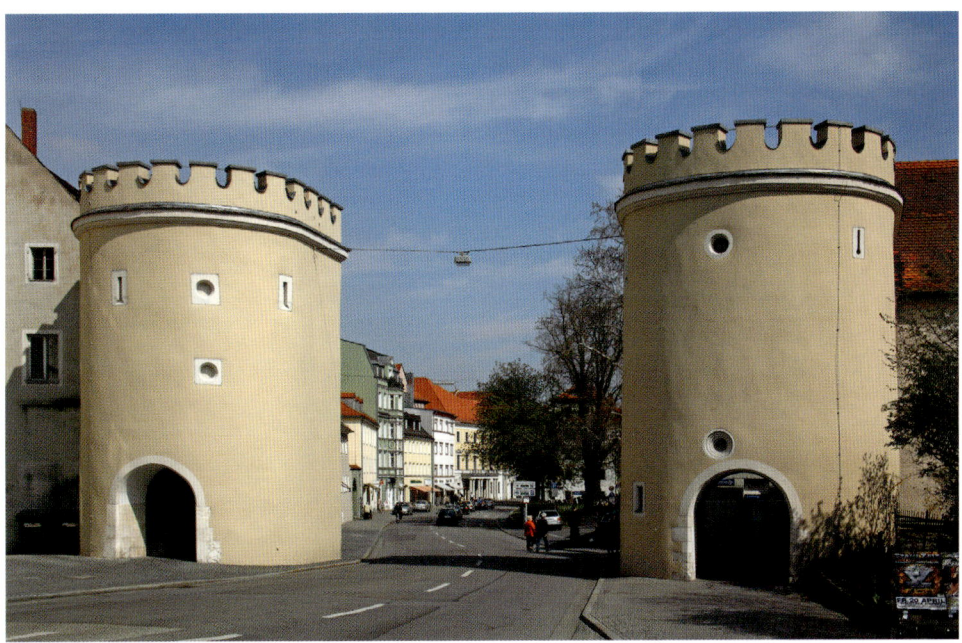

Das sog. Jakobstor. Eigentlich handelt es sich nur um die Flankentürme, die dem im 19. Jh. abgebrochenen Torturm landseitig vorgelagert waren.

In die moderne Bebauung, die den Übergang der Wollwirkergasse in den Arnulfsplatz markiert, ist eine romanische Mauer mit im Fischgrätmuster gesetzten Steinen miteinbezogen. Diese Technik, die auf das römische *opus spicatum* zurückgeht, wurde in Regensburg vom 12. bis ins 14. Jahrhundert für Nebengebäude verwendet. Auch hier, beim Haus Wollwirkergasse 1, handelte es sich ursprünglich um einen Stadel. Zusammen mit dem im 11./12. Jahrhundert errichteten Nachbargebäude Arnulfsplatz 8 bildet er seit seiner Entkernung 1976 und einem Teilabbruch 1992 ein trauriges Relikt früher nachantiker Profanarchitektur in der Westvorstadt.

Vom Arnulfsplatz erreicht man über die kurze Neuhausstraße die nach Südwesten führende Jakobstraße. An ihrem Ende erhob sich vom späten 13. Jahrhundert bis zu seinem weitgehenden Abbruch ab 1812 das **Jakobstor (10)**, das neben dem wichtigeren Prebrunntor den zweiten Zugang zur Stadt von Westen her ermöglichte. Heute sind lediglich noch die beiden Flankentürme des Vorwerks erhalten. Der gotische Torturm stand etwa in Höhe der Einmündung des Stahlzwingerwegs in die Jakobstraße.

Ehem. Schottenkloster

Der südlich der Jakobstraße gelegene Teil der Westnerwacht wird fast völlig vom Areal der ehem. **Benediktinerabtei St. Jakob (11)** eingenommen. Das Kloster entstand gegen 1100, nachdem der Regensburger Burggraf und 16 reiche Bürger einer bereits seit etwa drei Jahrzehnten in der Stadt anwesenden und kontinuierlich anwachsenden Gemeinschaft irischer Mönche den Grund für die Errichtung der erforderlichen Gebäude geschenkt hatten. Im Jahre 1111 konnte die erste Kirche geweiht werden, ein Jahr später stellte Kaiser Heinrich IV. die Abtei unter den Schutz des Königs. Ein außerordentlicher Aufschwung war die Folge, so dass vom Regensburger Kloster aus bis 1170 Filialen in Würzburg, Erfurt, Nürnberg, Konstanz, Wien, Eichstätt und Memmingen gegründet werden konnten. Als 1514 interne Querelen die Auflösung der Abtei heraufbeschworen, gelang es zwei in Rom lebenden schottischen Geistlichen, gegenüber Papst Leo X. den Anspruch ihrer Nation auf St. Jakob geltend zu machen. Dies war möglich, da in den lateinischen mittelalterlichen Quellen Iren wie Schotten als *scoti* bezeichnet wurden. Das nunmehrige Schottenkloster durchlebte eine überaus wechselvolle Geschichte und konnte sich, zum britischen Eigentum erklärt, im 19. Jahrhundert sogar der Säkularisation entziehen. 1862 wurde es jedoch von Papst Pius IX. wegen Nachwuchsmangels aufgelöst. In die Gebäude zog das bischöfliche Klerikalseminar ein.

Die mit Bäumen bestandene Grünanlage, die heute einen wohltuenden Puffer zwischen der verkehrsreichen Jakobstraße und der Nordfassade der ehem. Abteikirche bildet, diente von

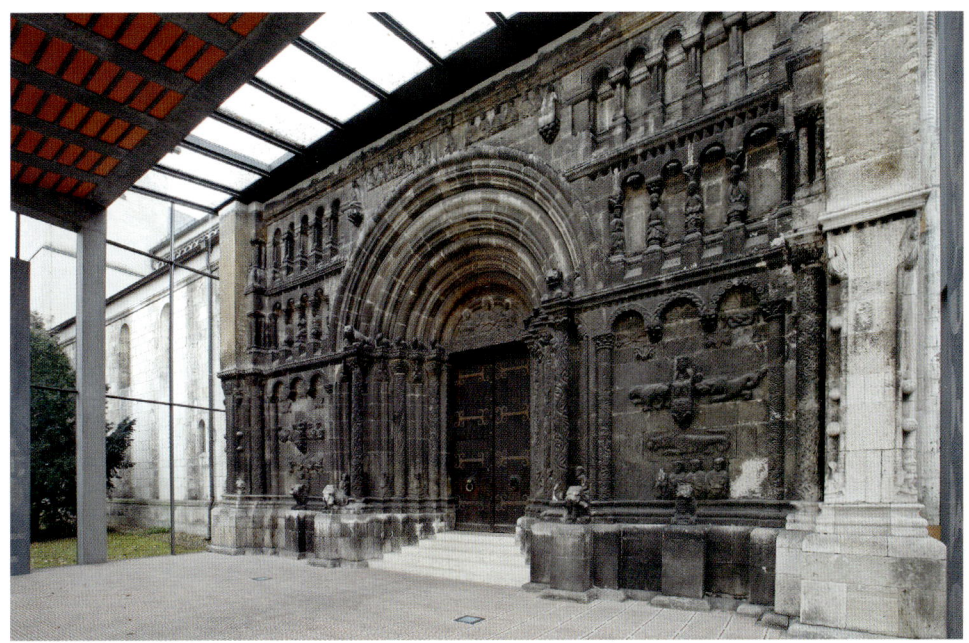

Ehem. Schottenkirche St. Jakob.
Die romanische Portalwand
(um 1170/80) ist seit 1999
durch eine Vorhalle geschützt.

der Mitte des 12. Jahrhunderts bis 1827 als Friedhof der 1156 gegründeten Klosterpfarrei. Im östlichen Bereich der Grünanlage stand bis 1560 auch die zweischiffige, dem hl. Nikolaus geweihte Klosterpfarrkirche. Durch deren Abbruch und die Niederlegung der Friedhofsmauer ist die romanische Anlage von St. Jakob nahezu in voller Länge frei ansichtig. Es handelt sich dabei bereits um den zweiten, etwa von 1150 bis 1180 an dieser Stelle errichteten Bau, nachdem die erste, 1111 geweihte Klosterkirche zu klein geworden war.

Äußeres

Im Osten der Basilika liegen die ältesten Teile. Sowohl die beiden Nebenchöre als auch die sich darüber erhebenden Türme stammen noch vom Vorgängerbau. Dagegen heben sich der Hauptchor mit seiner Apsis sowie das dreischiffige Langhaus klar durch das steinsichtige Mauerwerk aus sorgfältig bearbeiteten Kalksteinquadern ab. Im Westen erhebt sich ein mächtiges, aber nicht über die Seitenschiffmauern hinaustretendes Querhaus mit bekrönenden Dreiecksgiebeln. Unterhalb des Traufgesimses zieht sich ein Rundbogenfries um den gesamten Bau. Die Hauptapsis ist zudem durch Blendarkaden gegliedert. Ansonsten konzentriert sich der gesamte Fassadenschmuck auf die Westhälfte der nördlichen Seitenschiffmauer, die als prächtige, mit reicher Bauplastik versehene Schauwand ausgebildet ist. Hier nämlich – und nicht an der Westfassade – öffnet sich der als „Schottenportal" bekannte Haupteingang der Kirche.

Im Zentrum der symmetrisch angelegten Schauwand liegt der mehrfach gestufte, rundbogige Portaltrichter. Im Tympanon erscheinen drei nimbierte Halbfiguren: in der Mitte der segnende Christus, seitlich zwei nicht näher zu identifizierende Heilige. Auf den Kämpfern der in das Gewände eingestellten Säulen und der dazwischen liegenden Eckvorsprünge kauern Löwen. Die Kämpferlinie ist beiderseits des Portals als Gesims weitergeführt, so dass die Schauwand horizontal geteilt ist. In der unteren Zone befindet sich links und rechts vom Portal je ein von Dreiviertelsäulen und dreibogigen Blendarkaden gerahmtes Bildfeld, in dessen Zentrum jeweils eine im Hochrelief gearbeitete Figurengruppe dargestellt ist. Links, also zur Rechten Christi, erscheinen über einem im Sockelbereich liegenden Löwen eine Sirene und ein geflügelter Drache, der einen Löwen und einen Menschen gefangen hält. Darüber thront die Gottesmutter mit dem Kind auf dem Schoß. Sie wird von zwei verschlungenen Menschenpaaren flankiert. Im rechten Bildfeld erscheinen über dem Löwen eine Gruppe aus drei Mönchen und einer Sirene sowie ein Drache mit einer Kugel vor dem Maul. Der thronenden Maria im linken Bildfeld entspricht hier eine männliche Thronfigur, die von einem Greif und einem Menschen fressenden Wesen flankiert wird. Die obere Zone der Schauwand besteht, horizontal wiederum unterteilt, aus zwei Reihen von Blendarkaden. Die Stützen der unteren Reihe haben Menschengestalt, jene der oberen Reihe sind als Pfeiler

Ehem. Schottenkirche
St. Jakob, Blick durch das
Mittelschiff nach Osten

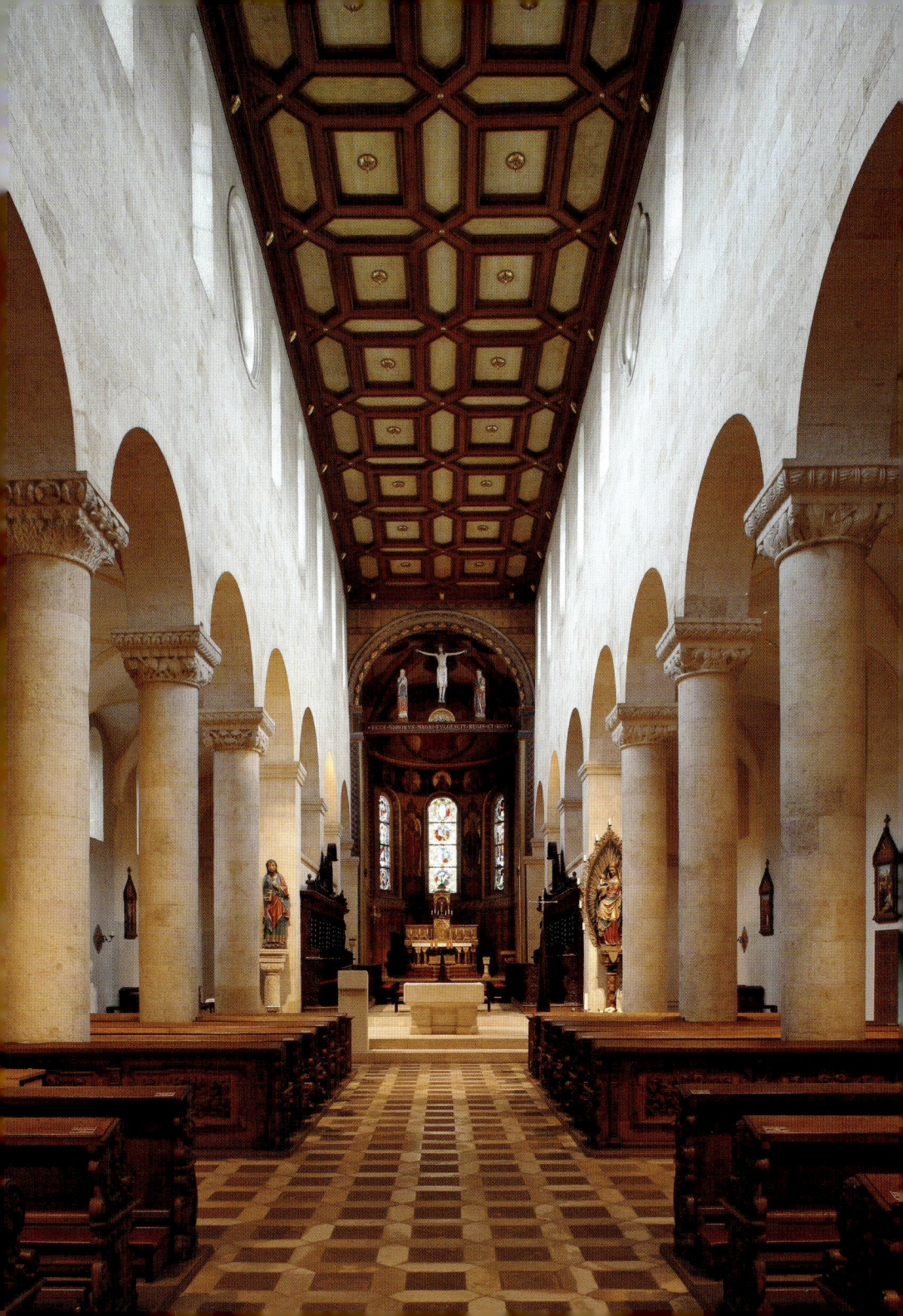

mit mittig hervortretendem Steg ausgebildet. Zuoberst, über dem Scheitel des Portalbogens, sind zwischen zwei nicht näher zu benennenden menschlichen Gestalten in einem Fries die Halbfiguren Christi und der zwölf Apostel dargestellt.

Durch sein rätselhaftes Bildprogramm gab das „Schotten-portal" Anlass zu vielfältigen Deutungsversuchen. Auch hin-sichtlich seines Stils und seiner Einbettung in eine aufwendig gestaltete Schauwand steht es in der deutschen Portalskulptur des 12. Jahrhunderts singulär da. So fühlt man sich bei der Gesamtanlage an die Portalfassaden romanischer Kirchen in Katalonien (Ripoll, Santa Maria) und Westfrankreich (Poitiers, Notre-Dame-la-Grande) erinnert, während man Vergleichsbei-spiele für die Bauplastik, etwa die flächigen Blattornamente der Säulenschäfte, am ehesten im Rhein-Maas-Gebiet findet. Auch die Buch- und Kleinkunst der irischen Heimat der Regensburger Mönche dürfte als Fundus für das eigenwillige Motivrepertoire des „Schottenportals" eine Rolle gespielt haben.

Baudetails beweisen, dass die Portalwand in Analogie zu St. Emmeram von Anfang an eine Vorhalle erhalten sollte. Zu deren Ausführung scheint es in mittelalterlicher Zeit aber nie gekommen zu sein. 1999 wurde aus konservatorischen Grün-den eine Schutzkonstruktion errichtet.

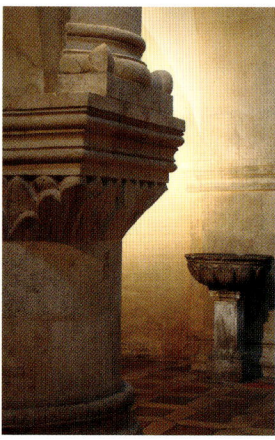

Ehem. Schottenkirche St. Jakob, Emporenpfeiler im Westbau. Die vorgestellte Halbsäule trägt die erste Langhausarkade.

Inneres

Die dreischiffige Basilika überrascht vor allem durch die steilen Proportionen des Mittelschiffs. Dessen Arkaden ruhen in der Westhälfte auf gemauerten Rundstützen, in der durch Chor-schranken als Mönchschor ausgebildeten Osthälfte auf Recht-eckpfeilern. Das östlichste Joch liegt bereits hinter dem Tri-umphbogen, so dass sich nach dem Vorbild des Reformklosters Hirsau das Chorjoch des Hochaltarraums zu den Nebenchören hin öffnet. Das die Basilika nach Westen abschließende Quer-haus tritt als massiger zweigeschossiger Baukörper in Erschei-nung. Auffallend gedrungen sind die Rundpfeiler, auf denen das die Empore tragende Kreuzgratgewölbe ruht.

Mit der Nüchternheit der Architektur kontrastiert, zumindest in der für die Laien bestimmten Westhälfte, der außergewöhnliche Reichtum an Bauplastik. So sind vor allem die Wulstkapitelle der zehn Rundpfeiler mit unterschiedlichen, abwechselnd pflanzlichen und figürlichen Ornamenten geschmückt. Ein rechts vom Nordportal in die Wand eingelassenes romanisches Relief zeigt einen horizontal „schwebenden" Mönch, der durch eine Inschrift als *Rydan* und somit als historische Persönlichkeit bezeichnet ist. Mit Riegel und Schlüssel ausgestattet, war er offenbar der Pförtner des Klosters.

Ausstattung

Ehem. Schottenkirche St. Jakob, Relieffigur des Pförtnermönches Rydan (12. Jh.). Dahinter im Portalgewände das Auflager des Riegelbalkens.

Der Hochaltar und die beiden Nebenaltäre entstanden 1874 nach Entwürfen Denglers (vgl. S. 174) unter Verwendung der originalen Mensen sowie mittelalterlicher Bauteile aus dem Kreuzgang des Klosters. Weitaus bedeutender als diese histori-

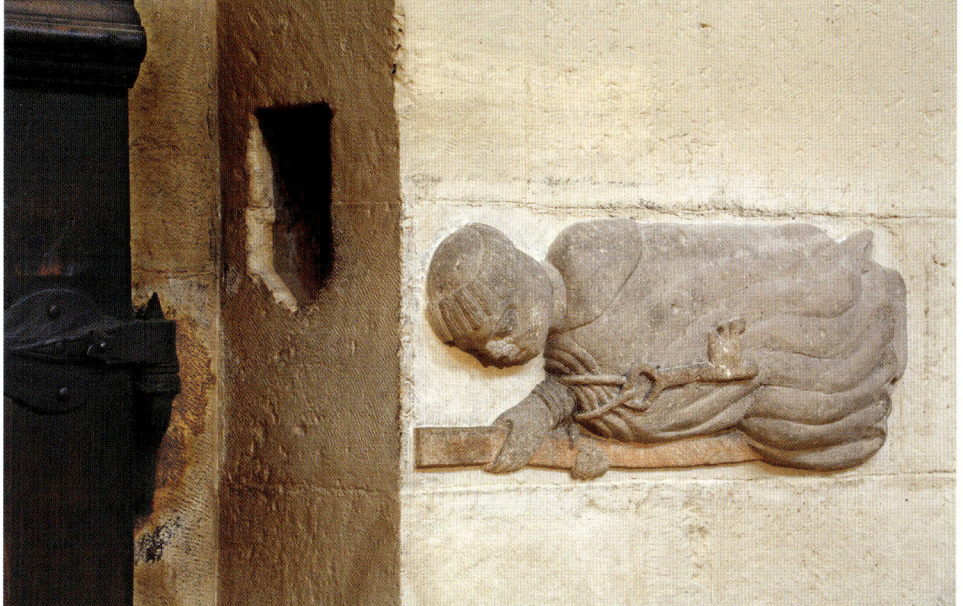

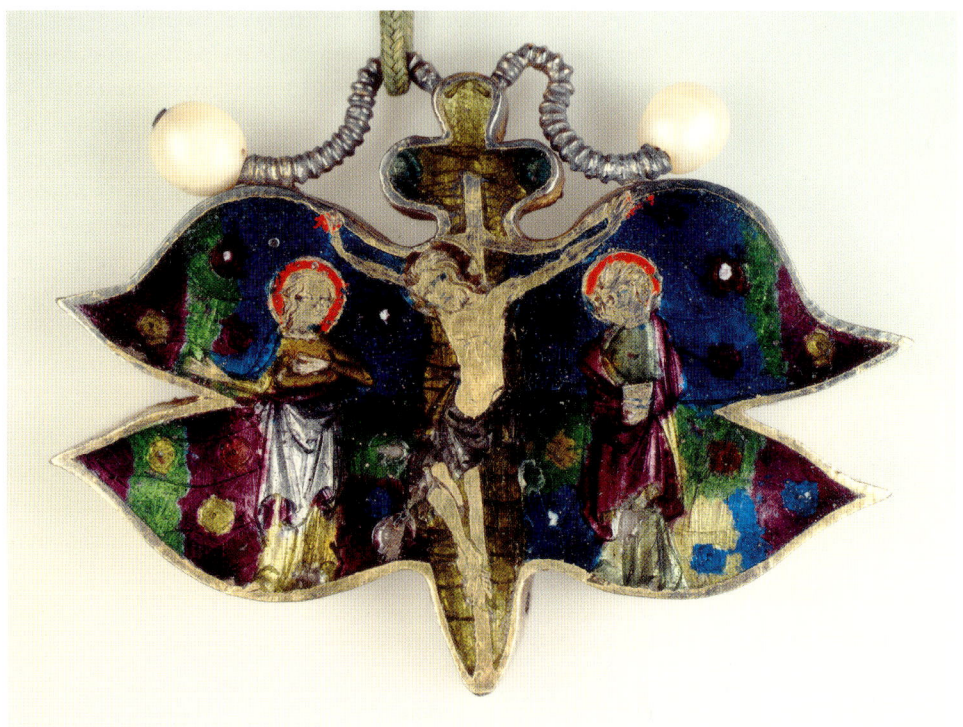

stischen Produkte sind jedoch einige romanische und gotische Bildwerke: Unter dem Triumphbogen ist seit 1893 eine spätromanische Kreuzigungsgruppe aus lebensgroßen Holzfiguren angebracht, die sich ursprünglich am Lettner befunden haben dürfte. An der südlichen Seitenschiffwand hängt ein farbig gefasstes Kruzifix (um 1370). Bei seiner Restaurierung (ab 1989) entdeckte man im Hinterkopf ein prächtiges, farbig emailliertes Silberreliquiar in Form eines Schmetterlings (um 1310/20), heute eines der Hauptwerke des Diözesanmuseums in St. Ulrich (vgl. S. 55). Bemerkenswert sind ferner die beiden vor den Chorpfeilern aufgestellten Steinskulpturen: links ein hl. Jakobus d. Ä. (um 1315/20), rechts eine Madonna mit dem bekleideten Kind auf dem Arm (um 1360).

Kreuzreliquiar in Form eines Schmetterlings (um 1310/20), ursprünglich im Kopf des an der Südwand von St. Jakob hängenden Kruzifixes aufbewahrt (Regensburg, Diözesanmuseum St. Ulrich).

Im südlichen Seitenschiff befindet sich, rechts neben dem zum Kreuzgang führenden Portal, das Epitaph für Abt Ninian Winzet († 1592), der, ehe er 1578 nach Regensburg kam, als Beichtvater von Maria Stuart und katholischer Widersacher des schottischen Reformators John Knox in die Geschichte eingegangen ist. Im nördlichen Seitenschiff steht das Grabdenkmal für Bischof Ignatius von Senestréy († 1906), der hier nach der Auflösung des Schottenklosters das Priesterseminar hatte einrichten lassen. Die von dem Münchner Bildhauer Georg Busch d. J. geschaffene Thronfigur des Bischofs zeigt ihn mit dem Modell des Regensburger Doms, dessen Vollendung für Senestréy Symbol für einen starken Katholizismus war.

Der südlich der Kirche liegende, etwa von 1175 bis 1210 entstandene Kreuzgang ist als Teil des Priesterseminars in aller Regel für die Öffentlichkeit nicht zugänglich. Obwohl vor allem im letzten Viertel des 19. Jahrhunderts zahlreiche Säulen und Kapitelle ausgebaut wurden, um als Spolien in verschiedenen Regensburger Kirchen wiederverwendet zu werden (vgl. S. 63, 175f.), zeugen die verbliebenen Portale und Kapitelle von der einstmals reichen Bauplastik.

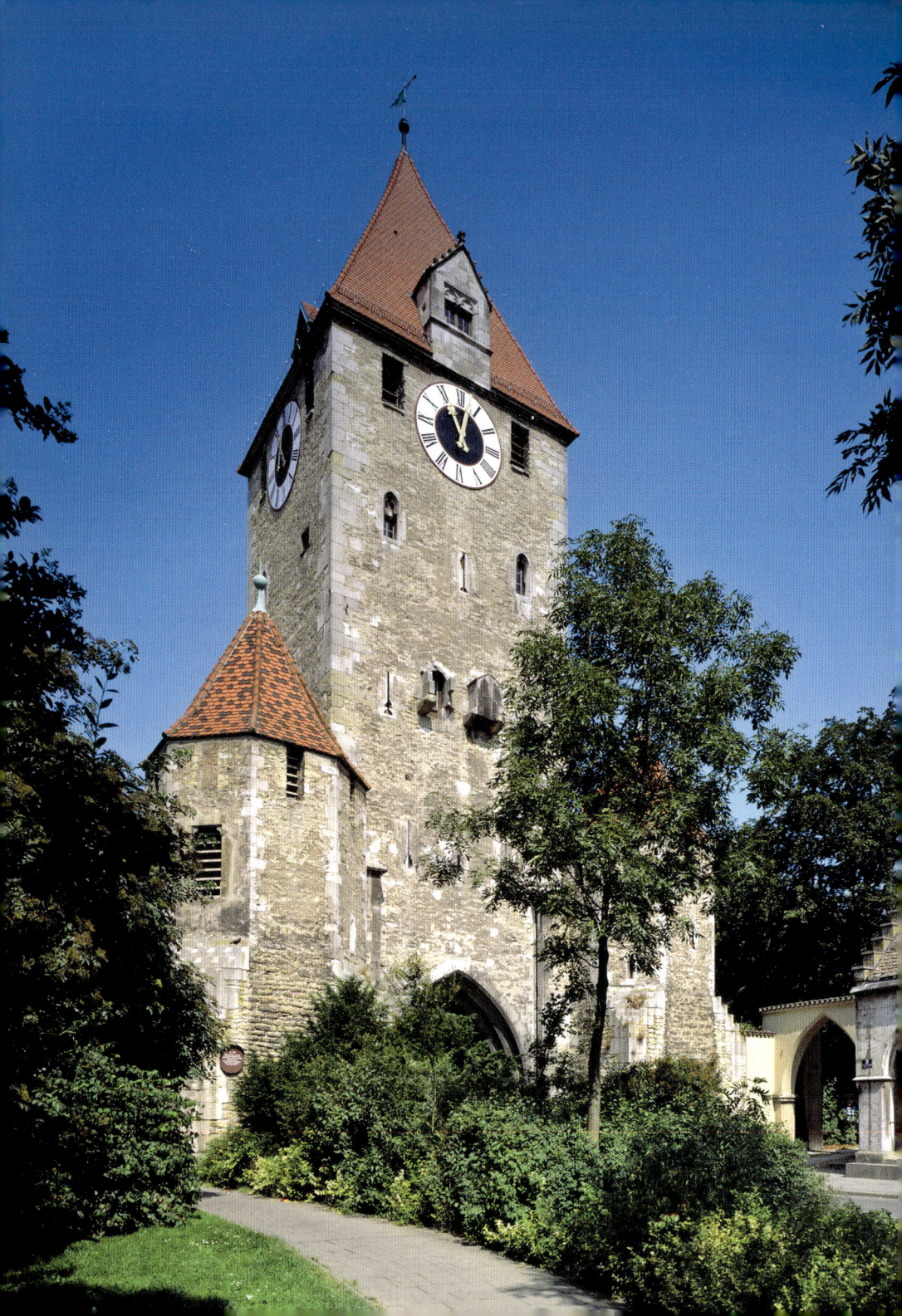

Die Ostnerwacht

Ebenso wie die westliche wurde auch die östliche Regensburger Vorstadt erst im frühen 14. Jahrhundert vollständig in den städtischen Verteidigungsring eingeschlossen. Doch anders als die Westnerwacht, die sich als Fortsetzung der bereits um 920 unter Herzog Arnulf befestigten, weit nach Westen gewachsenen Regensburger „Neustadt" entwickelte, entstand die Ostnerwacht nahezu direkt vor der Mauer des römischen Legionslagers. Hier nämlich lag der arnulfinische Stadtgraben des frühen 10. Jahrhunderts unmittelbar vor der römischen Befestigung. Die Folgen sind bis heute in Stadtgrundriss und Stadtbild sichtbar: Die seit dem frühen Mittelalter innerhalb der römischen Kastellmauer entstandenen politischen und geistlichen Repräsentationsbauten stoßen ohne städtebaulichen Übergang auf die Siedlungsstrukturen der Vorstadt. Allein der im 13./14. Jahrhundert vor dem – heute verschwundenen – Schwarzen Burgtor, dem Nachfolger des römischen Osttores, entstandene Komplex des Minoritenklosters sorgte durch seine Monumentalität bereits im Mittelalter für eine gewisse Verzahnung der beiden so verschiedenen Stadtgebiete.

Schon zu römischer Zeit gab es, wenngleich in weitaus geringerem Umfang als im Westen des Legionslagers, auch im Osten eine *extra muros* liegende Zivilsiedlung. Die mittelalterliche Bebauung konzentrierte sich zunächst auf die Ausfallstraße in Richtung Straubing und Wien, die heutige Ostengasse. An ihr standen bereits um das Jahr 1000 Häuser. Weiter südlich, im Bereich der späteren Minoritenkirche, erhob sich eine Salvatorkapelle, deren Existenz ab 1024 gesichert ist.

Beiderseits der Ostengasse, zwischen Donaulände und der Achse Bertoldstraße – Heiliggeistgasse bildete sich im Lauf des Mittelalters das wirtschaftliche Zentrum der östlichen Vorstadt. Südlich dieses von Speicherbauten, Gasthöfen und Handwerkerhäusern geprägten Quartiers entwickelte sich ab 1226, als die Minoriten (Franziskaner) hier ihre Regensburger Niederlassung gründeten, ein weitläufiges Klosterareal. In der Nachbarschaft lebte ab etwa 1228 eine Gemeinschaft bußfertiger Frauen, sog. Magdalenerinnen, die 1296 die Ordensregel der hl. Klara annahmen. Das Areal des Klarissenklosters umfasste bis zu seiner Zerstörung 1809 im Wesentlichen den heutigen Dachauplatz.

Blick von der Landseite auf das Ostentor und seine beiden Flankentürme (um 1300). Rechts davon neugotisches Torwächterhaus (1840) und Eingang zum Park der Königlichen Villa.

Östlich der beiden Klosterbezirke schloss sich ein locker bebautes, stark von Landwirtschaft und Gartenbau bestimmtes Gelände an. Es wurde bis ins frühe 19. Jahrhundert vom heute restlos kanalisierten östlichen Arm des Stadtbachs, dem sog. Stärzenbach, durchflossen.

Gegen Mitte des 13. Jahrhunderts wurde die östliche Vorstadt in das System der städtischen Wachtbezirke aufgenommen. Die erste Erwähnung als *vigilia orientis*, also Ostwacht, lässt sich 1251 nachweisen. Man darf annehmen, dass um diese Zeit auch mit der Ummauerung der Vorstadt begonnen wurde. Ihren äußersten Punkt erreichte die Befestigung mit dem um 1300 errichteten Ostentor. Bis gegen 1320 war die gesamte Ostnerwacht, ebenso wie wenige Jahre zuvor die Westnerwacht, in den spätmittelalterlichen Regensburger Verteidigungsring aufgenommen.

Die Neuzeit brachte zunächst mit dem 1613 an der äußeren Ostengasse gegründeten Kapuzinerkloster eine weitere Bettelordensniederlassung. Damit wurde die auf das Mittelalter zurückgehende starke kirchliche Prägung der Wacht, die sich auch in kleineren karitativen Einrichtungen und nicht zuletzt in den Ökonomiehöfen des Damenstifts Niedermünster und des Kollegiatstifts der Alten Kapelle äußerte, nochmals verstärkt.

Zwischen den landwirtschaftlich genutzten Flächen kam es in der Barockzeit zum Bau einiger Gartenhäuser, unter denen durch Größe und architektonischen Anspruch die Villa des Bankiers Löschenkohl herausragt. Im äußersten Nordosten der Wacht, buchstäblich auf den dort befindlichen Bastionen, errichtete die Stadt Regensburg 1854/55 eine Sommerresidenz für König Maximilian II. von Bayern. Damit erhielt erstmals ein Profanbau der Ostnerwacht monumentale Dimensionen. Aufgrund ihrer Randlage tritt die sog. Königliche Villa allerdings städtebaulich nur vom Donauufer aus in Erscheinung.

Von 1865 bis 1898 folgten im östlichen Teil des Viertels drei städtische Schulbauten, deren mächtige Baukörper neue Dominanten in der sonst kleinteiligen Umgebung bildeten. Die um die Wende zum 20. Jahrhundert entstandene Wohnbebauung der Von-der-Tann-Straße nahm diesen neuen Maßstab teilweise auf. Er entsprach im Grundsatz

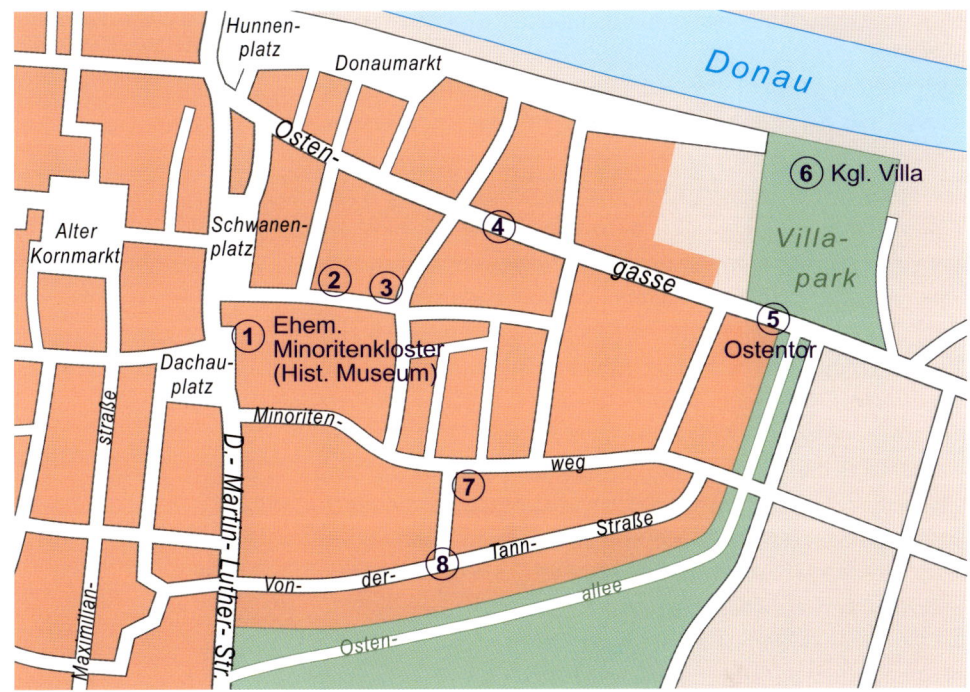

auch dem architektonischen Programm des Nationalsozialismus, der sich 1936/37 am Minoritenweg mit Verwaltungsbauten verewigte. An deren Dimension wiederum knüpft die anschließende Blockbebauung des 21. Jahrhunderts an. Damit wurde die kleinteilige mittelalterliche Parzellenstruktur in den vergangenen 150 Jahren sukzessiv aufgegeben. Dazu kamen seit dem Zweiten Weltkrieg großflächige Abbrüche, die im einst dicht bebauten Nordwesten der Wacht schwere, bis heute sichtbare Wunden schlugen. Durch den mehrspurigen Ausbau der Straßenverbindung von der Eisernen Brücke bis zum Dachauplatz entstand eine Zäsur im urbanen Kontinuum, die dafür verantwortlich zu machen ist, dass die Ostnerwacht bisweilen nicht mehr als Bestandteil der Altstadt wahrgenommen wird.

Als Ausgangspunkt für einen Rundgang durch die Ostnerwacht bietet sich der Dachauplatz an. An seiner Nordseite stellt die nach Westen führende Drei-Kronen-Gasse die Verbindung zur Kernaltstadt her. Am östlichen Ende der Gasse erhob sich im Mittelalter, in Nachfolge der römischen *porta principalis dextra*, das sog. Schwarze Burgtor. Es war Teil der gegen 920 angelegten Stadtbefestigung und – neben dem gleichfalls nicht erhaltenen Hallertor – im Hochmittelalter eines der beiden östlichen Stadttore. Obwohl deren Funktion bereits um 1300 durch den Bau des Ostentores obsolet wurde, blieben sie bis ins 19. Jahrhundert bestehen. Das Schwarze Burgtor wurde 1812 abgebrochen, das weiter nördlich zwischen St.-Georgen-Platz und Hunnenplatz gelegene Hallertor erst 1868.

Während das einst südlich an das Schwarze Burgtor anschließende Klarissenkloster, das einen Großteil des heutigen Dachauplatzes bedeckte, 1809 von den Truppen Napoleons in Brand geschossen wurde und heute völlig aus dem Stadtbild verschwunden ist, beherrscht das ältere männliche Gegenstück, das Minoritenkloster, noch immer den Nordosten des Platzes. Es ist heute Sitz des Historischen Museums (🏛).

Blick vom Großen Kreuzgang des ehem. Minoritenklosters (heute Historisches Museum) auf die 1286 oder wenig später geweihte Kirche. Der Chor wurde in den 1340er Jahren vergrößert.

Ehem. Minoritenkloster

Bereits 1221, also noch zu Lebzeiten des hl. Franz von Assisi, kam eine Gruppe seiner „Minderbrüder" nach Regensburg. Sie fielen durch vorbildlichen Lebenswandel und ausgezeichnete Predigten auf, so dass ihnen Bischof Konrad IV. 1226 die östlich vor der Stadt gelegene Salvatorkapelle und zwei weitere Gebäude zur Nutzung überließ. 1233 schenkte ihnen Graf Albert IV. von Bogen einen nahegelegenen Hof aus dem Besitz seiner Familie. Dazu kamen im Lauf der folgenden Jahrzehnte noch eine Reihe weiterer bürgerlicher, herzoglicher und sogar königlicher Stiftungen, deren Ziel es war, die offene, nicht an Pfarrgrenzen gebundene Seelsorge der Minoriten langfristig durch eine wirtschaftlich gesicherte Niederlassung zu fördern.

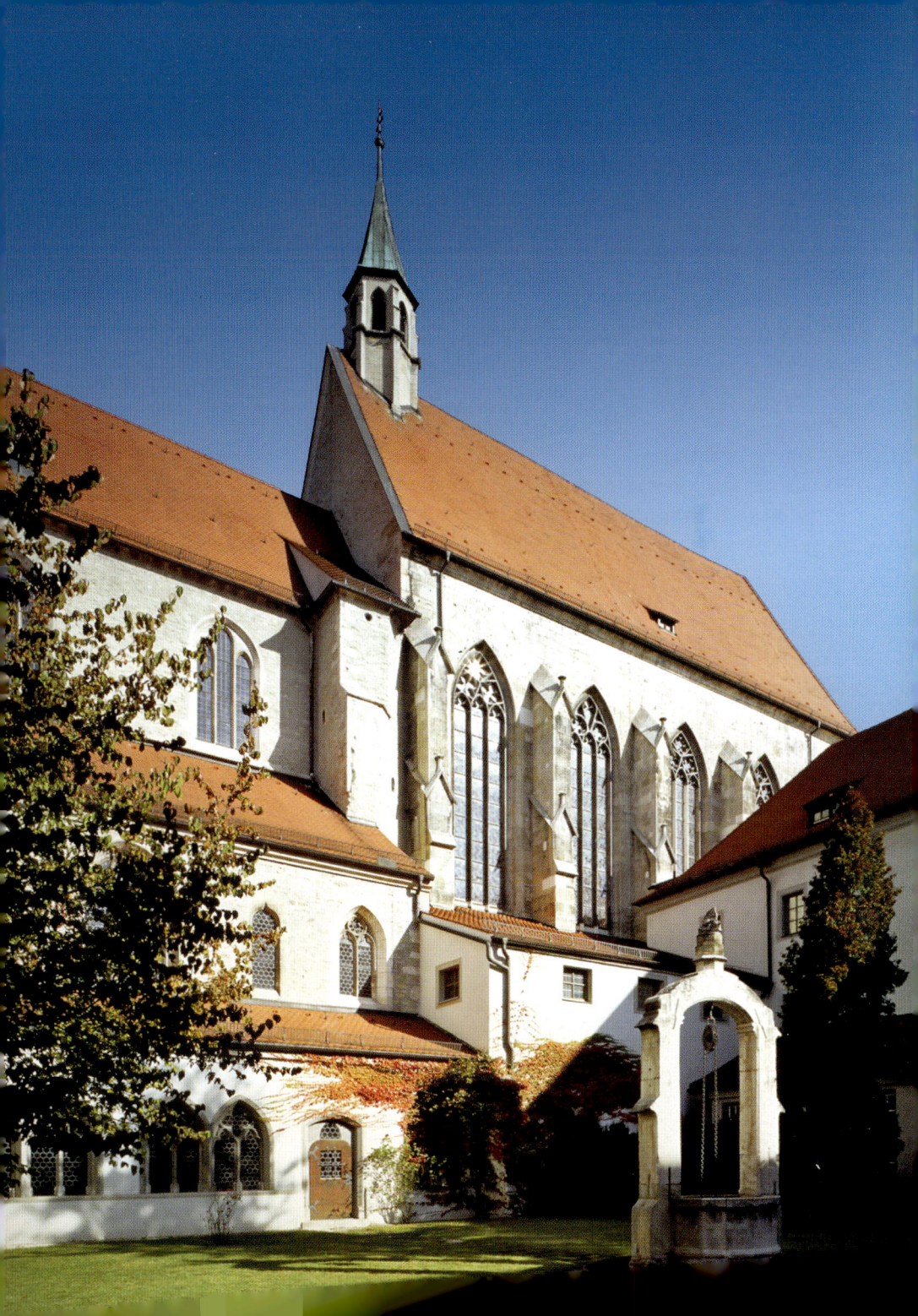

Auch in geistlicher Hinsicht erlebte der Regensburger Konvent noch im 13. Jahrhundert eine ausgesprochene Blütezeit: Hier wirkten die weithin gerühmten Prediger David von Augsburg und Berthold von Regensburg, und hier hat der Dichter Lamprecht von Regensburg die Franziskus-Vita des Tommaso da Celano ins Deutsche übertragen.

Es verwundert nicht, dass die Regensburger Minoriten sehr früh schon die Notwendigkeit zum Bau einer großen Kirche sahen. So entstand anstelle der alten Salvatorkapelle unter Beibehaltung des Patroziniums ab ca. 1250/60 bis 1286 eine gewaltige dreischiffige Basilika. Dennoch erschien der Chor schon bald zu klein, so dass bis 1347 sein Neubau erfolgte. Die Minoritenkirche wurde so zur größten Bettelordenskirche Süddeutschlands.

Nach der Säkularisation des **Klosters (1)** wurde die Kirche profaniert und ihre Einrichtung verschleudert. Die großartigen Glasmalereien des Chores (um 1360/70) gelangten nach München und befinden sich heute im Bayerischen Nationalmuseum (ein kleiner Teil als Leihgabe im Historischen Museum Regensburg). Die Klostergebäude dienten ab 1810 zunächst als Kaserne; der kleinere der beiden Kreuzgänge wurde zerstört. 1931 erwarb die Stadt Regensburg den Gebäudekomplex, um ihn museal zu nutzen.

Äußeres

Die Minoritenkirche bildet städtebaulich das östliche Pendant zu der wenige Jahre zuvor im Stadtwesten begonnenen Dominikanerkirche. Sie zeichnet sich durch den für Bettelordenskirchen typischen Verzicht auf einen Turm aus. Stattdessen sitzt auf dem Westgiebel des vierjochigen Langchors ein Giebelreiter. Im Osten ist der Chor, dessen Mauern zwischen den Strebepfeilern fast völlig zugunsten großer dreibahniger Maßwerkfenster aufgelöst sind, mit fünf Seiten eines Achtecks geschlossen. Im Westen des Chores liegt das ältere, dreischiffige Langhaus, dessen siebenachsige Bruchsteinfassaden in ihrer

Kargheit ganz dem architektonischen Ideal der Bettelorden entsprechen. Die schlichte Westfront spiegelt den basilikalen Aufbau des Langhauses wider. Strebepfeiler sitzen am Übergang
der Seitenschiffe zum Mittelschiff. Die drei Portale – die beiden
äußeren sind vermauert – markieren den Stilwandel von der
Romanik zur Gotik. So ist das mittlere noch rundbogig, während die seitlichen bereits spitzbogig sind. Über dem Gesims
der zur Mitte hin gestuften Portalzone ragen jeweils dreibahni-
ge Fenster auf.

Die Kirche ist heute Teil des Historischen Museums. Man
betritt sie über den erhaltenen Ostflügel des ansonsten zerstörten Kleinen Kreuzgangs. Das über dem Zugang zur Kirche ein-
gemauerte Tympanon (um 1280/90) stammt von der 1838
abgerissenen Augustinerkirche. Es zeigt ein als Christussymbol
zu verstehendes Weinstockmotiv.

Inneres

Der Kirchenraum beeindruckt durch seine gewaltigen Dimensionen. Rundpfeiler, deren Sockel und Kämpfer schmucklos
sind, tragen die spitzbogigen Arkaden des Mittelschiffs.
Anstelle der jetzigen Flachdecken besaßen alle drei Schiffe im
Mittelalter einen offenen Dachstuhl. Die Orgelempore wurde
1724 eingebaut. Im Osten schließt an das Mittelschiff der
jüngere, um mehrere Stufen erhöhte und mit einem Kreuzrippengewölbe geschlossene Chorraum an. Da er nicht, wie
etwa bei der Dominikanerkirche oder beim Dom, von Nebenchören flankiert ist, konnten die Seitenwände ebenso großzügig in Fensterflächen aufgelöst werden wie der Chorschluss.
Die dadurch erzeugte Raumwirkung ist noch heute beacht-
lich; bis zum Ausbau der Glasmalereien muss sie überwälti-
gend gewesen sein. Die farbige Fassung der architektonischen
Gliederungselemente geht auf die Spätgotik zurück, als der
Chor mit Heiligenfiguren (1499) und das Mittelschiff mit
einem Apostelcredo (1492) geschmückt wurden. Die originale Wandfassung des Chors war, abgesehen von den

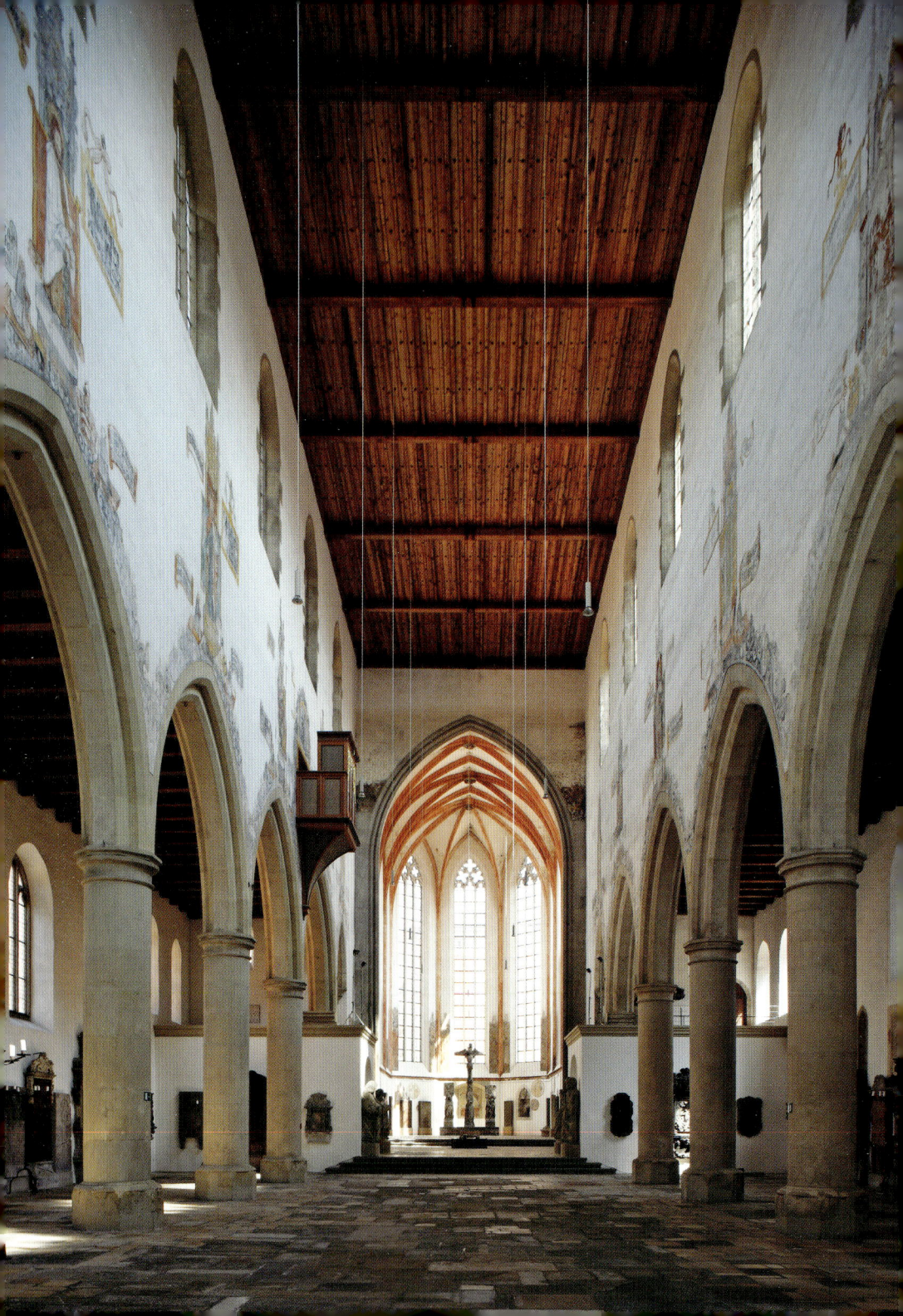

Ehem. Minoritenkirche,
Blick durch das Langhaus.
An dessen Ende Reste des
gotischen Lettners.

Apostelkreuzen, kalkweiß. An der Südwand des Langhauses
befindet sich ein leider stark beschädigtes Fresko aus dem
ersten Drittel des 14. Jahrhunderts, das die 14 Nothelfer zeigt
und somit zu den frühesten monumentalen Darstellungen
dieses Themas zählt (vgl. S. 50, 117).

Ausstattung

Die Minoritenkirche ist die einzige Regensburger Kirche, in der
zumindest Teile des gotischen Lettners *in situ* erhalten sind. Im
Mittelschiff wurde er 1724 zwar abgebrochen, die Seitenflügel
aber wurden damals zu Kanzeln umgebaut und wirken noch
heute als Zäsur zwischen Langhaus und Chor. Die bewegliche
Ausstattung der Kirche wurde nach 1810 verschleudert. Teile
der Chorfenster und der 1517 in der Werkstatt Albrecht Altdorfers entstandene Flügelaltar befinden sich heute, ausgestellt
im Historischen Museum, immerhin wieder im räumlichen Zusammenhang des ehem. Minoritenklosters. Die an der nördlichen Hochschiffwand angebrachte Schwalbennestorgel wurde 1989 nach einem Entwurf des reichsstädtischen Orgelbauers
Caspar Sturm aus dem Jahre 1583 rekonstruiert.

Die Aufstellung zahlreicher Grabdenkmäler an den Wänden
ist der musealen Nutzung der Kirche geschuldet. Die Epitaphe
(14.–19. Jahrhundert) stammen aus verschiedenen Regensburger Kirchen und Friedhöfen.

Südlich der Kirche sind noch einige aus dem Mittelalter stammende Bauteile des Klosters erhalten. Östlich der bereits erwähnten Reste des Kleinen Kreuzgangs (1461–63) liegt der
Große Kreuzgang, dessen Nord- und Westflügel aus dem frühen 15. Jahrhundert stammen. Als Baumeister hat sich Thomas
Schmuck, der 1424 auch im Kreuzgang der Dominikaner gearbeitet hat, auf einem Schlussstein des Westflügels verewigt.
Vom Südflügel ist nur das westliche Joch erhalten; der Rest
wurde, wie auch der gesamte Ostflügel, im 19. Jahrhundert
zerstört und 1933 im Zuge der Einrichtung des Museums in

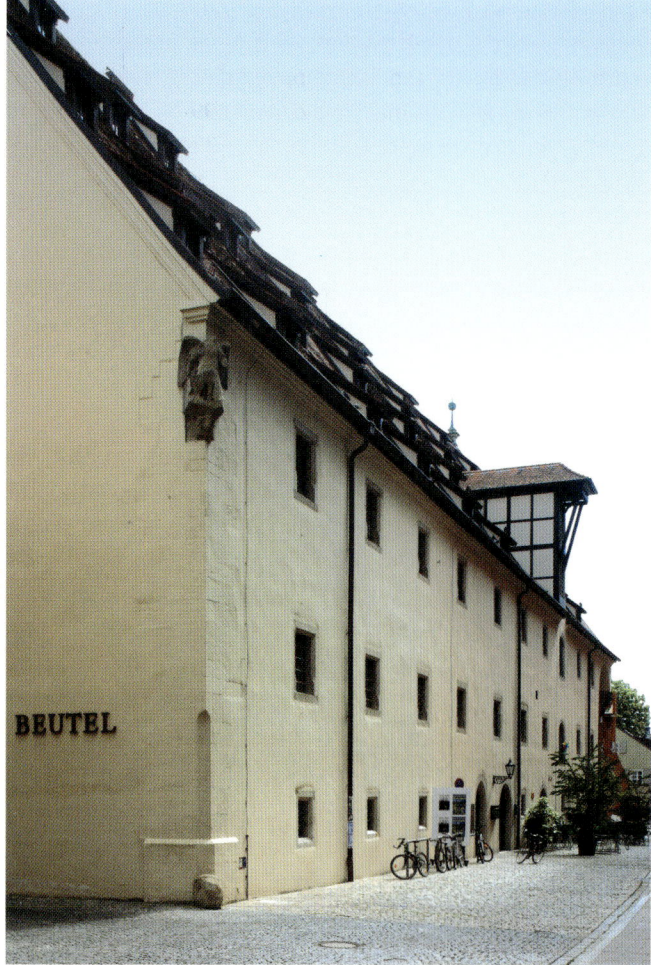

Der „Leere Beutel",
um 1600 errichteter
städtischer Getreidespeicher.

neuen Formen wieder aufgebaut. Damals stellte man im Zentrum des Kreuzgartens auch den Ziehbrunnen (1502) auf, der aus einem Anwesen in der Gesandtenstraße stammt.

Der Nordflügel des Kreuzgangs geht im Osten in die ehem. Onophriuskapelle über, in der 1272 Bruder Berthold bestattet wurde (Grabstein im Chor der Kirche). Im 14. und 15. Jahrhundert umgestaltet, präsentiert sie sich seither als zweischiffiger und zweijochiger Einstützenraum. Über die östlich anschließende Große Sakristei, deren Kreuzrippengewölbe auf zwei Freipfeilern ruhen, gelangt man in die vor 1299 errichtete ehem. Kapelle der Paulsdorfer. Diese Bürgerfamilie gehörte zu den großen Förderern der Regensburger Minoriten, weswegen sie das Privileg erhielt, ihre Grabkapelle an den Kreuzgang anzubauen. Seine heutige Gestalt erhielt der Raum im späten 16. Jahrhundert; die romanische Fensterarkade in der Südwand stammt vom Salzburger Hof und wurde erst in den 1930er Jahren hier eingebaut. Von der ursprünglichen Funktion des Raumes als Familienkapelle zeugen noch die Doppelgrabplatte der 1467 bzw. 1478 verstorbenen Gebrüder Heinrich und Wilhelm von Paulsdorf sowie ein hier aufbewahrter Turniersattel der Paulsdorfer (um 1400).

An der Nordseite der Minoritenkirche entlang führt die Bertoldstraße zum einstigen reichsstädtischen Getreidespeicher, der als **Leerer Beutel (2; ⌂)** bekannt ist. Diesen eigentümlichen Namen trug bereits der Vorgängerbau *(laerenpaeutel)*, ein vor 1471 von der Stadt erworbener Getreidestadel. Das heutige Gebäude wurde in zwei Bauabschnitten 1597/98 (östlicher Teil) und 1606/07 (westlicher Teil) errichtet. Der mächtige dreigeschossige Steinbau trägt ein steiles viergeschossiges Satteldach mit Aufzugsgaube auf der Südseite. Von der Bedeutung des einstigen Getreidespeichers zeugt auch die für ein Lagerhaus aufwendige, von Michael Dietlmaier geschaffene Bauplastik: An drei Ecken des Gebäudes wird das Traufgesims von Engelsfiguren getragen, die das reichsstädtische Wappen halten.

Östlich schließt sich an den Leeren Beutel das im Kern romanische **Haus zum Steinsberg (3)** an, das die Bürgerfamilie Dollinger im 14. Jahrhundert zum Wohnhaus umbaute. Aus dieser Zeit stammen die – leider fragmentierten – spitzbogigen Biforien im ersten Obergeschoss.

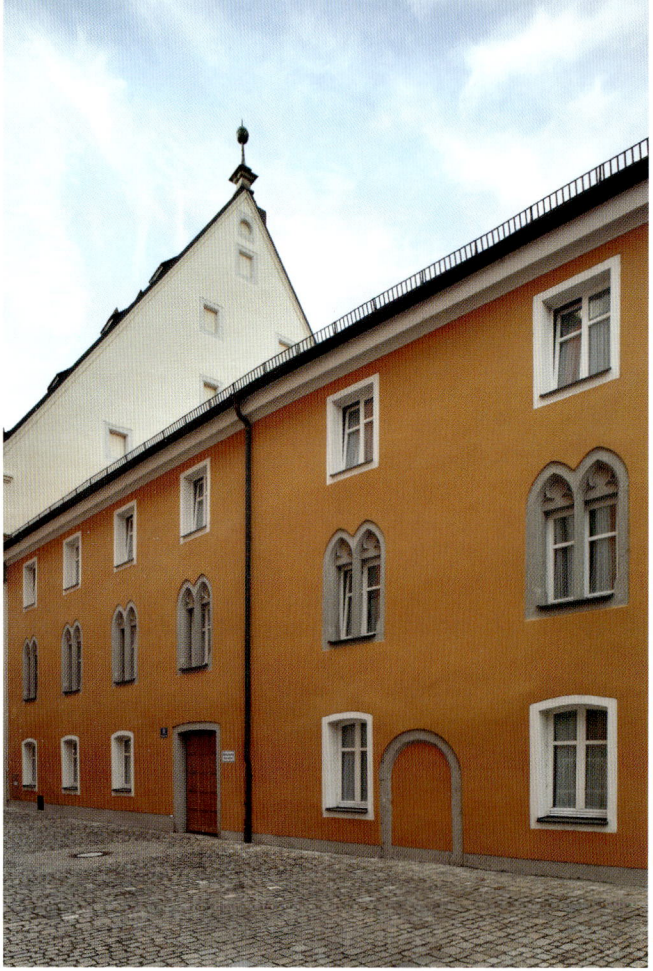

Das Haus zum Steinsberg von Osten. Im Hintergrund der Ostgiebel des „Leeren Beutel".

    Durch die nach Norden abzweigende Hallergasse gelangt man in die **Ostengasse (4)**, die historische Hauptstraße der Ostnerwacht. Der nahezu geradlinig auf das Ostentor zulaufende, stellenweise eher belanglos wirkende Straßenzug lässt heute kaum noch etwas vom einst regen Treiben erahnen. Allein die relative Breite weist auf die Bedeutung als Verkehrsader in früheren Zeiten hin. Bereits um 1300 scheint die Ostengasse durchgehend, wenn auch sehr heterogen, bebaut gewesen zu sein. In der für eine Vorstadt charakteristischen Weise wechselten sich damals stattliche Gasthöfe mit bescheidenen Handwerkerhäusern, kirchlichen Gebäuden und karitativen Einrichtungen ab. Zumindest gegen Ende des Mittelalters gab es in der Gasse mehrere Schäffler, Küfner und sog. Lägler – Handwerker, die allesamt Gefäße zur Lagerung und zum Transport von Wein, Lebensmitteln und anderen Waren herstellten.

Die einstige Mischstruktur hat sich im Grunde bis heute erhalten. So sind drei der vier Eckgebäude, welche die Kreuzung der Ostengasse mit der Hallergasse und deren nördlicher Fortsetzung, der Schattenhofergasse, markieren, Relikte des einst hier blühenden Brauereigewerbes. Während der südwestliche Bau (Ostengasse 14) 1913/14 in einer Mischung aus Jugend- und Heimatstil neu errichtet wurde, verbirgt der nordwestliche (Ostengasse 13) hinter seiner frühklassizistischen Fassade von 1789 beachtliche mittelalterliche Substanz: Im westlichen Drittel des Hauses steckt noch der romanische Kernbau aus dem 12. Jahrhundert, der vom Keller bis ins zweite Obergeschoss reicht. Das südöstliche Eckhaus (Ostengasse 16) schließlich lässt auch in der Außenansicht seine mittelalterlichen Ursprünge erkennen. Der den Regensburgern als *Brandlbräu* bekannte ehem. Gasthof geht auf die zweite Hälfte des 13. Jahrhunderts zurück. Aus dieser Zeit stammen noch das Einfahrtsportal und das darüberliegende frühgotische Triforium, während die übrigen Teile des Anwesens um 1596 durchgreifend modernisiert wurden. Von einer weiteren Renovierung im Jahre 1758 zeugt u. a. die Malerei an der Fassade, die einen angeketteten Bären und den damaligen Namen des Gasthauses *„zum Bärn an der Kettn"* zeigt. (Die Kette diente in Wahrheit jedoch nicht zum Anbinden eines Bären, sondern zum Absperren der Hallergasse, wenn – etwa bei Kaiserbesuchen oder Truppendurchmärschen – große Menschenmassen durch die Ostengasse zogen.)

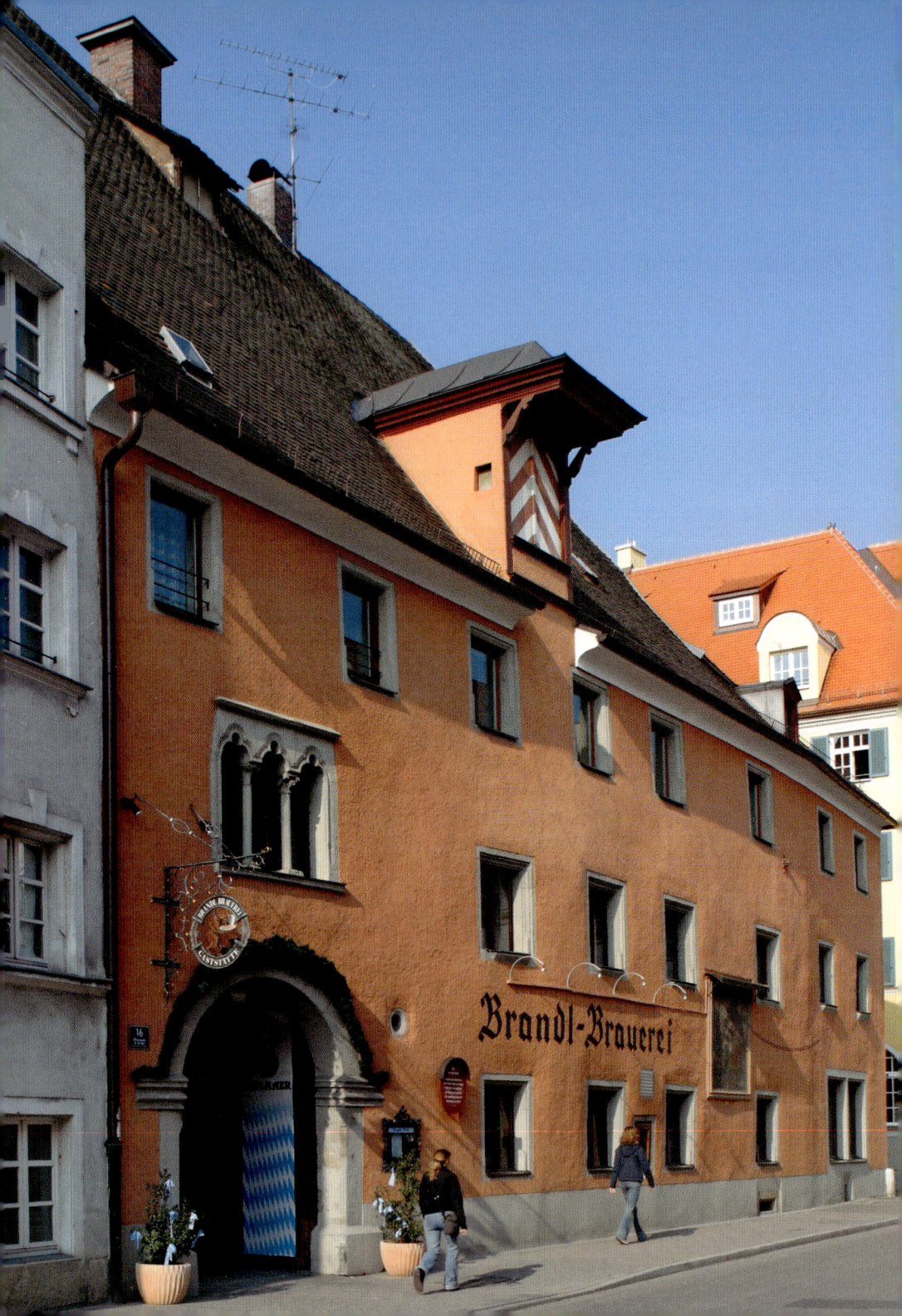

Das gotische Anwesen
Ostengasse 16, einer der alten
Gasthöfe der Ostengasse.

Weiter stadtauswärts liegt auf der linken Straßenseite (Ostengasse 31) der frühbarocke Komplex des 1613 auf Wunsch von Kaiser Mathias gegründeten Kapuzinerklosters. Nach dessen Säkularisation 1810 fanden hier 1811 die Klarissen eine neue Bleibe. Damit konnte der Fortbestand des seit dem 13. Jahrhundert in Regensburg bestehenden Konvents, dessen am heutigen Dachauplatz gelegenes Kloster 1809 zerstört worden war, zunächst gesichert werden. Erst 1974 kam es zur Auflösung des Konvents.

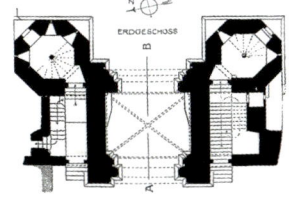

Von hier sind es nur noch wenige Schritte zum **Ostentor (5)**, das von seiner Erbauung um 1300 bis ins 19. Jahrhundert den östlichsten Punkt der Stadt markierte. Von der ursprünglich größeren Befestigungsanlage sind nur der Torturm sowie zwei östlich angebaute Flankentürmchen erhalten. Der einst landseitig anschließende, von einem Wehrgang umzogene Waffenhof wurde gegen 1830 abgebrochen. Ungeachtet dieses Verlustes ist das von Meistern der Dombauhütte in handwerklicher Perfektion ausgeführte Ostentor eines der am besten erhaltenen gotischen Stadttore Deutschlands. In der mit einem Kreuzrippengewölbe versehenen Durchfahrt des fünfgeschossigen Turms ist eine Inschrift aus dem Jahr 1300 angebracht, die an den Baubeginn der ehemals südlich des Tores gelegenen Zwingermauer erinnert. Auf der dem Feind zugewandten Ostseite befinden sich in Höhe des zweiten Obergeschosses zwei Gusserker, aus denen auf die bis zum Tor vorgedrungenen Angreifer Pech oder siedendes Öl geschüttet wurde. Die beiden achteckigen Flankentürme besaßen ursprünglich, wie noch immer zu erkennen ist, einen Zinnenkranz; die steilen Helmdächer stammen aus nachmittelalterlicher Zeit. Erst 1936 wurde der Fußgängerdurchgang durch den nördlichen Flankenturm geschaffen.

Außerhalb des Ostentores zweigt nach Norden die Zufahrt zur **Königlichen Villa (6)** ab. Der neugotische Schlossbau wurde 1854–56 nach Plänen von Ludwig Foltz als Sommerresidenz

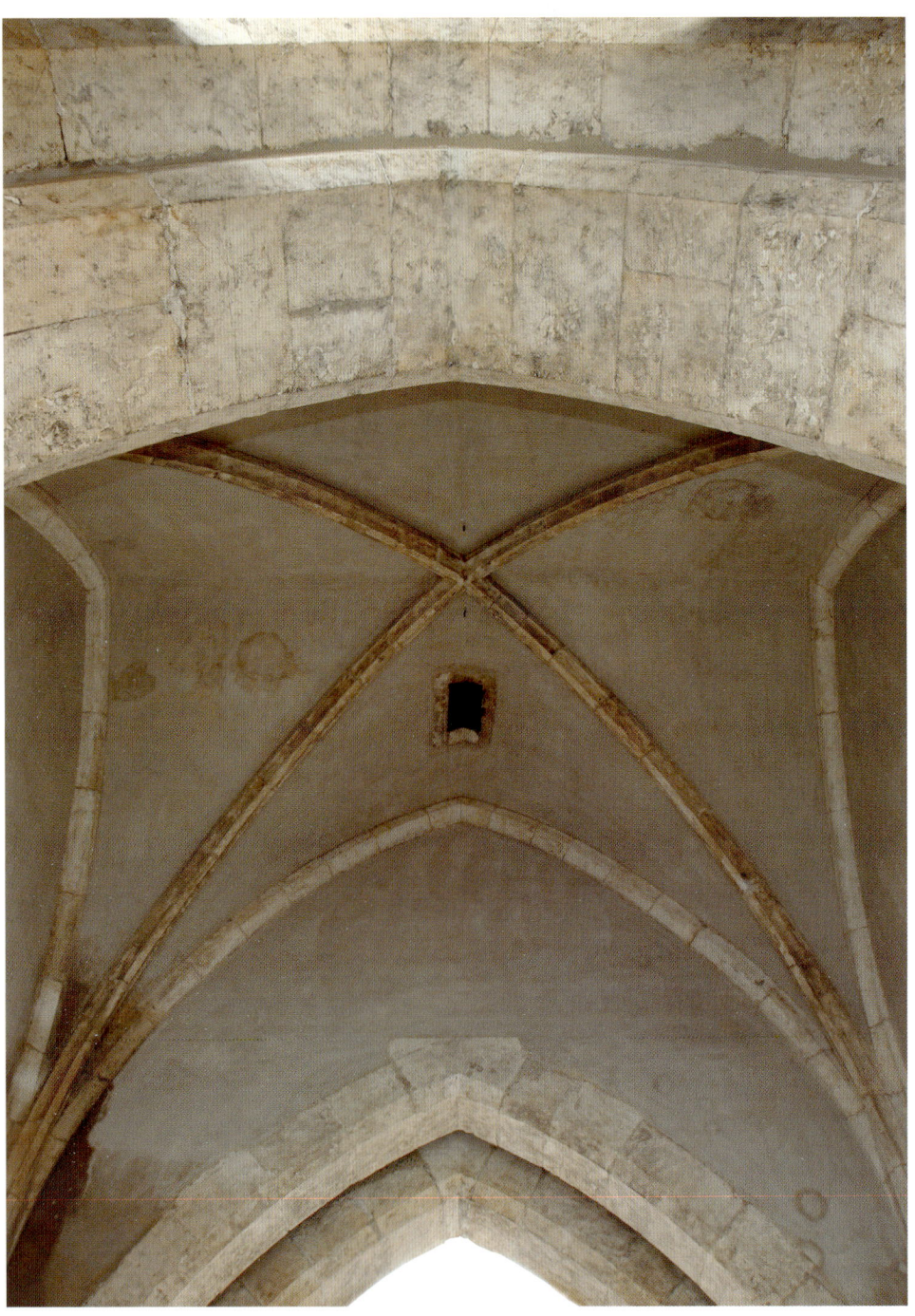

Ostentor, Durchfahrt.
Inschrift aus dem Jahr 1300
zur Erinnerung an den Baubeginn der angrenzenden
Zwingermauer.

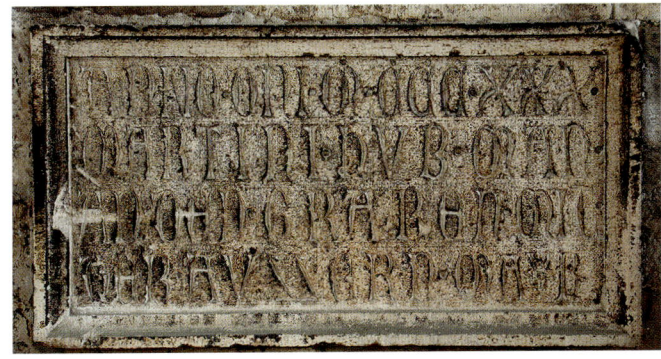

für König Maximilian II. von Bayern errichtet. Durch ihre expo-
nierte Lage auf der ehem. Ostenbastei zeugt die Villa von der
romantischen Neuinterpretation der alten Stadtbefestigung:
Diese markierte nun nicht mehr die Grenze zwischen Stadt und
Land, sondern den durch reizvolle Blickverbindungen betonten
Übergang der Stadt in die freie Landschaft. Daher besitzt der
hoch aufragende Bau großzügig durchfensterte Erkertürme,
und die zur Donau gewandte Nordfassade ist in ihrem risalitar-
tig betonten Mittelteil fast völlig verglast. Das Panorama reicht
von der Silhouette der mittelalterlichen Stadt im Westen bis zur
klassizistischen Walhalla im Osten. Damit ist die Königliche
Villa, die als das bedeutendste Beispiel des sog. Maximilianstils
außerhalb Münchens gilt, gleichsam zum königlichen Belvede-
re im Zentrum jener Denkmallandschaft geworden, die Maximilians Vater Ludwig I. um Regensburg hatte anlegen lassen.

Wieder in die Ostengasse zurückgekehrt, biegt man links in die
Gasse Am Stärzenbach ein. Ihr Name erinnert an den bis ins
19. Jahrhundert offen durch die Ostnerwacht fließenden östlichen Arm des Regensburger Stadtbaches. Die Gasse war im
Mittelalter die nach Norden zum Ostentor hin verlaufende Verlängerung des Minoritenwegs. Diese alte Wegesituation änder-
te sich erst, als der Minoritenweg 1889 geradlinig nach Osten
verlängert wurde, um das dort entstehende Viertel um die

Gewölbe in der Durchfahrt
des Ostentors

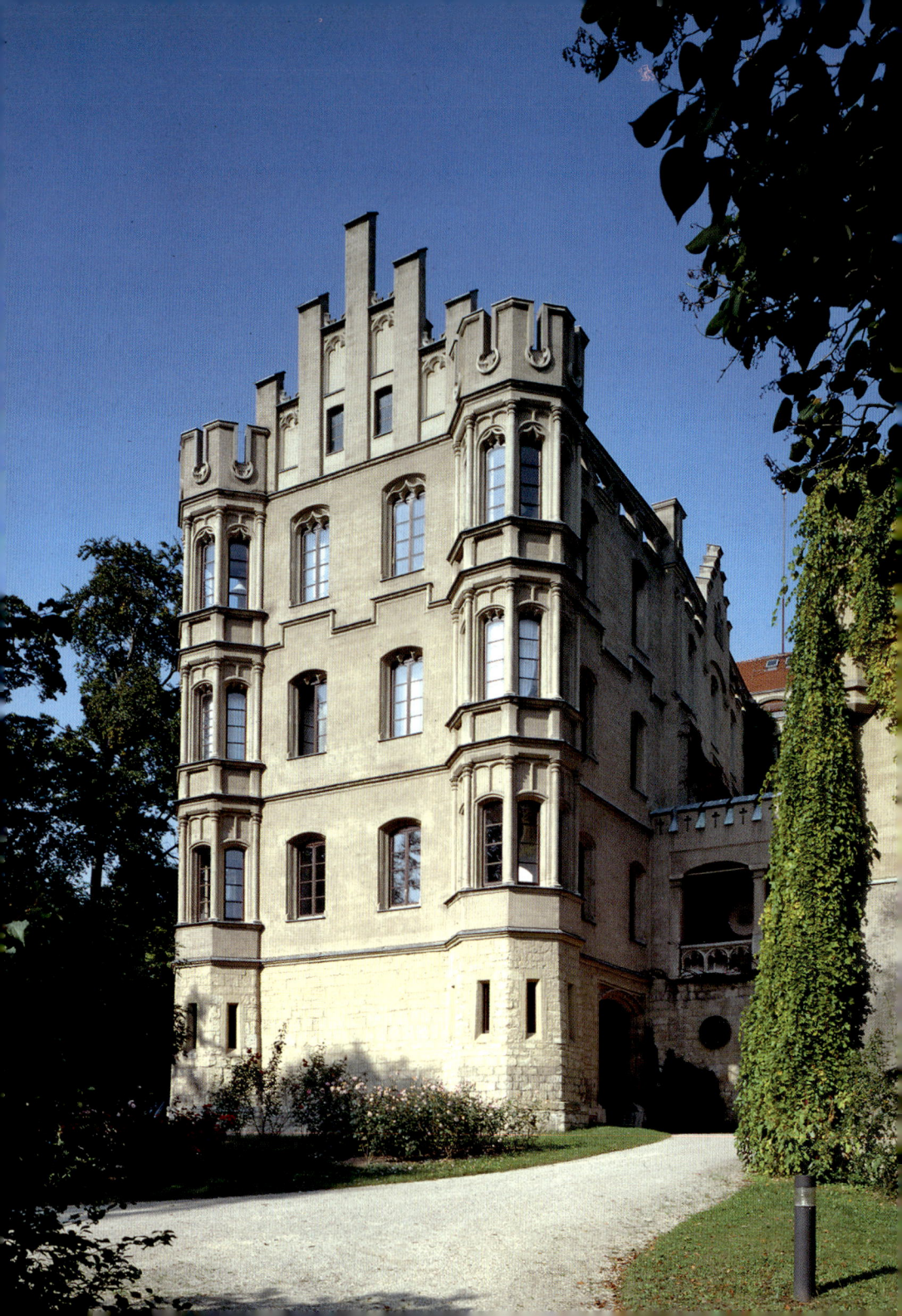

Blick auf die für König Maximilian II. von Bayern über der
Ostenbastei errichtete Villa
(1854–56).

Reichsstraße besser an die Altstadt anzubinden. Im Mittelalter war der Bereich Am Stärzenbach / äußerer Minoritenweg hauptsächlich von den sog. Krauterern (Gemüsebauern) besiedelt. Die Zahl der Steinbauten war daher relativ gering: Neben dem Haus Am Stärzenbach 2, das noch über einen gotischen Keller verfügt, ist vor allem das im Kern romanische Haus Am Stärzenbach 8 zu nennen, an dessen Fassade ein Biforium aus dem zweiten Viertel des 13. Jahrhunderts freigelegt wurde.

Am Übergang zum Minoritenweg liegt, versteckt hinter dem Haus Nr. 27, das Anwesen Nr. 29, dessen größerer, östlicher Teil auf das 13./14. Jahrhundert zurückgeht. Der Kernbau muss von turmähnlichem Aussehen gewesen sein. Stadtgeschichtliche Bedeutung erlangte das Anwesen aber erst im späten 18. und frühen 19. Jahrhundert, als die kunstsinnige Wachszieherfamilie Kränner hier eine Gemäldesammlung von überregionalem Rang beherbergte.

Dem Minoritenweg stadteinwärts folgend, passiert man rechter Hand das aus dem 15. Jahrhundert stammende Haus Nr. 21. Das für die spätmittelalterliche Bebauung der südlichen Ostnerwacht überaus stattliche Anwesen, das sich im 16. Jahrhundert im Besitz der Herren von Hochholding befand (Wappen am Erker), wirkt heute inmitten seiner erheblich jüngeren Umgebung geradezu wie ein Fremdkörper. Dies gilt auch für das barocke **Gartenpalais Löschenkohl (7)**, ein überaus qualitätvolles architektonisches Zeugnis der ab Beginn des 17. Jahrhunderts in diesem Bereich der Ostnerwacht nachweisbaren Tradition, die zahlreichen Grünflächen nicht nur zur Versorgung der Bevölkerung mit Lebensmitteln, sondern auch zur Anlage von Ziergärten zu nutzen. Erbauen ließ es der Bankier Hieronymus Löschenkohl zwischen 1730 und 1735 von Johann Michael Prunner, der damals auch das Löschenkohl'sche Stadtpalais am Neupfarrplatz (vgl. S. 99) errichtete. Die fünfachsige, durch ein Gurtgesims klar in Sockelgeschoss und *Piano Nobile* gegliederte Straßenfront besitzt ausgesprochen repräsentativen Charakter: Er beruht vorwiegend auf dem Kontrast zwischen

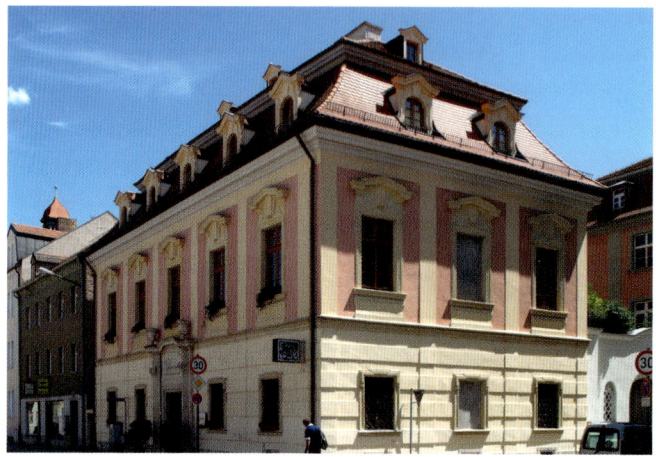

Das spätbarocke Gartenpalais Löschenkohl (Minoritenweg 20), ein Werk des Linzer Baumeisters Johann Michael Prunner.

den – im Sockelgeschoss genuteten – Putzflächen und den kunstreich in Haustein gerahmten Fassadenöffnungen. Auch die spitzgiebelig verdachten Gauben im Mansardgeschoss tragen zu diesem Erscheinungsbild bei. Das Typische des Gartenpalais aber ist seine dem – inzwischen verschwundenen – Garten zugewandte Südfassade, die in der Mitte dreiseitig hervortritt. Dies zeigt, der künstlerischen Herkunft Prunners entsprechend, die enge Verwandtschaft zu den großen Wiener Gartenpalais, aber auch zu dem von ihm selbst 1728 vor den Toren Regensburgs erbauten Schloss Pürkelgut, wo sich der Mittelrisalit halbrund vorwölbt. Dieser bewährte Kunstgriff ermöglichte es, von dem im ersten Stock gelegenen Festsaal aus gleich mehrere Blickachsen in die Kunstnatur des Gartens zu eröffnen.

Das neben dem Gartenpalais nach Süden abzweigende Kirschgäßchen führt in wenigen Metern in die **Von-der-Tann-Straße (8)**, die mit ihren bürgerlichen Mietshäusern des späten 19. und frühen 20. Jahrhunderts auf den ersten Blick nichts mehr von der mittelalterlichen Ostnerwacht erkennen lässt. Eine nennenswerte Vorgängerbebauung existierte nicht, denn hier be-

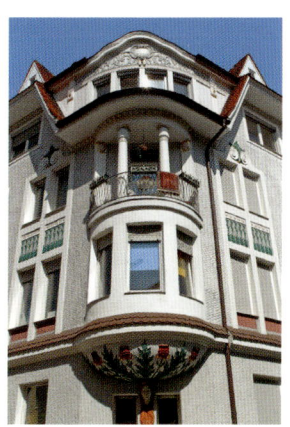

Das 1907 erbaute Haus Nr. 17 gehört zu den schönsten Beispielen des Jugendstils in der Von-der-Tann-Straße.

fanden sich seit dem Mittelalter zahlreiche Krauterergärten, die erst im 18. Jahrhundert durch den Löschenkohl-Garten und, ganz im Osten, durch die Wachsbleiche der Familie Kränner unterbrochen wurden. Auf der Südseite der Straße, die bis 1885 bezeichnenderweise Krautererweg hieß, verlief die Stadtmauer aus dem Beginn des 14. Jahrhunderts. Als man ab den 1860er Jahren mit der Errichtung der Wohnhäuser auf der Südseite der Straße begann, wurden zum Teil Reste der mittelalterlichen Befestigung in die Neubauten miteinbezogen. Dabei zeichnen die der Straße zugewandten Fassaden den Verlauf der Stadtmauer nach, während die rückwärtigen Gartenfassaden dem Verlauf der Zwingermauer folgen. Einige Häuser zeichnen sich durch aufwendigen Jugendstildekor aus, so etwa gleich das Eckhaus Nr. 17 an der Einmündung des Kirschgäßchens oder das Doppelhaus Nr. 10/12.

An ihrem westlichen Ende stößt die Von-der-Tann-Straße auf die D.-Martin-Luther-Straße, die an dieser Stelle seit 1865 den mittelalterlichen Befestigungsring durchschneidet. In nördlicher Richtung erstreckte sich einst der Klarenanger, benannt nach dem hier im 13. Jahrhundert gegründeten und 1809 zerstörten Klarissenkloster (vgl. S. 193). Das bauliche Umfeld wird heute vom Neuen Rathaus, einem Beitrag nationalsozialistischer Urbanistik, und einem Parkhaus aus dem Jahr 1971 beherrscht. Dieser gewaltige, die historischen Maßstäbe sprengende monolithische Baukörper macht am Ende des Rundgangs durch die Ostnerwacht noch einmal schmerzlich bewusst, welchen Schaden planerische Kurzsichtigkeit in einem über Jahrhunderte hinweg gewachsenen Stadtensemble verursachen kann.

Nördlich des Parkhauses erinnert eine 1978 von Richard Triebe geschaffene Stele an den Domprediger Dr. Johann Maier und seine Mitstreiter Josef Zirkl und Michael Lottner, die am 23. April 1945 öffentlich für die kampflose Übergabe der Stadt an die Amerikaner eingetreten sind und von den Nationalsozialisten als Saboteure ermordet wurden.

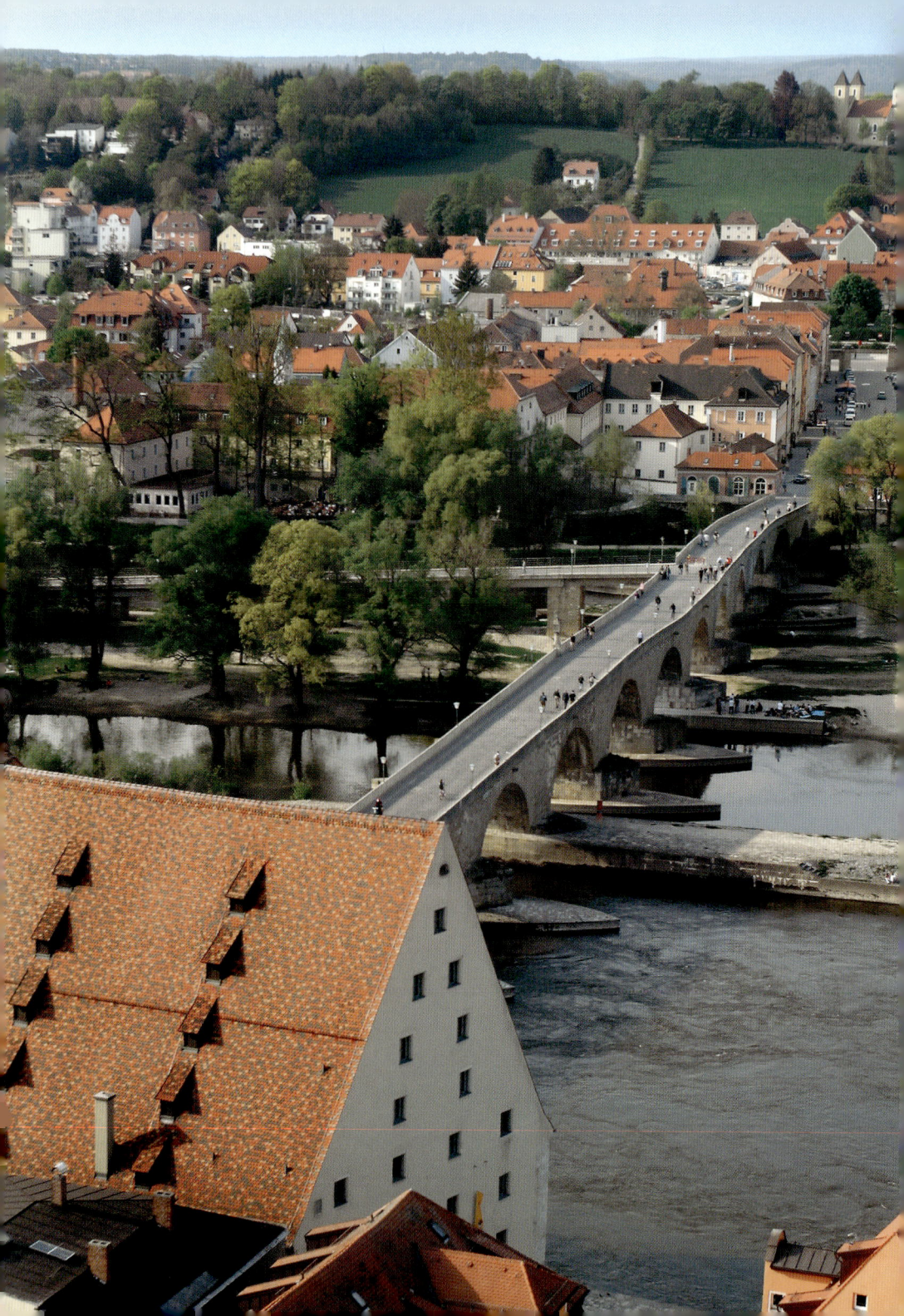

Steinerne Brücke, Stadtamhof und die Donauinseln

Für die Römer hatte es noch keinerlei Veranlassung gegeben, ihr Legionslager durch den Bau einer Brücke mit dem nördlich der Donau gelegenen Feindesland zu verbinden. Doch mit dem politischen und wirtschaftlichen Aufstieg Regensburgs ab dem frühen Mittelalter wurde das Problem der Flussüberquerung immer virulenter. Hier, am nördlichsten Punkt der Donau, trafen große kontinentale Handelswege aufeinander. Schon Karl der Große ließ deshalb vor dem – zu seiner Zeit noch in Funktion befindlichen – Nordtor des Römerlagers (vgl. S. 24ff.) eine Schiffsbrücke über die Donau anlegen. Vermutlich hat sie den alljährlichen Hochwassern nicht allzu lange standgehalten, so dass wieder ausschließlich Fähren den stets zunehmenden Waren- und Personenverkehr aufnehmen mussten.

Die Donau vor den Toren der Fernhandelsmetropole Regensburg mittels einer möglichst dauerhaften Brücke zu überqueren, wurde zu einer der großen verkehrstechnischen Herausforderungen des Hochmittelalters. Ab wann und in wessen Auftrag die Planungen zum Bau einer Steinbrücke liefen, ist nicht bekannt. Der niedrige Wasserstand infolge des extrem heißen und trockenen Sommers des Jahres 1135 bot jedenfalls die Gelegenheit mit den Fundamentierungsarbeiten zu beginnen. 1146 war das gewaltige Bauwerk vollendet. Es überspannte die Donau mit 16 Bögen auf einer Länge von ca. 350 m. In Verlängerung des nördlichen Brückenkopfes stellte eine über 20 m lange Rampe die Verbindung zur heutigen Stadtamhofer Hauptstraße her.

Die Ingenieurleistung der Baumeister ist umso höher einzuschätzen, als die technischen Kenntnisse der römischen Wasser- und Brückenbauer im Mittelalter erst wieder neu erworben werden mussten. Nicht umsonst galt die Regensburger Donaubrücke den Zeitgenossen als spektakuläres, in Deutschland einzigartiges Bauwerk. Sie war im Mittelalter der einzige vollständig gemauerte Donauübergang östlich von Ulm, und 800 Jahre lang blieb sie auch die einzige Brücke Regensburgs, die den Fluss in seiner gesamten Breite überspannte.

Die Bedeutung des Bauwerks spiegelt sich in seiner Rechtsstellung. Im Jahre 1182 ordnete Kaiser Friedrich I. Barbarossa auf Betreiben der

Blick vom nördlichen Domturm über das Dach des reichsstädtischen Salzstadels und die Steinerne Brücke nach Stadtamhof. Dahinter, außerhalb des Welterbe-Areals, Steinweg und der Dreifaltigkeitsberg.

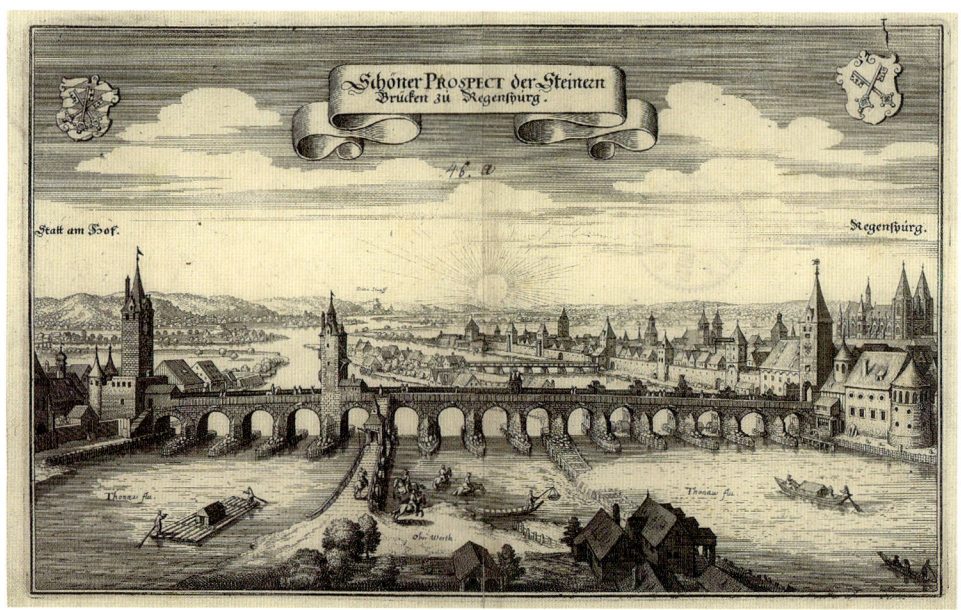

Regensburger Bürger an, dass der Zugang zur Brücke und ihre Überquerung frei von Zöllen sein müssten. Die hohen Unterhaltskosten
führten in Regensburg allerdings im 14. Jahrhundert zu einer Sonder-
steuer auf Wein, Met, Tuch und Wollwaren. 1514 wurde eine Brü-
ckenmaut für Fuhrwerke eingeführt.

Ihre wirtschaftliche Bedeutung und ihre Funktion als bequemer Stadtzugang bedingten eine baldige Befestigung der Brücke. Daher wurden
im späten 12. und im 13. Jahrhundert insgesamt drei Türme – zwei an
den Enden und einer über dem 12. Pfeiler – errichtet. Diese charakteristische Silhouette prägte das Aussehen der Brücke fast 500 Jahre lang
und machte sie neben dem Dom zum bekanntesten Wahrzeichen Regensburgs. Allein der südliche Brückturm ist erhalten. Der mittlere
musste nach den Schäden infolge des verheerenden Eisstoßes von
1784 abgetragen werden, und der sog. Schwarze Turm am nördlichen
Brückenkopf wurde 1810 abgebrochen, nachdem er ein Jahr zuvor von
österreichischen Truppen in Brand geschossen worden war.

Die Steinerne Brücke mit ihren
ehemals drei Türmen von Westen. Kupferstich von Matthäus
Merian, 1644 (Historisches Museum Regensburg). Im Vordergrund der Obere Wöhrd, im
Hintergrund der Untere Wöhrd
mit der Hölzernen Brücke.

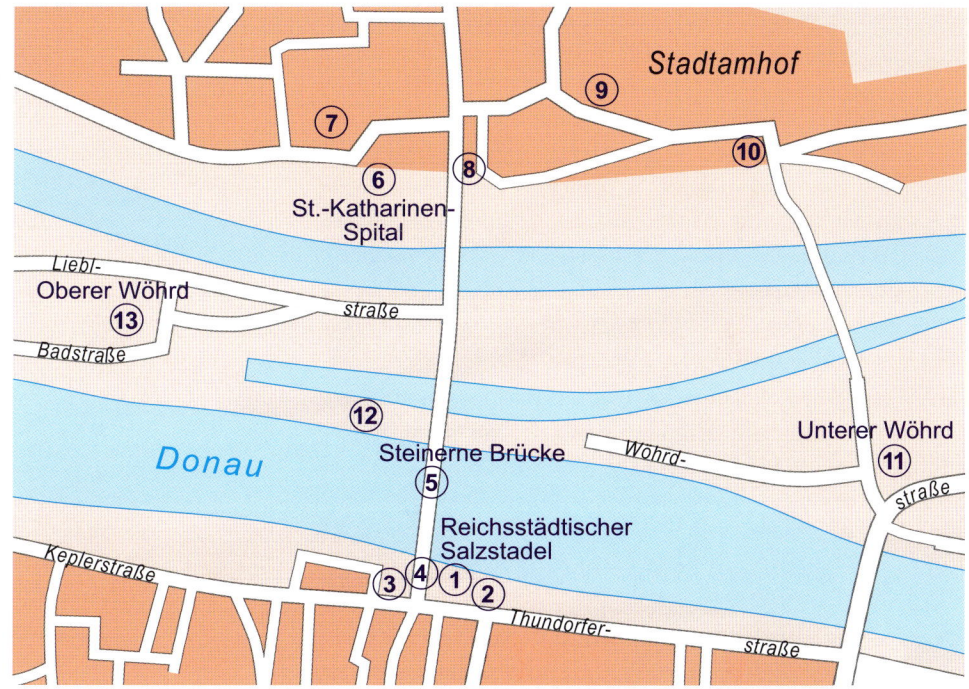

Bedingt durch den Ausbau der Donau zur europäischen Schifffahrts-
straße und durch das Anwachsen des Straßenverkehrs wurden im ausgehenden 19. Jahrhundert Stimmen laut, die den Abbruch der Brücke
forderten. Zu Beginn des 20. Jahrhunderts gab es konkrete Neubaupla-
nungen. Es ist dem unermüdlichen Mahnen engagierter Bürger zu verdanken, dass das einzigartige Brückenbauwerk nicht dem Fortschritts-
glauben geopfert wurde.

Aufs engste mit der Steinernen Brücke verbunden ist die nördlich davon gelegene Ansiedlung Stadtamhof. Deren Ursprünge werden zwar
auf das 981 an die Reichsabtei St. Emmeram verkaufte Königsgut
Skierstatt und bisweilen sogar auf die Römer zurückgeführt, doch zeigt
allein schon die Lage der auf das 14./15. Jahrhundert zurückgehenden
Hauptstraße deren Ausrichtung auf die Steinerne Brücke.

Politisch allerdings gehörte Stadtamhof nie zur Reichsstadt Regensburg. Schon in der Mitte des 12. Jahrhunderts war es in den Machtbereich der bayerischen Herzöge geraten, und als Regensburg 1245 die Reichsfreiheit erlangte, war die politische Frontstellung zwischen dem kaiserlichen Regensburg, zu dem auch die Steinerne Brücke samt dem nordwestlich angrenzenden St. Katharinenspital gehörte, und dem wittelsbachischen Stadtamhof für Jahrhunderte festgeschrieben. Diese Grenzsituation endete erst, als Regensburg 1810 an das Königreich Bayern fiel. Doch auch damals behielt Stadtamhof zunächst seine kommunale Eigenständigkeit. Erst 1924 wurde es nach Regensburg eingemeindet.

Architektonische Zeugnisse der mittelalterlichen Geschichte Stadtamhofs fehlen fast völlig: Nachdem bereits der Dreißigjährige Krieg schwere Zerstörungen verursacht hatte, schoss am 23. April 1809 die auf der Flucht vor den Truppen Napoleons befindliche österreichische Armee die kleine Stadt in Brand. Am Morgen danach lagen 95 Häuser und das St. Katharinenspital in Schutt und Asche.

Anders als Stadtamhof gehörten die beiden Donauinseln, der Obere und der Untere Wöhrd, stets zu Regensburg. Als Standort von Mühlen und Wohnort von Fischern waren sie für die Versorgung der Reichsstadt von größter Bedeutung. Zudem boten die langgestreckten Inseln, vor allem der Untere Wöhrd, genügend Platz für die Lagerung verschiedenster Materialen und andere flächenintensive Nutzungen. Als Ziel für Spaziergänger und Erholungsuchende gewannen sie erst in nachmittelalterlicher Zeit an Bedeutung.

Am südlichen Brückenkopf

Am südlichen Donauufer wird der Zugang zur Steinernen Brücke von zwei mächtigen Magazinbauten gesäumt. Rechts erhebt sich der ehem. **reichsstädtische Salzstadel (1)**. Er wurde von 1616 bis 1620 anstelle mittelalterlicher Vorgängerbauten – eines Badehauses, einer Garküche und eines Hafenkrans – errichtet. Mit Erdgeschoss, zwei Obergeschossen und fünf Dachgeschossen erreicht der Stadel eine beachtliche Höhe, die vor allem in der Ostansicht zur Wirkung kommt. Aufgrund der enormen Lasten und infolge des sumpfigen Terrains im Bereich des mittelalterlichen Hafenkanals (vgl. S. 131) wurden die mit Kalkmörtel vergossenen Bruchsteinfundamente auf Eichenpfähle gegründet. Im Inneren beeindruckt die Weite des Gebäudes, das im Erdgeschoss durch Steinpfeiler in drei Schiffe unterteilt ist. Die Obergeschosse sind ausschließlich in Holzkonstruktion ausgeführt. Der Erlebbarkeit dieser kühnen Bauweise wurde bei der Sanierung des Stadels (1988–91) Rechnung getragen, indem man die modernen Einbauten aus Metall und Glas klar von der historischen Substanz trennte.

Östlich neben dem Salzstadel befindet sich die sog. **Wurstkuchl (2)**, die als Ersatz für die anlässlich der Errichtung des Salzstadels 1615 abgebrochene mittelalterliche Garküche erbaut wurde. Das eingeschossige Gebäude fügt sich im Norden

Blick auf den südlichen Brückenkopf der Steinernen Brücke. Links der reichsstädtische Salzstadel (1616–20), daneben das Brücktor (um 1300) mit dem 1902/03 angefügten Schwibbogen, rechts der Amberger Salzstadel (15./16. Jh.).

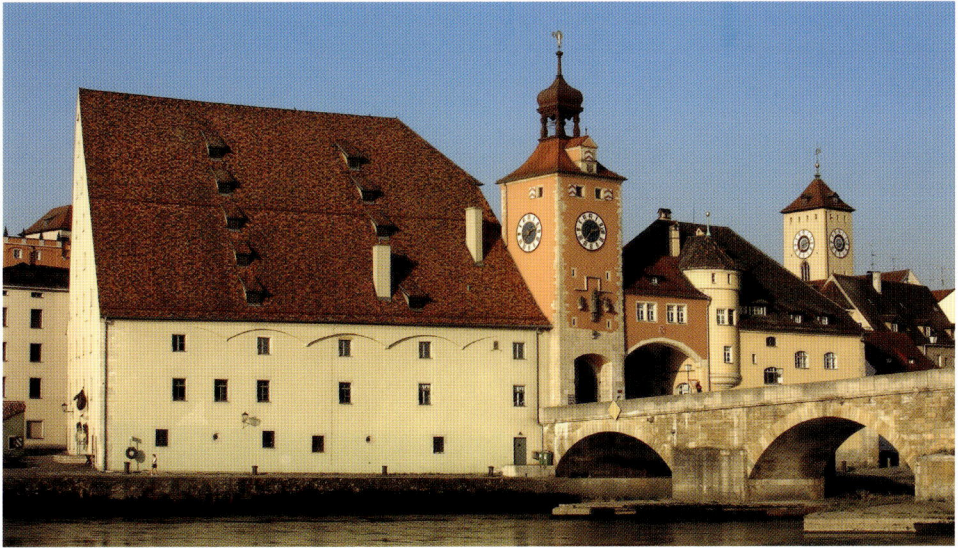

an die in diesem Bereich noch erhaltene Stadtmauer des 14. Jahrhunderts an. Im Inneren ist die originale Raumaufteilung erhalten: im Westen die Rauchkuchl mit offenem Kamin, im Osten der Gastraum. Erst im 19. Jahrhundert erfolgte die Spezialisierung der einstigen Garküche auf Bratwürste.

Auf der Westseite des Brückenkopfes erhebt sich der ehem. **Amberger Salzstadel (3)**, der 1551, nach der Verfüllung des mittelalterlichen Hafenkanals, anstelle eines älteren Lagerhauses errichtet wurde. Diesen Vorgängerbau, dessen Grundriss noch auf den Kanal Bezug nahm, hatte der bayerische Herzog Albrecht IV. während seiner kurzen Herrschaft über Regensburg 1487 zur Zwischenlagerung des für Amberg und die Oberpfalz bestimmten Salzes errichten lassen. Der Bau von 1551 wurde an seiner Ostseite erheblich verändert, als Stadtbaurat Adolf Schmetzer 1902/03 zur Verbreiterung der Brückenzufahrt zwei einst an den Stadel anschließende Häuser abbrechen ließ. Um die entstandene Baulücke für den Verkehr nutzbar zu machen und zugleich optisch wieder zu schließen, entwarf Schmetzer den Schwibbogen, der die neue Brückenzufahrt überspannt.

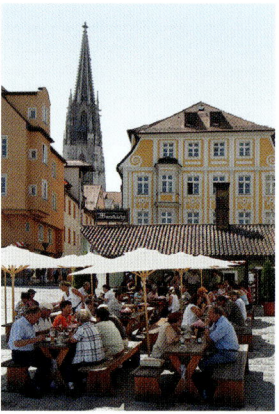

Sog. Wurstkuchl, im 17. Jh. an die donauseitige Stadtmauer angebaut.

Bis 1903 lief der gesamte die Steinerne Brücke passierende Verkehr durch das frühgotische **Brücktor (4, ⌂)**. Als einziger der ursprünglich drei Brückentürme erhalten, steht es jedoch nicht, wie es scheint, am Anfang der Brücke, sondern bereits auf deren erstem Pfeiler. Südlich des Torturms befindet sich nämlich noch ein 1551 vermauertes, heute nicht mehr sichtbares Brückenjoch, das einst den mittelalterlichen Schiffskanal überbrückte. Der Torturm wurde gegen 1300 errichtet und nach Beschädigungen im Dreißigjährigen Krieg 1648 wiederhergestellt. Damals erhielt der Turm seine heutige Bedachung und die Uhr. Am äußeren Torbogen sind noch die schweren Eisenangeln, an denen die Torflügel befestigt waren, sowie die Halterungen des Torriegels zu sehen. Eine Inschrift erinnert an

Sprengung (1945) und Wiederaufbau (abgeschlossen 1967) des ersten und zehnten Brückenpfeilers neuer Rechnung. Die Nordseite des Turms ist mit drei mittelalterlichen Herrscherbildnissen geschmückt. Die Skulpturen befanden sich ursprünglich am Mittelturm der Brücke und wurden nach dessen Abbruch 1784 zunächst an den nördlichen Brückenkopf versetzt, ehe sie 1835 an den heutigen Standort kamen (Originale im Historischen Museum). Die monumentale Mittelfigur (um 1280/90) wird meist mit Kaiser Friedrich II. identifiziert, dem die Stadt die Reichsfreiheit verdankte; die seitlichen Thronfiguren (1207?) stellen den durch eine Inschrift identifizierten König Philipp von Schwaben und vermutlich dessen Gemahlin Irene dar. Philipp

Blick vom Oberen Wöhrd auf den südlichen Brückenkopf der Steinernen Brücke. Rechts neben dem Brücktor (um 1300) der Amberger Salzstadel (15./16. Jh.)

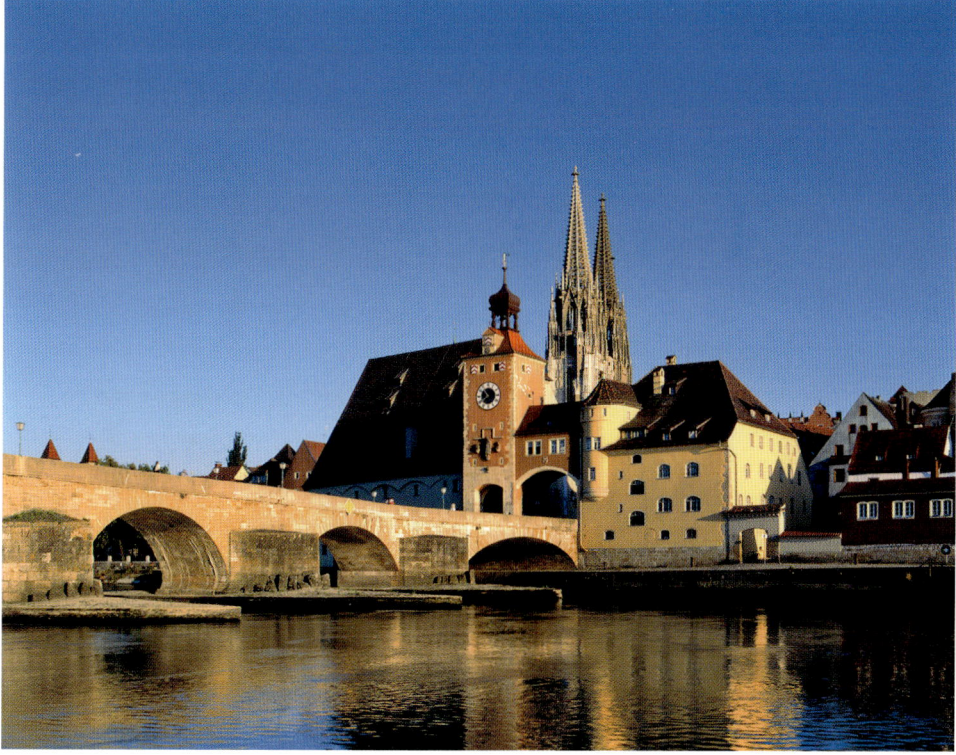

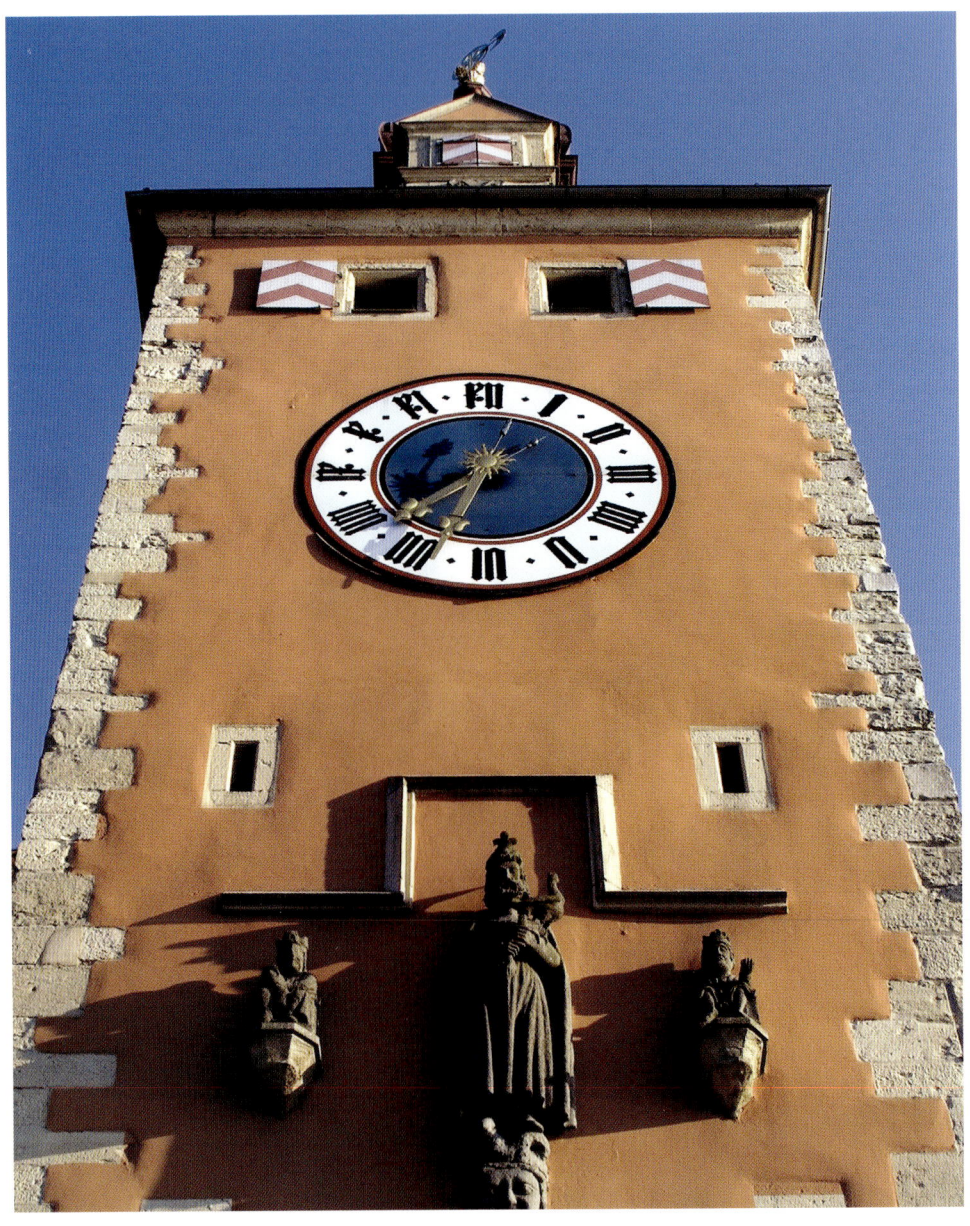

Das Brücktor (um 1300) mit den 1835 dorthin versetzten Skulpturen: in der Mitte Kaiser Friedrich II. (?), seitlich König Philipp von Schwaben und dessen Gemahlin Irene

hatte der Stadt 1207 wichtige Rechte an der Brücke verliehen und eine juristische Grundlage für die spätere Stadtfreiheit geschaffen.

Steinerne Brücke

Die **Steinerne Brücke (5)** steigt bis zu ihrer Mitte leicht an, um sich dann, leicht nach Osten abknickend, in Richtung Stadtamhof wieder zu senken. Die heutige Breite erhielt die Brücke erst 1877/78, als man die seitlich auskragenden Gehsteige anlegte. Die Brüstung wurde 1950 abermals erneuert.

Beeindruckend ist der Blick hinunter auf die Brückenpfeiler und deren lanzettförmige Vorlagen, die sog. Beschlächte. Diese waren früher noch etwas breiter, so dass sich das Wasser vor der Brücke staute und sich die für die Schifffahrt so gefährlichen Strudel bildeten. Von Vorteil war die hohe Fließgeschwindigkeit allerdings für die spätestens ab dem 14. Jahrhundert auf den Beschlächten betriebenen zahlreichen Mühlen. Diese waren nicht nur von großer Bedeutung für die reichsstädtische Wirtschaft; die erwirtschafteten Einkünfte wurden auch zum Unterhalt der Brücke verwendet. Daher hielt man die Mühlen auch sorgsam instand, bis der verheerende Eisgang von 1784 sie allesamt zerstörte.

Obgleich ein reiner Nutzbau, weist die Brücke einen reichen Skulpturenschmuck auf. Die meist unklare Bedeutung der Darstellungen, die sich zum Teil an der Brüstung, zum Teil aber auch kaum sichtbar an der Außenseite befinden, hat Anlass zu Sagen- und Legendenbildung gegeben. Dies betrifft nicht zuletzt das rittlings auf einem steilen Dach sitzende und in die Ferne blickende sog. *Bruckmandl*, das heute am höchsten Punkt der Brücke aufgestellt ist. Diesem Bildwerk von 1854 geht eine ältere, nur als Torso erhaltene Version von 1579 im Historischen Museum voraus, die wiederum ein mittelalterliches Original von 1446 ersetzte und sich auf der Verdachung eines Abgangs befand, der von der östlichen Brüstung zu der einst auf dem dritten Pfeiler befindlichen Schleifmühle führte. Der ursprüngliche Sinngehalt des Männleins (Rechtszeichen, Südweiser) ist bis heute unklar.

Etwa am heutigen Standort des Bruckmandls befand sich bis 1694 eine gotische Ädikula mit einer Kreuzigungsgruppe. Von diesem Bereich der Brücke aus hat man einen guten Blick auf die beiden Donauinseln, den Oberen und den Unteren Wöhrd sowie das dazwischen liegende Gelände. Dieses lässt bis heute Spuren mittelalterlicher Wasserbaumaßnahmen erkennen: Um ein Abfließen des Wassers vom südlichen in den tiefer gelegenen nördlichen Donauarm zu verhindern, hatte man schon 1304 am Südufer des Oberen Wöhrds ein Wehr angelegt. Dieses wurde 1388 zu einem Steindamm, dem sog. Hammerbeschlächt, zwischen den beiden Inseln ausgebaut (vgl. S. 234).

Nach einem Ratsbeschluss von 1499 wurde 1502 die Zufahrt vom Oberen Wöhrd auf die Steinerne Brücke geschaffen. Dank dieser ursprünglich aus Holz errichteten und mit einem eigenen Turm gesicherten Brücke vereinfachte sich vor allem die Beschickung der Getreidemühle, die bis dahin nur vom Fischmarkt aus über eine Fähre zu erreichen war. Am Fuß dieser neuen Brücke ließ sich auch die reichsstädtische Steinmetzhütte nieder, die für die Instandhaltung der Steinernen Brücke zuständig war.

Über dem nördlich der Einmündung der Abfahrt zum Oberen Wöhrd gelegenen Brückenpfeiler erhob sich bis 1784 der Mittelturm. An dem nach Norden folgenden Brückenbogen sind außen an der Westseite das Stadt- und das Brückenwappen angebracht. Es handelt sich dabei um mittelalterliche Rechtszeichen, die den Ort kennzeichnen, an dem bis um 1500 die sog. Wasserstrafen vollzogen wurden – also etwa das Ertränken von Ehebrechern oder das Untertauchen von Wucherern.

Von der Brücke aus fällt der Blick seit dem Abbruch des Schwarzen Turms 1810 geradeaus über die ehemals reichsstädtisch-bayerische Grenze in die Stadtamhofer Hauptstraße, während man links am Stadtamhofer Ufer die Gebäude und

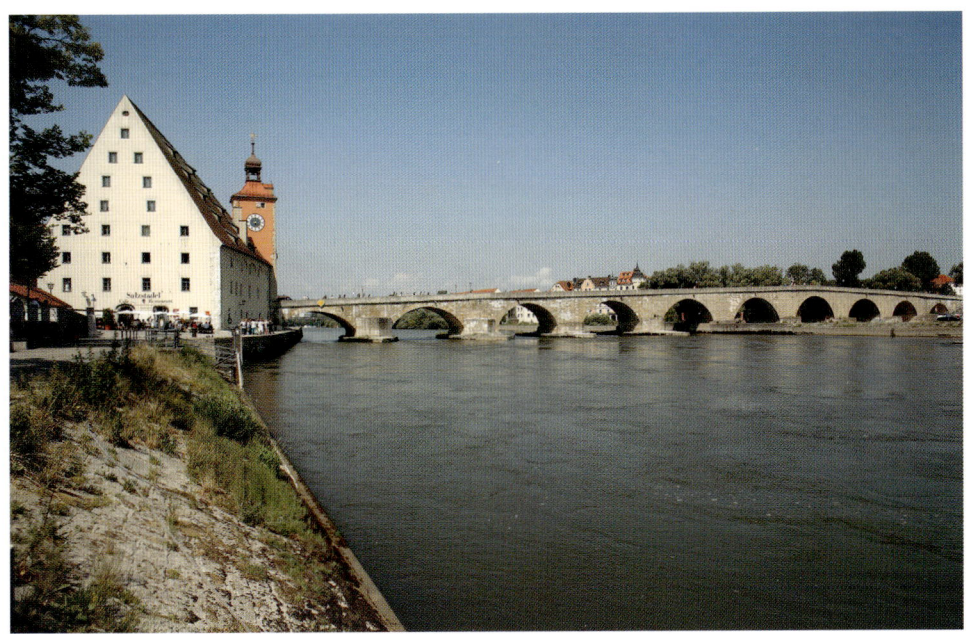

Reichsstädtischer Salzstadel und Steinerne Brücke von Osten. Vor allem in der Giebelansicht werden die gewaltigen Dimensionen des 1616–20 erbauten Salzmagazins sichtbar.

den Biergarten des St. Katharinenspitals erkennt. In den Jahrhunderten der politischen Trennung von Regensburg und Stadtamhof bildete das Spital eine reichsstädtische Exklave auf bayerischem Grund und erhielt daher einen gleich am Ende der Brücke, noch vor der einstigen Stadtgrenze, abzweigenden eigenen Zugang. Dieser ist, trotz großer Veränderungen im Zuge des Wiederaufbaus nach 1809, noch immer erhalten. Am Ufer unterhalb des Spitals stand von 1353 bis 1486 das sog. Antwerch, eine Winde, mit der die Schiffe stromaufwärts unter der Brücke hindurchgezogen wurden.

St. Katharinenspital

Entstanden ist das **St. Katharinenspital (6)** durch die ab ca. 1210 vom Bischof betriebene Zusammenlegung des Domspitals mit einem bereits seit dem 12. Jahrhundert nördlich der

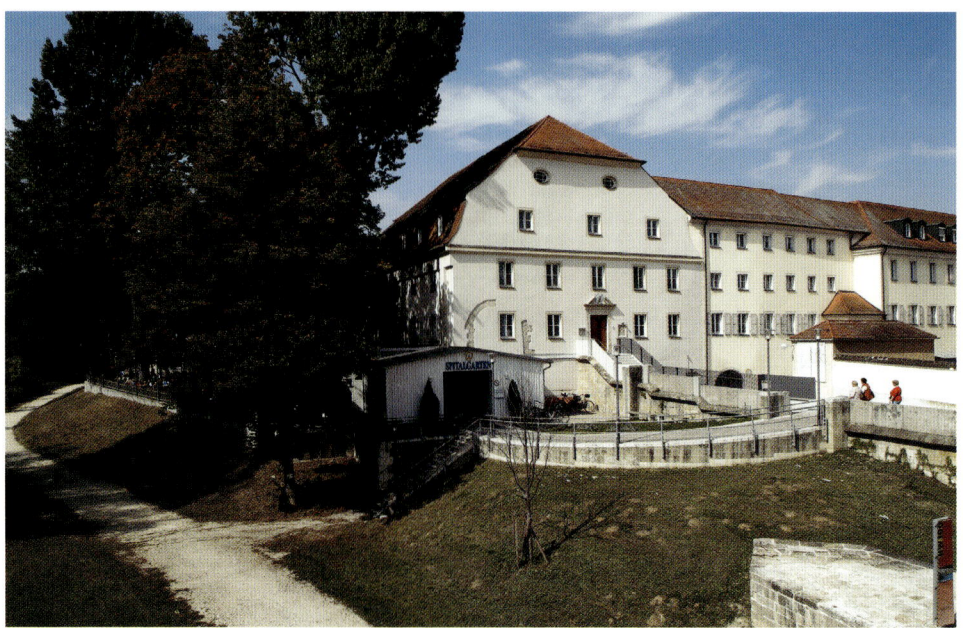

Steinernen Brücke bestehenden bürgerlichen Spital. Die neue Institution, deren um 1220 erbaute Infirmerie (Krankentrakt) 100 Patienten aufnehmen konnte, zählte zu den größten Spitälern ihrer Zeit. Verwaltet wird das St. Katharinenspital, das als Bürgerspital bis ins 19. Jahrhundert die zentrale Wohlfahrtseinrichtung der Stadt Regensburg war, seit 1226 gemeinsam von Vertretern des Domkapitels und der Bürgerschaft. Seit dem 13. Jahrhundert besteht auch die bis heute vom Spital gepflegte Tradition des Bierbrauens.

Die Spitalsgebäude gehen in ihrem heutigen Erscheinungsbild fast alle auf den Wiederaufbau in der ersten Hälfte des 19. Jahrhunderts zurück. Glücklicherweise ist jedoch mit der **Spitalkirche St. Katharina (7)** einer der interessantesten frühgotischen Sakralbauten Regensburgs erhalten geblieben. Die mehrfach erweiterte Kirche geht, noch immer gut erkennbar, im Kern auf einen sechseckigen Zentralbau zurück, den der

Blick von der Steinernen Brücke auf das St. Katharinenspital. Links der (im 20. Jh.) erweiterte Spitalanger, rechts der Bäume die Infirmerie, der ehem. Getreidekasten und der Ostflügel.

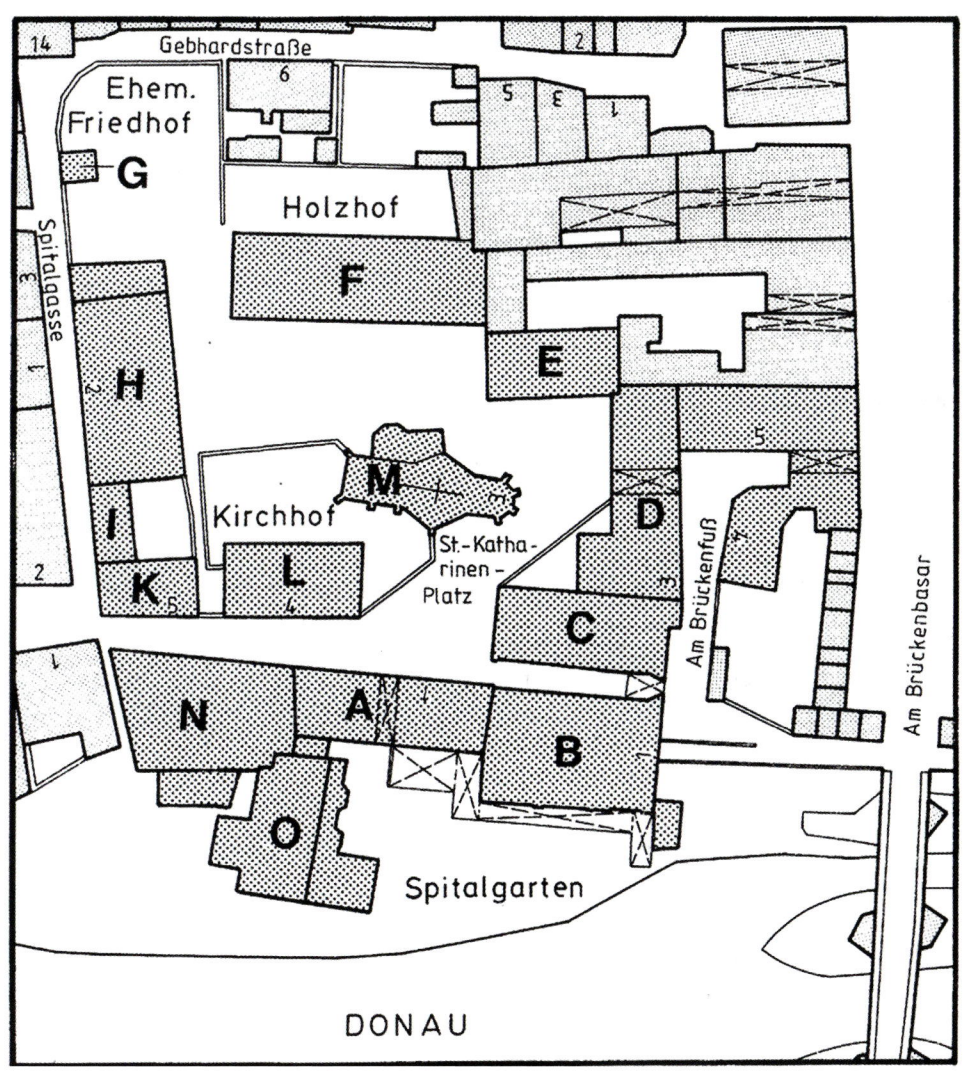

Lageplan des St. Katharinenspitals. A: Mittelbau, B: Infirmerie, C: Getreidekasten, D: Ostflügel, E: Nordflügel, F: Remise, G: ehem. Leichenhaus, H: Kuhstall und Stadel, I: ehem. Schweinestall, K: Schöpfhaus, L: Pfarrhaus, M: Pfarrkirche, N: Brauhaus, O: Gaststätte, bis 1809 Spitalbad

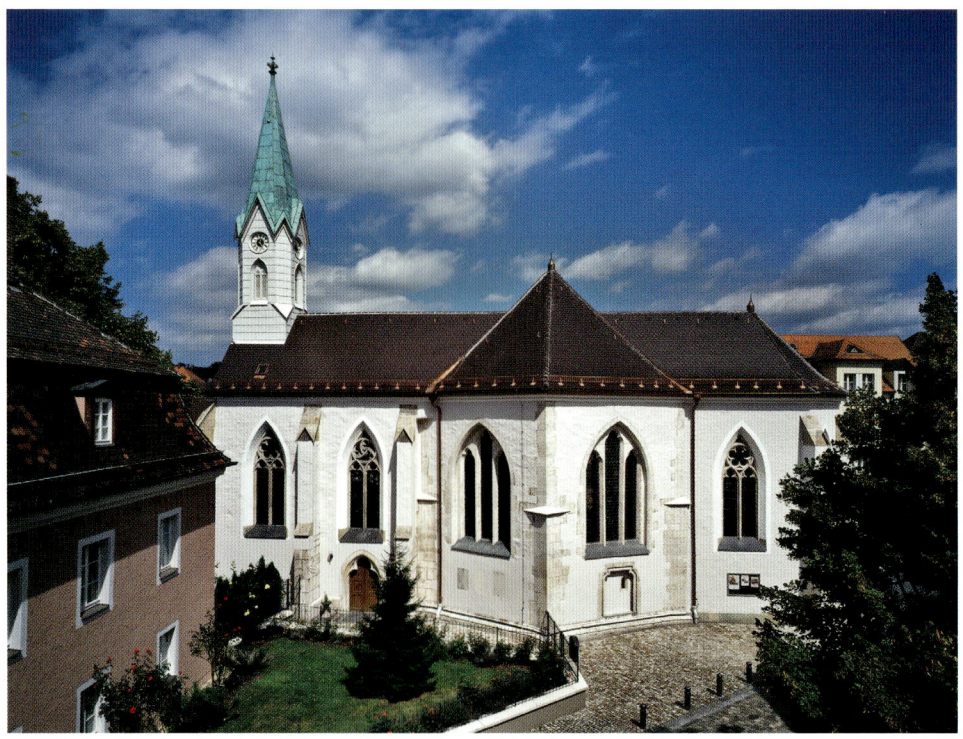

Regensburger Patrizier Heinrich Zant 1287 von Mitgliedern der Dombauhütte als seine eigene Grablege errichten und zu Ehren aller Heiligen weihen ließ. Es handelt sich damit um das älteste Patriziermausoleum im deutschsprachigen Raum. An den Zentralbau wurde schon bald im Osten ein – ursprünglich niedrigerer – Chor angefügt, gleichzeitig oder noch etwas später dann auch im Westen das zweijochige Langhaus. Seine Existenz war die Voraussetzung dafür, dass das einstige Mausoleum 1430 die Funktion der Pfarrkirche des Spitals übernehmen konnte. Ihr heutiges Aussehen erhielten Langhaus und Chor erst im 19. Jahrhundert. Das Innere hat seine originale Ausstattung weitestgehend eingebüßt. Der Zentralraum, in dessen Mitte einst das Hochgrab des Stifters (Fragmente im Historischen

Die Kirche des St. Katharinenspitals, hervorgegangen aus dem sechseckigen, 1287 errichteten Mausoleum des Heinrich Zant.

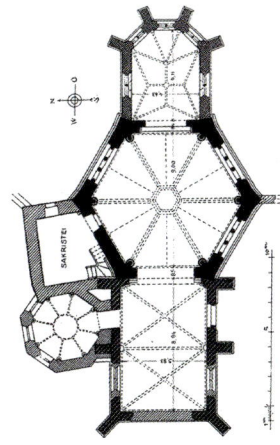

Museum) gestanden haben dürfte, und der Chor verfügen jedoch über hochwertige, mit phantasievollem Blattdekor geschmückte Dienstkapitelle und Gewölbekonsolen. Die beiden spätgotischen Altäre stammen aus der Kirche von Martinsberg bei Hohenfels (Oberpfalz), die bei der Anlegung des dortigen Truppenübungsplatzes 1937 geräumt wurde.

Östlich der Kirche gelangt man durch zwei aufeinanderfolgende Durchgänge aus dem „reichsstädtischen" Spitalbereich ins „bayerische" Stadtamhof. Nach links eröffnet sich der Blick in die nach 1809 in einheitlichem Stil über den mittelalterlichen Parzellen wieder aufgebaute Hauptstraße, die im Norden von einer klassizistischen Toranlage (1825) abgeschlossen wird. Diese besitzt mit ihrer breiten, offenen Durchfahrt nur noch eine ästhetische Rahmenfunktion. Auch am südlichen Ende der Hauptstraße, dort wo sich vom 13. Jahrhundert bis 1810 der trutzige Schwarze Turm erhob, entschied man sich 1824/25 für eine städtebauliche Lösung, die nach Jahrhunderten der politischen Trennung Transparenz signalisiert: Der **Brückenbasar (8)** verkehrt durch die kommerzielle (und mittlerweile auch gastronomische) Nutzung seiner beiden Flügelbauten die einstige Grenzsituation ins Gegenteil. An die Stelle des Torturms ist der freie Blick auf die mittelalterliche Silhouette Regensburgs getreten.

St. Andreas und St. Mang

Unweit östlich des Brückenbasars befindet sich das ehem. Augustiner-Chorherrenstift **St. Andreas und St. Mang (9)**. In dieser Gegend zwischen Donau und Regenmündung hatte bereits um die Mitte des 11. Jahrhunderts der in St. Emmeram ausgebildete und später u. a. in Cluny wirkende hl. Ulrich von Zell versucht, ein Kloster zu gründen. Die Initiative scheiterte am Widerstand des Regensburger Bischofs. 1138 gelang es schließlich dem Regensburger Kleriker Gebhard, zusammen mit

seinem Gefährten Paul ein Augustiner-Chorherrenstift zu errichten. Als Vorbild diente ihm das Chorherrenstift S. Maria in
Porto bei Ravenna. Die Kontakte dorthin gehen auf den Ra-
vennater Erzbischof Gualtiero (Walter) zurück, der Gebhard
1130 zum Priester geweiht hatte. Auf diese Weise wurde das
Stadtamhofer Augustiner-Chorherrenstift das einzige nördlich
der Alpen, dessen Mitglieder nach den vergleichsweise locke-
ren Statuten von S. Maria in Porto lebten.

Von der romanischen, über kreuzförmigem Grundriss errichteten Kirche, die Gebhard nach eigener Aussage (1146) von
Werkmeistern aus Como erbauen ließ, sind seit der Zerstörung
der gesamten Stiftsanlage im Dreißigjährigen Krieg (1634) nur
noch die Grundmauern erhalten. Diese lassen auf der Nordseite
erkennen, dass das Querhaus ursprünglich gerundet war.

Die heutige Kirche, im Allgemeinen nur St. Mang genannt,
wurde 1697–1717 errichtet. Als Baumeister gilt der Stadtamhofer Bürger Andreas Pichlmaier. Der Turm wurde erst 1875 in
der heutigen Form ausgebaut. An der durch Pilaster gegliederten Giebelfassade birgt eine große Nische über dem Hauptportal eine Statue des hl. Andreas. Der durch seine Höhe beeindruckende Innenraum präsentiert sich als vierjochiger,
durch Wandpfeiler gegliederter Saal mit Querhaus und stark
eingezogenem zweijochigem Chor. Die um 1750/60 wohl
von Otto Gebhard ausgeführten Wand- und Deckenbilder
lassen die Absicht erkennen, die klare architektonische Gliederung im Sinne des Rokoko zu verunklären. Die reichen Stuckaturen zeigen den Stilwandel vom frühen Rokoko im Langhaus
zum reifen Rokoko im Chor. Auch an den fünf Altären, dem
bemerkenswerten Chorgestühl und den übrigen Ausstat-
tungsteilen lassen sich die Stilnuancen von Spätbarock und
Rokoko studieren.

Die Stiftsgebäude wurden erst in den 1730er Jahren, d. h.
ein Jahrhundert nach ihrer Zerstörung, wieder aufgebaut. Sie
beherbergen heute die Hochschule für Katholische Kirchen-
musik und Musikpädagogik.

Blick von der Steinernen
Brücke auf das Stadtamhofer
Ufer mit dem Turm von
St. Andreas und St. Mang

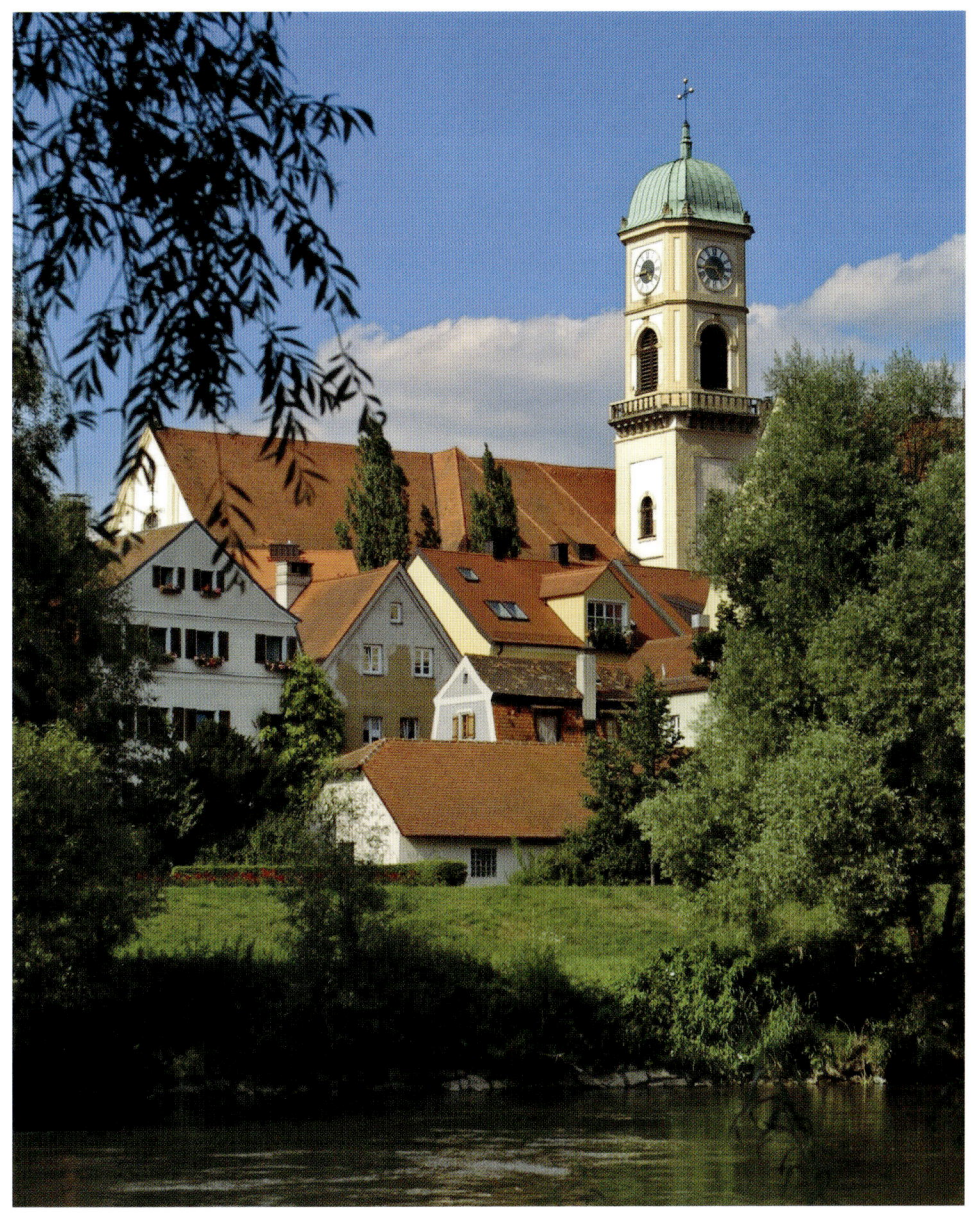

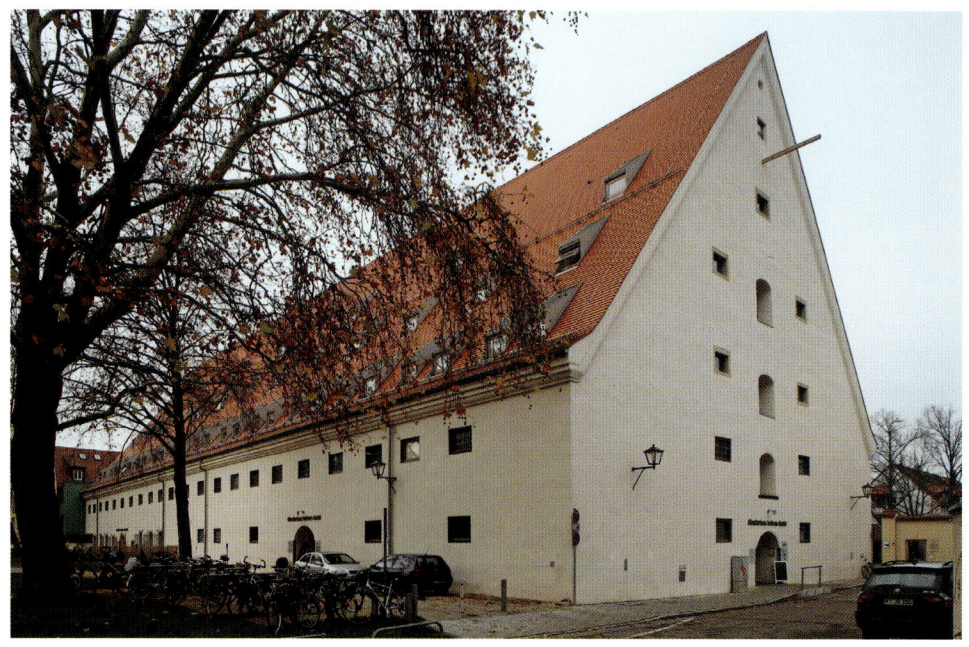

Vorbei an der Südfassade der Kirche und der Einmündung der malerischen Seifensiedergasse gelangt man zum **Andreasstadel (10)**, der die gleichnamige Straße zur Donau hin begrenzt. Der mächtige, langgestreckte Baukörper wurde um 1597 als Salzstadel der bayerischen Herzöge errichtet. Da diese ab 1623 die Kurfürstenwürde innehatten, wird er oft auch als kurbayerischer Salzstadel bezeichnet. Wie bei seinem städtebaulichen und handelsgeschichtlichen Gegenstück, dem reichsstädtischen Salzstadel am Südufer der Donau, sind die Dimensionen beeindruckend: Über zwei Vollgeschossen erhebt sich ein viergeschossiges Satteldach. Mit Ausnahme der Außenmauern ist die gesamte, dreischiffig angelegte Konstruktion aus Holz ausgeführt. Bei der 2004 abgeschlossenen Sanierung des nun als „Künstlerhaus" und Hotel genutzten Gebäudes wurde darauf geachtet, trotz der notwendigen räumlichen Unterteilung der Geschossflächen die einstige

Der sog. Andreasstadel, am Ende des 16. Jhs. am Stadtamhofer Donauufer als herzoglich-bayerischer Salzstadel errichtet.

Weitläufigkeit des Lagerhauses wenigstens punktuell erlebbar zu belassen.

Vor der östlichen Giebelfassade des Andreasstadels, die durch ihre Ladeluken noch klar auf die ursprüngliche Nutzung des Gebäudes hinweist, beginnt die idyllische Gasse Am Gries. Ihr Name leitet sich vom althochdeutschen Wort *gris* (= Sand) ab, das in zahlreichen oberdeutschen Ortsnamen weiterlebt. Hier bezeichnet es die sandige und daher lange Zeit nicht bebaute Landspitze zwischen Donau und Regenmündung. Erst im 16. Jahrhundert siedelten sich hier Fischer und Handwerker an, die von der Nähe zu den beiden Flüssen profitierten. Die ältesten Häuser der Gasse stehen auf ihrer Nordseite und besitzen größtenteils noch ihre charakteristischen Vorgärten.

Die beiden Donauinseln

Vom Andreasstadel aus gelangt man über den 1947 erbauten Grieser Steg bequem auf den **Unteren Wöhrd (11)**. In früheren Zeiten gab es hier, zwischen dem bayerischen Stadtamhof und der reichsstädtischen Donauinsel, keinen Übergang. Im Mittelalter war der Untere Wöhrd nur von einigen Handwerkern besiedelt, die fast alle als Flößer, Schiffsbauer oder Müller von der Lage an der Donau profitierten; einige andere arbeiteten in den ab dem 15. Jahrhundert hier nachweisbaren Ziegeleien. Das Erscheinungsbild der Insel im Spätmittelalter war aber auch ganz wesentlich geprägt von diversen städtischen und privaten Stadeln; ein Relikt dieser Lagernutzung sind die in ihrer heutigen Form aus dem späten 16. und 17. Jahrhundert stammenden ehem. reichsstädtischen Stadelbauten Wöhrdstraße 33, 41 und 54. Die Verbindung zur Stadt erfolgte über eine Holzbrücke, an deren südlichem Ende 1418 ein in die Stadtmauer integrierter Torturm mit Zugbrücke errichtet wurde. An der Stelle dieses mittelalterlichen Donauübergangs befindet sich heute die moderne Eiserne Brücke. *(Über sie ist eine direkte Rückkehr in die Altstadt*

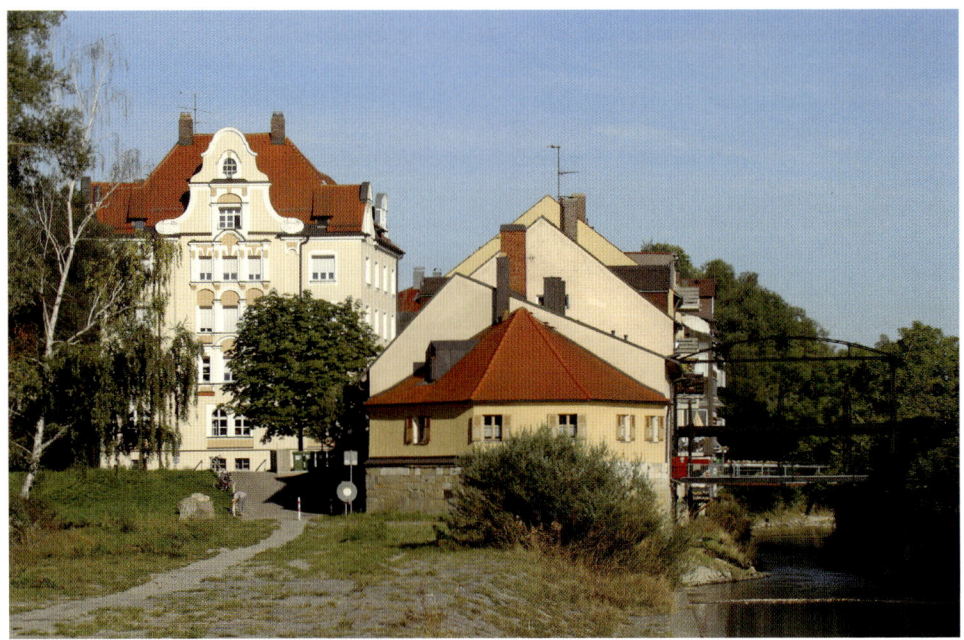

Die ehem. Obere Mahlmühle
am westlichen Ende des
Unteren Wöhrds

möglich. Der folgende Teil des Rundgangs ist für Rollstuhl-fahrer ungeeignet.)

Über die westliche Wöhrdstraße führt der Weg durch das von gründerzeitlichen Mietshäusern dominierte einstige Mühlen-quartier des Unteren Wöhrds. In Höhe der aus dem 16. Jahr-hundert stammenden Oberen Mahlmühle (Wöhrdstraße 2), am Ende der Insel, beginnt ein 1388 als nördliche Einfassung des Donau-Hauptarms angelegter Steindamm, das sog. **Ham-merbeschlächt (12)**. Auf ihm gelangt man unter der Stei-nernen Brücke hindurch auf den Oberen Wöhrd. Der Weg bie-tet großartige Ausblicke auf die Altstadt und nicht zuletzt auf die Brücke selbst. So erkennt man etwa, dass die Brückenpfeiler nach Westen massiver ausgebildet und zudem mit Findlingen verstärkt sind. Dies war eine Schutzmaßnahme gegen Hoch-wasser, Treibgut und insbesondere gegen die gefürchteten Eisstöße, die das Brückenbauwerk in ernste Gefahr bringen konnten. So waren am 28. Februar 1784 der Druck der Wassermassen und die Wucht, mit der die Eisschollen gegen die Brücke stießen, so stark, dass der Mittelturm einzustürzen drohte und daher abgetragen werden musste.

Seit der Anlegung des Hammerbeschlächts zweigt am Übergang zum Oberen Wöhrd ein Kanal ab, dessen einst schnell fließendes Wasser die angrenzenden Hammerwerke betrieb. Diese historische Kanalsituation ist, trotz der modernen Überbauung im Bereich des heutigen Insel-Hotels, noch gut erlebbar.

Der bis 1502 nur auf dem Wasserweg erreichbare **Obere Wöhrd (13)** war im Mittelalter noch dünner besiedelt als der Untere Wöhrd. Von den zwei Dutzend Bewohnern, die um 1471/72 hier lebten, waren die meisten Fischer und Schiffsmeister. Erst im Lauf des 16. Jahrhunderts bildete sich im Osten der Insel ein eigenes Mühlenquartier: 1529 ging der reichsstädtische Eisenhammer in Betrieb, 1539 die reichsstädtische Papiermühle.

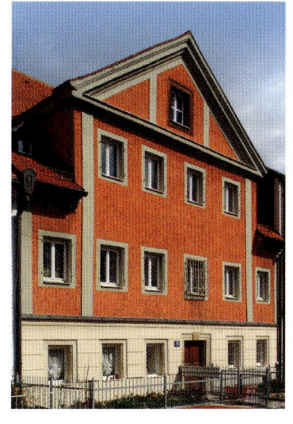

Badstraße 14, eines der stattlichsten barocken Schiffsmeisterhäuser des Oberen Wöhrds

Der heutige Baubestand stammt fast ausschließlich aus nachmittelalterlicher Zeit. Bei einigen Anwesen allerdings scheint die Nutzungstradition bis ins Spätmittelalter zurückzureichen. Dies gilt etwa für die Häuser Badstraße 2–6, auf die man nach Überquerung der Kanalbrücke am Ende des Hammerbeschlächts stößt. Die Häuser Nr. 2 und Nr. 6 wurden 1590 von der Reichsstadt anstelle älterer Müllerbehausungen erbaut und dienten fortan als Wohnungen von Müllern und Hammerschmieden. Das Haus Nr. 4 wurde 1566 anstelle eines älteren Gebäudes als reichsstädtisches Mühlschreiberhaus errichtet.

In ihrem weiteren Verlauf ist die Badstraße vorwiegend von barocken Schiffsmeisterhäusern geprägt, die mit ihren Vorgärten ein malerisches Ensemble bilden. Ihre Reihe wird unterbrochen vom Gasthaus zur Goldenen Ente, das im Kern – ebenso wie das Haus Nr. 52 – noch aus dem 15. Jahrhundert stammt. Spätestens seit der Mitte des 17. Jahrhunderts gastronomisch

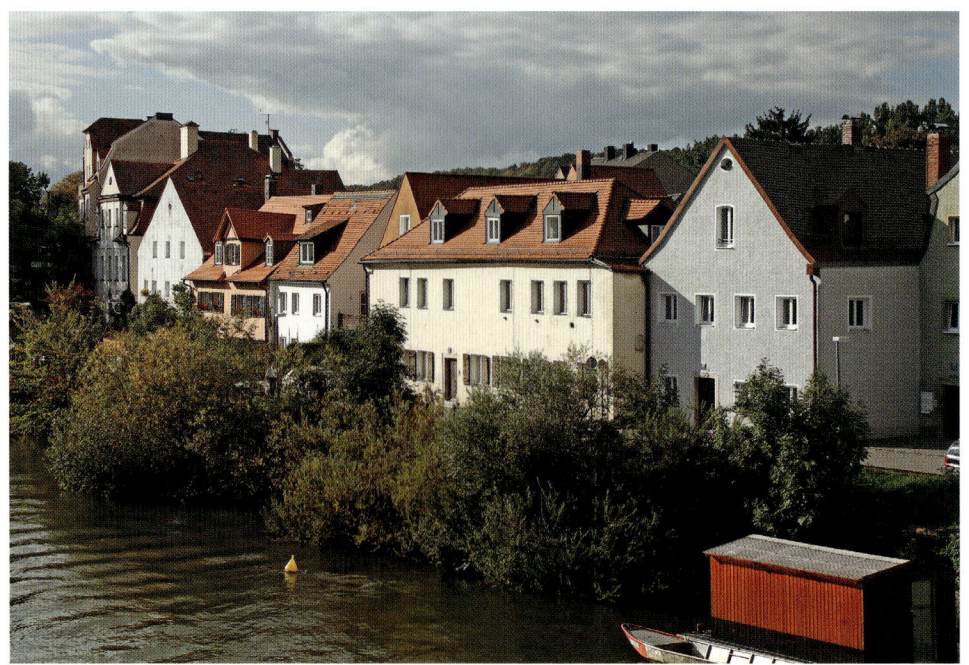

genutzt, zeugt dieses Wirtshaus mit seinem schattigen Gast-
garten von der Tradition des Oberen Wöhrds als reichsstädtisches Naherholungsgebiet.

    Das Anlegen einer Allee durch das städtische Bauamt im
Jahre 1654 macht deutlich, dass die Regensburger den Oberen
Wöhrd damals gern aufsuchten, um bei einem Spaziergang in
guter Luft der Enge der mittelalterlichen Stadt zu entkommen.
Im 18. Jahrhundert gehörte es in den wohlhabenden Kreisen
des Regensburger Bürgertums zum guten Ton, auf der Insel ein
Sommerhaus zu besitzen. Im Haus Badstraße 54, dem ehem.
Casino, traf man sich zum Billard- und Kartenspiel. Die qualität-
vollsten architektonischen Relikte der Nutzung des Oberen
Wöhrds als Villenstandort aber befinden sich an der Lieblstraße
auf der Nordseite der Insel: Während die Häuser Nr. 13 und
13a aus der Zeit um 1730 stammen und die architektonische

Blick vom Eisernen Steg auf
die westliche Badstraße

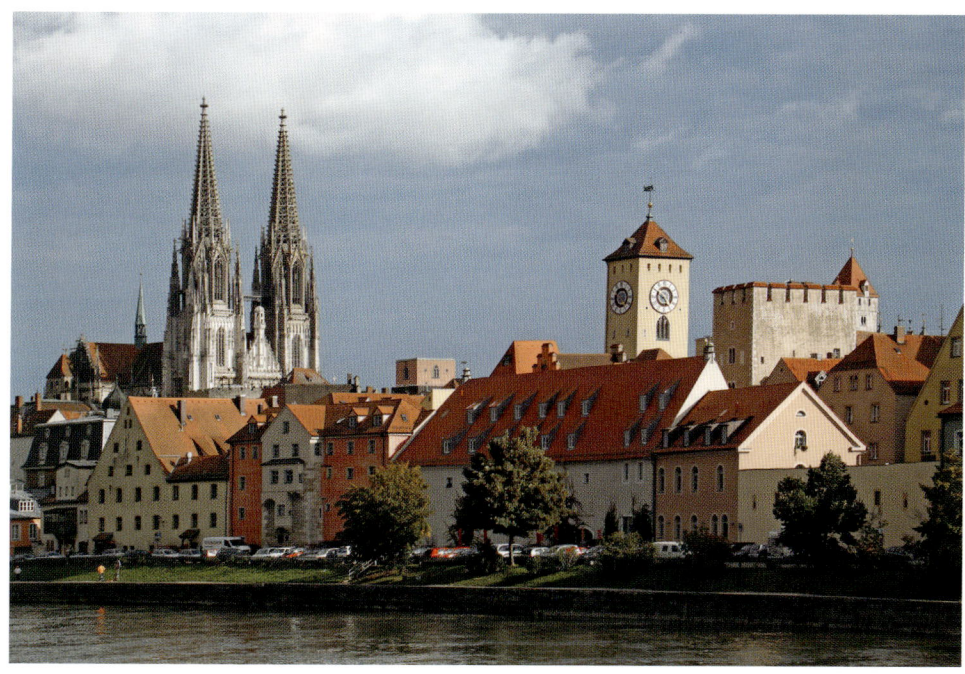

Blick vom Eisernen Steg
auf die Altstadt

Handschrift Johann Michael Prunners tragen, wird an dem stattlichen Gartenpalais Nr. 2, das sich der Handelsmann und Bankier Georg Friedrich Dittmer 1795 unter Bauleitung des fürstlich Thurn und Taxis'schen Baudirektors Joseph Sorg errichten ließ, der Stilwandel zum Klassizismus spürbar.

In Höhe des Gasthauses zur Goldenen Ente stellt seit 1902 der Eiserne Steg eine Fußgängerverbindung zur Altstadt her. Die (1946–48 erneuerte) Brücke bietet prachtvolle Ausblicke auf die Stadt und beide Flussufer. Halblinks liegt die mittelalterliche Weinlände, halbrechts die einstige Holzlände. Gleichsam im Fluchtpunkt des Steges, wo sich seit etwa 1300 die Kirche St. Oswald erhebt, lag der nordwestlichste Punkt der arnulfinischen Stadtbefestigung (917–920).

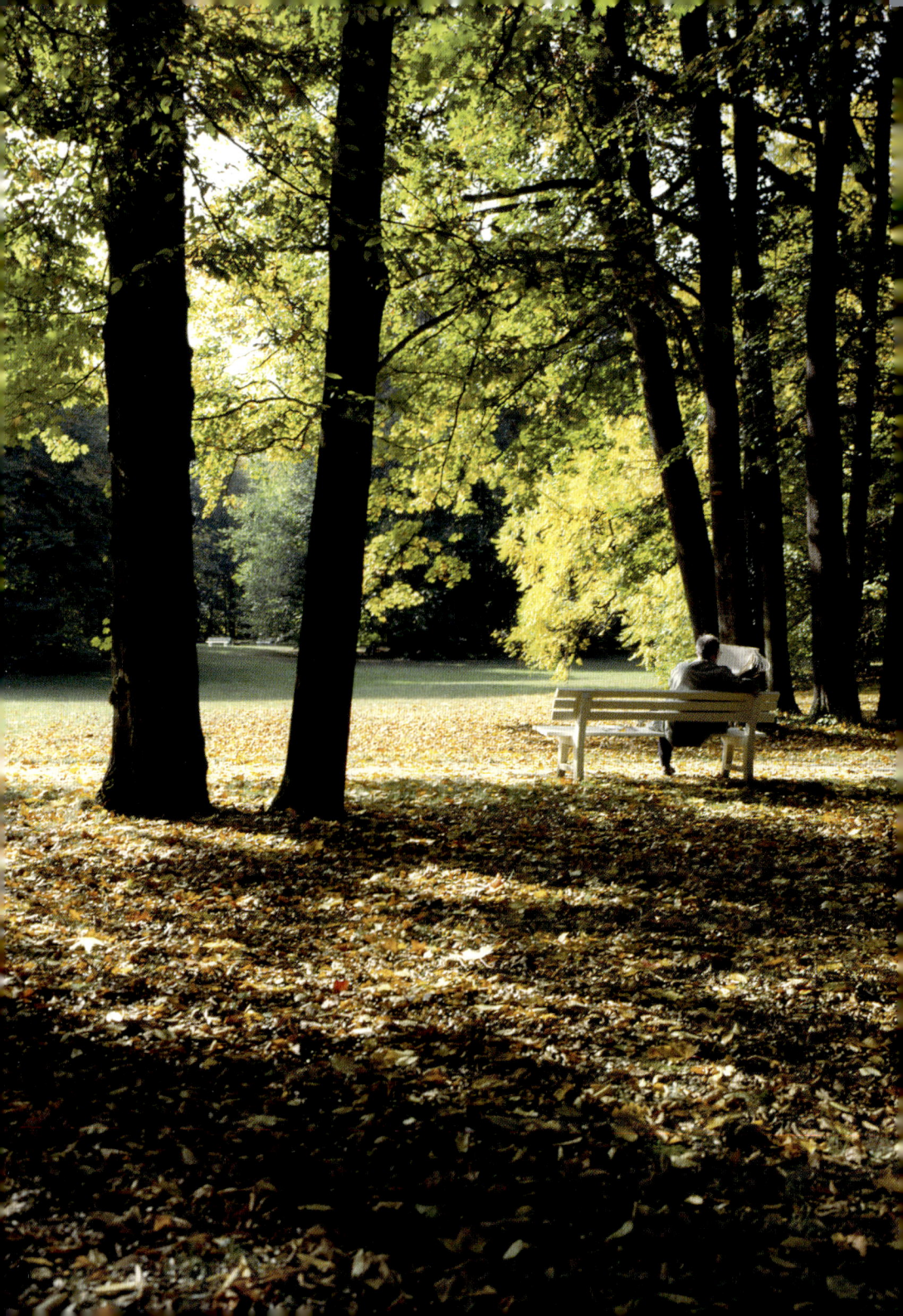

Die Allee um die mittelalterliche Stadt

Am 12. April 1779 stellte Fürst Carl Anselm von Thurn und Taxis beim Magistrat den Antrag, „zum Nutzen und Vergnügen der hiesigen Inwohnerschaft" auf eigene Kosten „eine Baum-Allee um die Stadtgräben" anlegen zu dürfen. Noch im selben Jahr wurden zuseiten eines neu planierten Weges 900 Bäume gepflanzt, bis 1781 kamen noch 600 dazu.

Nach dem Willen des Fürsten sollte die Allee „zur Zierde der Stadt und zur Gesundheit der Einwohnerschaft", aber auch zur bleibenden Erinnerung an ihn selbst dienen. Der Dank der Regensburger war dem edlen Stifter gewiss, ebenso die Bewunderung auswärtiger Besucher. Die schattige Promenade, die sich landseitig um die ganze Stadt zog, gab Anlass zu poetischen Beschreibungen.

Als Geschenk eines Fürsten an Bürger, die in diesem Fall nicht einmal seine Untertanen waren, übernahm der Regensburger Grüngürtel bereits ab 1779 die Rolle eines Volksgartens – zehn Jahre bevor in München mit dem Englischen Garten der erste öffentliche Volkspark auf dem europäischen Kontinent eröffnet wurde und 14 Jahre bevor in Paris der Tuileriengarten programmatisch in „Jardin national" (Nationalgarten) umbenannt wurde. Während die republikanische Volksbildungstheorie in der öffentlichen Grünanlage ein Elysium erkannte, das den Charakter des Menschen positiv beeinflusse, hatten die aufgeklärten Fürsten ihrerseits nicht selten schon von sich aus gehandelt. Für das kulturelle Milieu von Fürst Carl Anselm, der ständiger Vertreter des Kaisers beim Immerwährenden Reichstag war, lag der Bezugspunkt in Wien. Dort hatte Joseph II. 1766 den Prater und 1775 den Augarten „allen Menschen" als Orte der Erholung geöffnet. Und 1781, im Vollendungsjahr des Regensburger Grüngürtels, ließ er den Wiener Befestigungswall mit Alleen bepflanzen.

Durch die Umnutzung der Befestigung zur Promenade zog Regensburg erstmals seit dem Mittelalter auch in urbanistischer Hinsicht wieder bewundernde Blicke auf sich. Im Vergleich zu ähnlichen Anlagen in anderen Städten war zweierlei neu: erstens die Beibehaltung der Stadtmauer und zweitens das Anlegen einer durchgehenden, Spaziergängern vorbehaltenen Allee. Die Schleifung der Stadtmauern wäre damals

Der Dörnbergpark, bis 1867 um die gleichnamige Villa angelegt.

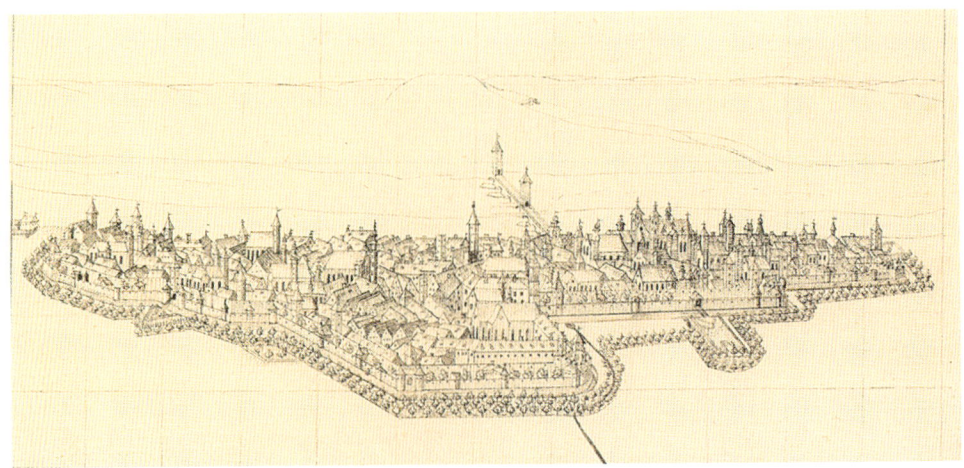

militärisch noch nicht vertretbar gewesen; ideell aber wurde durch die gärtnerische Erschließung des Bereichs vor der Mauer die jahrhundertealte Grenze zwischen Stadt und Land aufgehoben.

Regensburg von Süden mit der 1781 vollendeten Allee. Federzeichnung, vor 1784 (Fürst Thurn und Taxis Hofbibliothek)

Ab 1806 ließ der damalige Regensburger Landesherr, Kurerzkanzler und Fürstprimas Carl von Dalberg, die Allee im Stil eines englischen Landschaftsgartens mit Denkmälern bestücken. Nach dem Fall Regensburgs an das Königreich Bayern 1810 wurde die Errichtung patriotischer Ehrenmäler fortgeführt. Die Bürger sollten bei ihrem Spaziergang anhand bedeutender Tugendbeispiele eine Lektion in vaterländischer Geschichte erhalten.

Obwohl das grüne Band der Allee im 19. und 20. Jahrhundert mehrfach punktuell durchschnitten wurde, blieb der Gesamteindruck der parkartigen Einfassung der spätmittelalterlichen Stadt erhalten. So ist, wenngleich der Mauerring selbst ab 1858 bis auf wenige Reste sukzessiv niedergelegt wurde, die Umgrenzung der spätmittelalterlichen Stadt noch immer ablesbar (vgl. Abb. S. 15).

Ausgangspunkt des Spaziergangs ist der **Herzogspark (1)** vor der Nordwestecke der mittelalterlichen Befestigung. Was sich

Im Herzogspark. Er entstand ab 1804 durch die gärtnerische Gestaltung der westlichsten Regensburger Bastion. Im Hintergrund das Württembergische Palais.

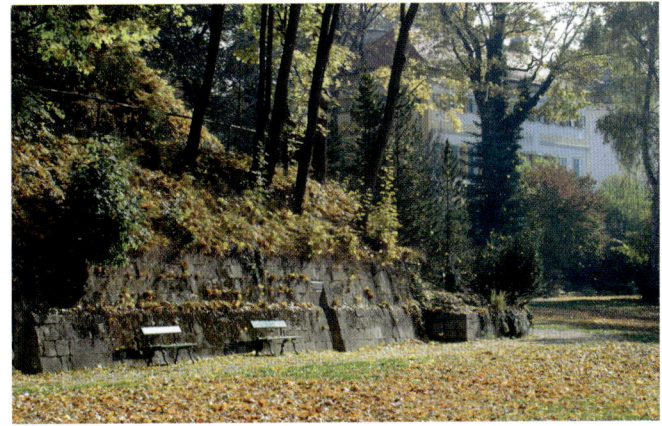

heute als malerischer Landschaftsgarten darbietet, ist letztlich das Resultat aufwändiger Erdbewegungen im Dienste der städtischen Verteidigung. Historisches Zentrum der Anlage bildet das 1293 erbaute Prebrunntor. Zu seinem Schutz gegen die Truppen des Schmalkaldischen Bundes wurde 1552 eine Bastei errichtet. Achtzig Jahre später brachte der Dreißigjährige Krieg eine neuerliche Erweiterung dieser Befestigung mit sich. Dies konnte jedoch die Zerstörung des mittelalterlichen Torturms 1634 nicht verhindern. Beim Wiederaufbau 1642 hat man die alte Bauinschrift von 1293 an ihren heutigen Platz auf der Westseite versetzt. Der dortige Zugang führt aufgrund der landseitigen Erdanschüttungen genau genommen ins erste Turmgeschoss.

Im Spanischen Erbfolgekrieg wurde das Gelände vor dem Prebrunntor 1706 letztmals zu Verteidigungszwecken ertüchtigt. 1804 erwarb es der Thurn und Taxis'sche Hofrat Georg Friedrich von Müller, der sich hier anstelle eines mittelalterlichen Stadtmauerturms ein Palais (s. S. 173) errichten und den Bastions- und Grabenbereich parkartig gestalten ließ. Ganz im Sinne eines romantischen Landschaftsgartens wurden das Prebrunntor, die Futtermauern des Stadtgrabens und andere Elemente der einstigen Befestigung in die Gestaltung des Parks miteinbezogen.

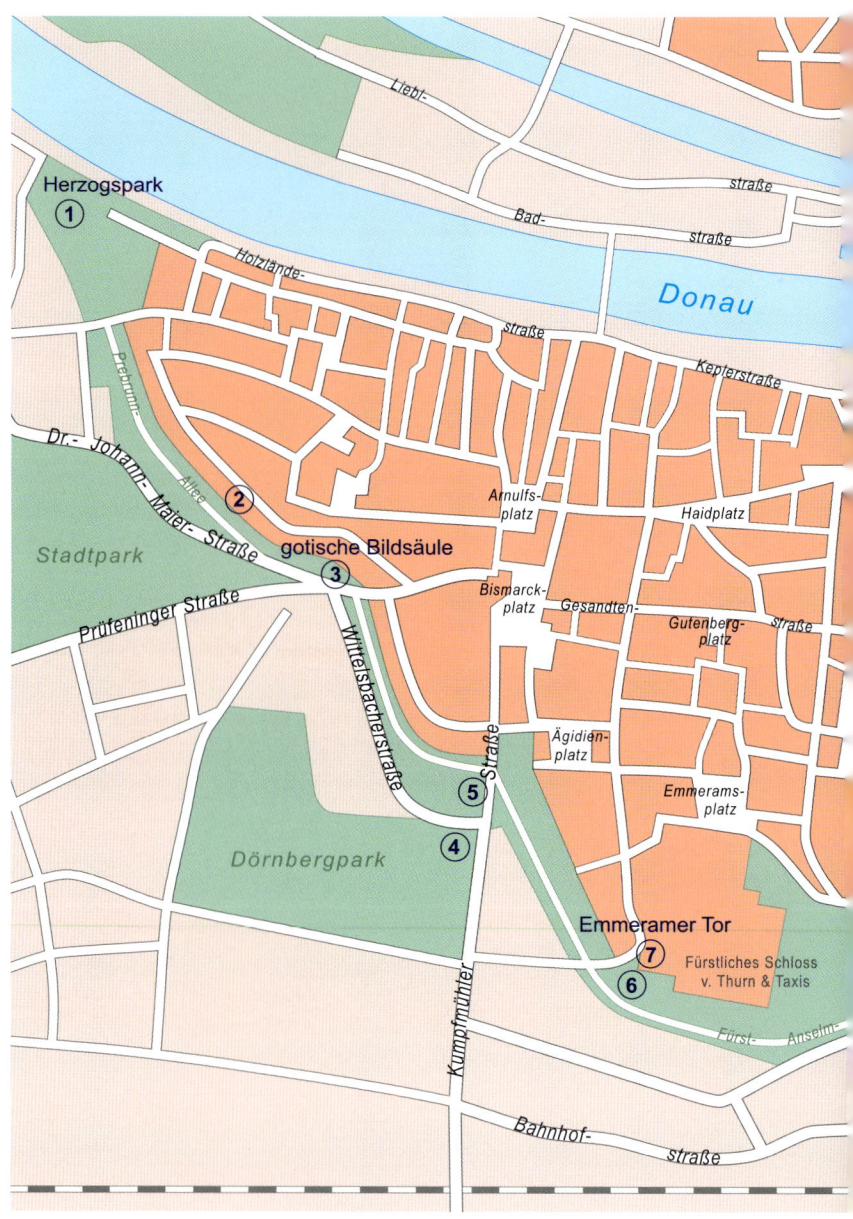

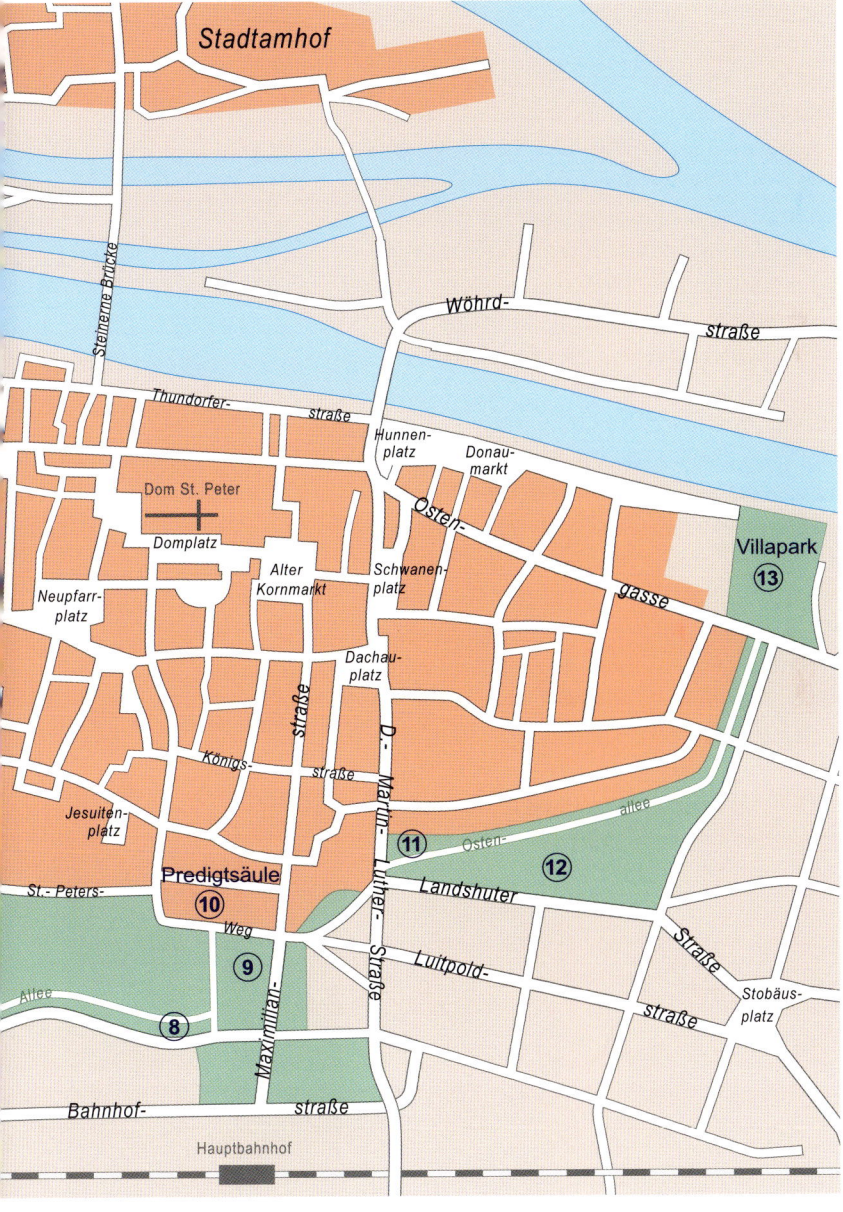

Oberhalb des Stadtgrabens und diesem westlich vorgelagert, verläuft die ab 1779 angelegte Allee. Ihr in südlicher Richtung folgend, gelangt man zum **Stahlzwinger (2)**. Seinen Namen hat dieser Bereich der Befestigung, in dem sowohl die im späten 13. Jahrhundert errichtete Stadtmauer als auch die ihr vorgelagerte Zwingermauer noch in Teilstücken erhalten sind, von den Stahl-, d. h. Armbrustschützen. Deren zunächst außerhalb der Mauern gelegene und im Dreißigjährigen Krieg zerstörte Schießanlagen wurden 1640 in den Zwingergarten verlegt. Das ab 1652 errichtete Schützenhaus ist – trotz mehrmaliger Überformungen – im Kern erhalten (Stahlzwingerweg 15/17).

Kurz vor dem Jakobstor, im Bereich des Anwesens Platz der Einheit 1/2, lassen sich von der Allee aus noch einmal die historische Grabensituation und ein längeres Stück der Zwingermauer erkennen. Diese begrenzte den sog. Holzzwinger, den die Reichsstadt zur Lagerung von Bauholz nutzte. Auf der Landseite der Allee erhebt sich hier eine **gotische Bildsäule (3)**, gestiftet 1459 von dem Regensburger Bürger Ruger Krugl. Während der Sockel und der mit Prophetenfiguren geschmückte Schaft 1845 von Ludwig Foltz erneuert wurden, zeigt der tabernakelartige Aufsatz außer der Stifterinschrift auch noch die originalen Skulpturen: im Rund Christus mit den zwölf Aposteln und die Stifterfamilie, darüber vier Reliefs mit Darstellung der Kreuztragung, der Kreuzigung, der Auferstehung und der Erscheinung Christi als Weltenrichter.

Gotische Bildsäule vor dem Jakobstor (1459, Sockel 1845). Das Denkmal stand ursprünglich etwas weiter südlich.

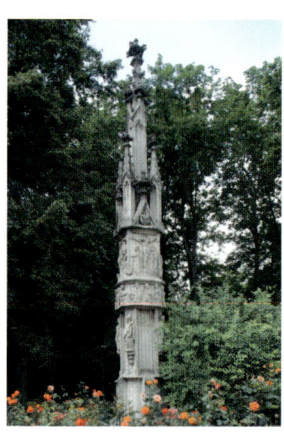

Südlich der Überreste des Jakobstores (vgl. S. 183) verläuft die Allee parallel zu dem einst direkt hinter der Mauer gelegenen Wiesmeierweg. Dieser wurde erst in der zweiten Hälfte des 19. Jahrhunderts, nach der Schleifung der Befestigung, bebaut. In den Häusern und ihren Gärten finden sich noch Reste der mittelalterlichen Mauern. Diese folgten hier der West- und Südgrenze des Klostergartens von St. Jakob. Südlich außerhalb der Allee ließ sich Philipp Reichenberger, Finanz-Chef der Fürs-

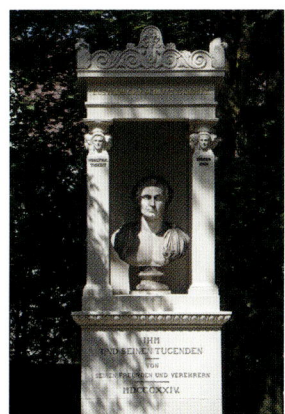

Das Denkmal für Graf
Eustachius von Schlitz-Görtz
(1822–24)

ten von Thurn und Taxis, 1804/05 ein Gartenpalais errichten. Die nach Plänen Herigoyens errichtete klassizistische Villa wurde 1834 von Ernst Friedrich Graf von Dörnberg erweitert und ist daher als **Dörnberg-Palais (4)** bekannt. Es handelt sich dabei um einen der ersten Wohnbauten, die ab etwa 1800 außerhalb der Allee entstanden und damit den Beginn der modernen Stadtentwicklung jenseits des mittelalterlichen Mauerrings markieren.

In einer Grünanlage zwischen Allee und dem gärtnerisch an diese angebundenen Dörnberg-Park erhebt sich, auf die Kumpfmühler Straße ausgerichtet, ein klassizistisches **Ehrenmal zum Gedenken an Graf Eustachius von Schlitz-Görtz (5)**. Die 1822 von Leo von Klenze entworfene Baldachinarchitektur präsentiert durch ihre Inschriften den 1821 in seiner Wahlheimat Regensburg verstorbenen Reichsgrafen von Schlitz als idealen Repräsentanten bürgerlicher Tugenden. Als ehemaliger preußischer Reichstagsgesandter hatte der Graf sein diplomatisches Geschick insbesondere in den schweren Tagen der französischen Belagerung zugunsten Regensburgs eingesetzt. Die Porträtbüste wurde nach einem Modell Johann Nepomuk Hallers von Joseph Kirchmayr ausgeführt. Seine kunstgeschichtlichen Wurzeln hat das Denkmal in der französischen Revolutionsarchitektur. Klenze bezog sich mit seinem Entwurf auf das Projekt eines *Temple à l'Égalité*, eines der Gleichheit aller Bürger gewidmeten Tempels, das die Architekten Durand und Thibault 1794 in Paris vorgestellt hatten. Damit entspricht das Schlitz-Görtz-Denkmal auch formal dem Ort seiner Aufstellung, sollte doch die Allee, dem Wunsch ihres fürstlichen Stifters entsprechend, der Erholung aller Bewohner Regensburgs dienen.

Nach dem Überqueren der Kumpfmühler Straße führt die Allee an einem etwa 150 m langen Teilstück der Stadtmauer entlang, die hier dem Verlauf der arnulfinischen Befestigung des frühen

10. Jahrhunderts folgt. In diesem Bereich steht noch einer der ursprünglich 37 Mauertürme aus der Zeit des späten 13. und frühen 14. Jahrhunderts.

Nach der Helenenbrücke, die den Stadtgraben überquert, trifft man auf das **Denkmal für Carl Heinrich Freiherrn von Gleichen (6)**. Der einst im Dienste des Königs von Dänemark stehende Diplomat war ein geistreiches Mitglied der Regensburger Reichstagsgesellschaft. Denkmalwürdig wurde er aber vor allem aufgrund seiner sozialen Gesinnung, von der die Armen der Stadt, gleich welcher Konfession, vielfach profitierten. Nach seinem Tod 1807 ließ sein Neffe das von einer Sphinx bekrönte Monument errichten. Das Fabelwesen hält einen Kreis mit eingeschriebenem Kreuz. Dieses eigenwillige Motiv spielt auf die Gedanken des Verstorbenen über das Wesen der Materie an und bleibt ohne die Kenntnis seiner philosophischen Schriften unverständlich. Geschaffen wurde die Sphinx von dem Regensburger Bildhauer Christoph Ittlsperger.

Hinter dem Denkmal erhebt sich das heute im Areal des Fürstlichen Schlosses gelegene **Emmeramer Tor (7)**. Im 13. Jahrhundert errichtet, war es als Stadtzugang von untergeordneter Bedeutung. Es diente vorwiegend der Versorgung der Abtei

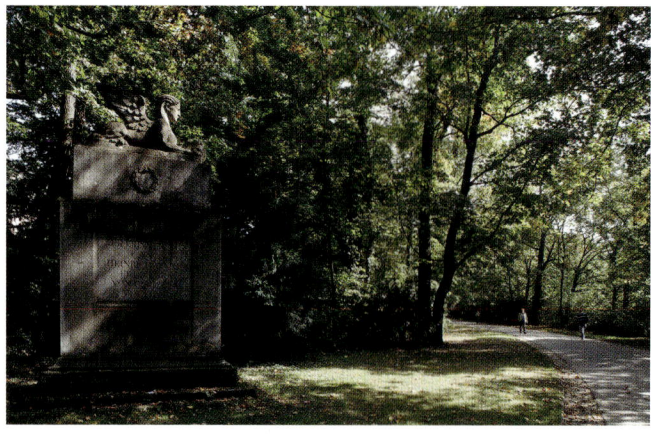

Eine Sphinx bekrönt das Denkmal für den Freiherrn von Gleichen (1807).

Blick auf das Emmeramer Tor (13. Jh.) und die ihm vorgelagerte Barbakane. Links im Hintergrund das Helenentor (1907/08), rechts der Beginn des Äußeren Südflügels des Fürstlichen Schlosses.

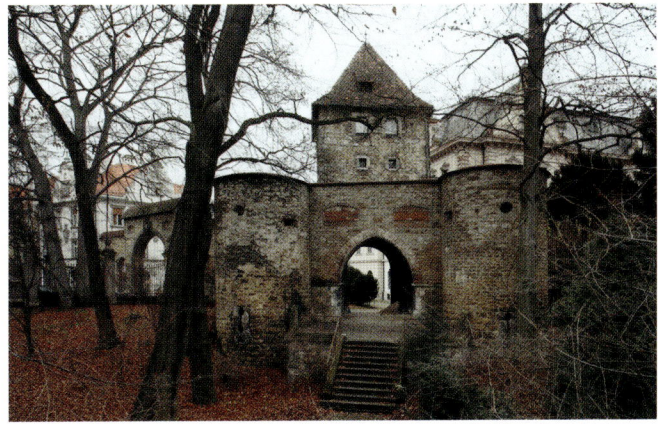

St. Emmeram und wurde nur im Bedarfsfall geöffnet. Am Ende des Mittelalters schien es offenbar angezeigt das Tor stärker zu befestigen, denn um 1500 wurde es durch ein vorgelagertes Verteidigungswerk, eine sog. Barbakane, verstärkt. Als zu Beginn des 20. Jahrhunderts vor dem Tor eine rege Bautätigkeit einsetzte, erwies sich die schmale Durchfahrt als nicht mehr zeitgemäß. Dies führte 1907/08 zum Bau des benachbarten, triumphbogenartigen Helenentors und der gleichnamigen Brücke. Das Emmeramer Tor blieb, für die Zeit durchaus nicht selbstverständlich, als Zeugnis mittelalterlicher Architektur erhalten und wurde gleichsam in den Rang eines Gartendenkmals erhoben. Urheber dieser städtebaulich und denkmalpflegerisch umsichtigen Lösung, die auch die Allee möglichst wenig stören sollte, war der Thurn und Taxis'sche Oberbaurat Max Schultze. Von diesem stammt auch der 165 m lange Äußere Südflügel des Fürstlichen Schlosses (vgl. S. 158), der auf den folgenden Abschnitt der Allee ausgerichtet ist.

Dieser Bereich im äußersten Süden der Stadtbefestigung wurde am 8. Mai 1624 von einem verheerenden Unglück heimgesucht. Der Einschlag eines Blitzes in den Pulverturm verursachte eine Explosion, die eine große Lücke in den mittelalterlichen Mauerring riss.

Am Übergang zum Schlosspark ist stellenweise der Verlauf des Stadtgrabens im Gelände noch erkennbar. Auf der Landseite des Grüngürtels befindet sich das Anwesen Albertstraße 1, dessen östlicher Teil 1780 als Gaststätte eröffnet wurde. Die große Beliebtheit, der sich das im Volksmund „Prinzengarten" genannte Lokal erfreute, ist ein Beleg für die damals vollzogene faktische Aufhebung der mittelalterlichen Grenze zwischen Stadt und Land.

Im weiteren Verlauf der Allee bildet der zu Ehren ihres Stifters, Carl Anselm von Thurn und Taxis, errichtete **Obelisk (8)** einen monumentalen Blickpunkt. Das 1806, ein Jahr nach dem Tod des Fürsten, im Auftrag Dalbergs von seinem Hofarchitekten Herigoyen geschaffene Denkmal fällt formal durch die beiden übereinandergesetzten Sockel auf. Der Grund für diesen ungewöhnlich hohen Unterbau dürfte darin liegen, dass die Widmungsinschrift und das Wappen des Fürsten weithin sichtbar angebracht werden sollten.

In Sichtweite des Obelisken steht seit 1859 das ursprünglich etwas weiter östlich erbaute **Keplerdenkmal (9)**, ebenfalls ein Werk Herigoyens. Es wurde auf Initiative gelehrter Privatleute zur Erinnerung an den 1630 in Regensburg verstorbenen Astronomen 1807/08 in der Nähe von dessen Grab errichtet. Die Gestaltung des Monuments als dorischer Monopteros (Rundtempel), der in seiner Mitte eine Kolossalbüste Keplers birgt, dürfte auf den knapp zwanzig Jahre zuvor in Hannover erbauten Leibniztempel zurückzuführen sein. Schöpfer der Keplerbüste war der Gothaer Hofbildhauer Doell. Das Sockelrelief – es zeigt den Genius Keplers, der die Astronomie entschleiert – ist ein Werk Danneckers (vgl. S. 161).

Der Weg durch die Allee führt nun nach Norden. Nach Überquerung des St. Peters-Wegs stößt man auf die sog. **Predigtsäule (10)**, die im 14./15. Jahrhundert hier errichtet wurde. Sie erinnert an einen legendären Sieg Karls des Großen über die

Obelisk für den Stifter der Allee, Fürst Carl Anselm von Thurn und Taxis, 1806 ausgeführt nach einem Entwurf des Dalbergschen Hofbildhauers Emanuel von Herigoyen.

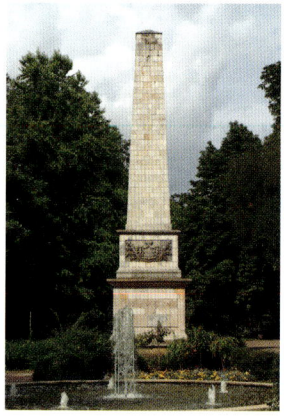

Der 1807/08 zu Ehren Keplers errichtete Monopteros. Die Architektur entwarf Herigoyen, die Bildhauerarbeiten schufen Doell (Büste) und Dannecker (Sockelrelief).

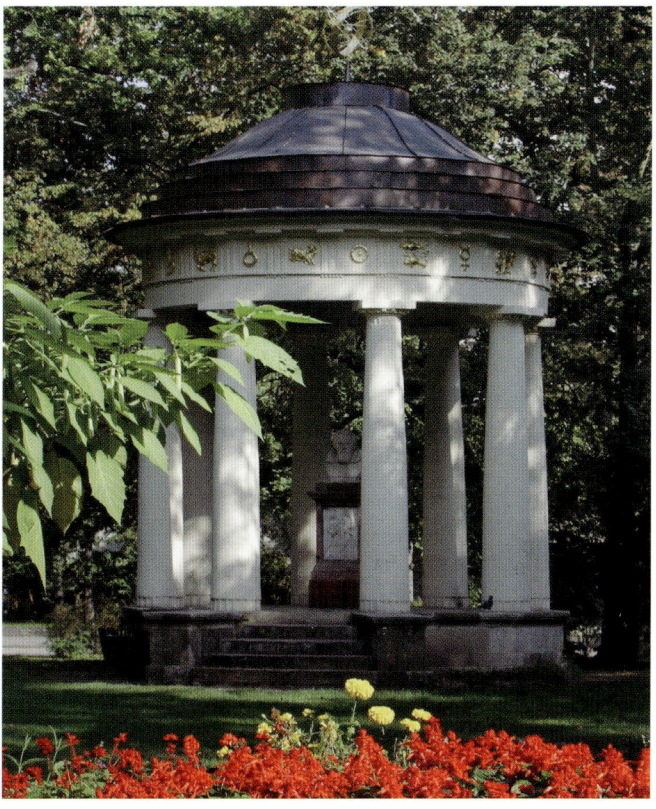

heidnischen Hunnen. Das Gelände galt durch das Blut der angeblich in der Schlacht gefallenen 30 000 christlichen Soldaten als geheiligter Boden. Der sechsgeschossige, auf vier Ansichtsseiten hin konzipierte Bildpfeiler zeigt in den unteren beiden Geschossen z.T. schwer zu deutende Darstellungen des Alten Testaments, denen darüber Szenen des Jüngsten Gerichts zugeordnet sind. Im dritten bis fünften Geschoss sind die Thronfiguren der Apostel zu sehen. Die Reliefs des sechsten Geschosses zeigen Christus beim Weltgericht. Als Bekrönung dient eine Kreuzigungsgruppe. Dieses Skulpturenprogramm, das auf den Sieg Karls des Großen keinerlei Bezug nimmt, legt

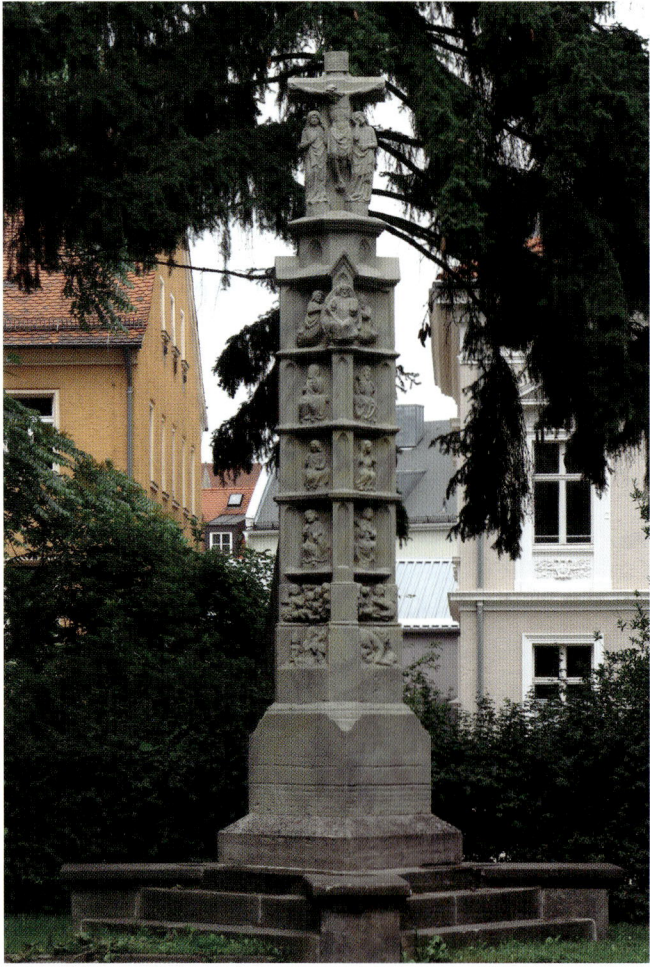

Auf das 14. Jh. zurück-
gehende gotische Bildsäule
(sog. Predigtsäule) in der Allee
am St.-Peters-Weg

die Vermutung nahe, dass es für die Errichtung des Bildpfeilers
noch einen anderen, inzwischen vergessenen Anlass gegeben
haben dürfte. Doch abgesehen von der schwierigen Deutung
des Denkmals gehörte eine mittelalterliche Bildsäule in land-
schaftlicher Umgebung zu den beliebtesten Stimmungsrequisi-
ten der Romantik. So galt sie denn auch im frühen 19. Jahrhun-

dert neben dem Keplerdenkmal und dem Obelisken als integraler Bestandteil der Allee.

Nordwestlich der Predigtsäule ist noch ein Teil des mittelalterlichen Stadtgrabens erhalten. Die Brücke, die ihn überquert,
führte einst auf das Peterstor zu. Dieser südliche Stadtausgang,
der sich an der Stelle der *porta decumana* des römischen Legionslagers befand (vgl. S. 34f.), wurde 1809 bei der Erstürmung
Regensburgs durch die Truppen Napoleons schwer beschädigt
und 1875 gänzlich abgebrochen.

Das Gelände südlich des Peterstors wurde im Mittelalter als
Emmeramer Breiten bezeichnet. Hier lag u. a. das Grundstück,
das die jüdische Gemeinde 1210 zur Errichtung eines Friedhofs
von der Abtei St. Emmeram erwarb, nachdem die früheren jüdischen Begräbnisplätze noch viel weiter außerhalb der Stadt
gelegen waren. Als 1519 das Ghetto mit der Synagoge zerstört
und die jüdischen Bewohner aus Regensburg vertrieben wurden, entging auch der Friedhof nicht der Verwüstung. Zahlreiche geraubte Grabsteine fanden, Trophäen gleich, als Bauzier
an „christlichen" Häusern Verwendung. Dort zeugen sie noch
heute von diesem dunklen Kapitel der Stadtgeschichte.

Zwischen der Maximilianstraße und der D.-Martin-Luther-Stra-
ße fiel die Allee im 19. und 20. Jahrhundert der Expansion der
Stadt weitgehend zum Opfer. Eine archäologisch hoch bedeut-
same Begleiterscheinung der urbanen Entwicklung in diesem
Bereich war allerdings die Freilegung der Südost-Ecke der römischen Lagermauer (vgl. S. 33f.). Dabei kamen auch Teile der
Stadtbefestigung des frühen 14. Jahrhunderts zutage, die anschaulich zeigen, dass die spätmittelalterliche Stadtmauer hier
deckungsgleich mit der römischen Mauer verlief. Dies beweisen sowohl der ganz im Norden des Ausgrabungsgeländes an
die Lagermauer angefügte Stadtmauerturm als auch der Verlauf der Zwingermauer, die direkt der römischen Mauer vorgelagert zu sein scheint.

Nahezu durchgehend als grünes Band erhalten ist der als Ostenallee bezeichnete östlichste Abschnitt des Grüngürtels, der beim Ostentor in den Park der Königlichen Villa übergeht. Gleich zu Beginn der Ostenallee erhebt sich das **Denkmal für den Polizeidirektor Franz Xaver Gruber (11)**, der in den wirtschaftlich schweren Jahren nach den Zerstörungen von 1809 und dem Anschluss an Bayern 1810 als „Vater der Armen" viel für die Bevölkerung getan hat. So waren es auch Regensburger Bürger, die 1815, ein Jahr nach Grubers Tod, die Initiative zur Errichtung der Stele ergriffen.

Die Allee verläuft nun parallel zur Von-der-Tann-Straße. Die Gartenfassaden folgen im Wesentlichen dem Verlauf der Zwingermauer des frühen 14. Jahrhunderts, während die Gärten anstelle des aufgeschütteten Stadtgrabens angelegt wurden. Die Erkertürme der Häuser Nr. 6 und Nr. 18 geben die Position der einstigen Zwingermauertürme wieder.

Etwa in Höhe des Hauses Nr. 18 wurde 1821 in dem der Allee südlich vorgelagerten Terrain ein **Denkmal für Friedrich Freiherrn von Zoller (12)**, Generalleutnant der bayerischen Armee, errichtet. Es zeigt in Anspielung auf die militärischen Verdienste des Verstorbenen eine Trophäe und ist vor allem als frühes Beispiel eines in Eisengusstechnik ausgeführten Denkmals bemerkenswert.

Nördlich der Adolf-Schmetzer-Straße, der landseitigen Verlängerung der Ostengasse, findet die Allee im **Villapark (13)** ihren Abschluss. Vom öffentlichen Ostteil des Parks aus hat man einen guten Blick nicht nur auf die neugotische Villa (vgl. S. 207ff.), sondern auch auf den mittelalterlichen Graben- und Zwingerbereich. Die Zwingermauer wurde im 19. Jahrhundert großteils erneuert und bildet zusammen mit den Aussichtspunkten über dem Donauufer die malerische Architekturstaffage des kleinen, aber stimmungsvollen Parks.

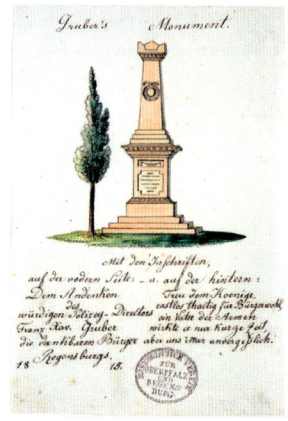

Entwurf des Denkmals für Polizeidirektor Gruber, 1815 (Historisches Museum Regensburg)

Museen in der Regensburger Altstadt

(Öffnungszeiten Stand Februar 2008)

Brückturm-Museum

Weiße-Lamm-Gasse 1, 93047 Regensburg,
Tel. +49 (0)941 – 507 58 89, www.dsmr.de,
E-Mail: kontakt@dsmr.de
April–Oktober Di–So 10–17 Uhr

Diözesanmuseum St. Ulrich

Domplatz 2, 93047 Regensburg,
Tel. +49 (0)941 – 516 88,
www.bistumsmuseen-regensburg.de,
E-Mail: museum@bistum-regensburg.de
1.4.–1.11. Di–So 10–17 Uhr

document Neupfarrplatz

Informationen: Museen der Stadt Regensburg,
Dachauplatz 2–4, 93047 Regensburg,
Tel. *49 (0)941 – 507 14 42,
www.regensburg.de/museumsportal,
E-Mail: museen_der_stadt@regensburg.de
Zugang nur mit Führung; Do, Fr, Sa 14.30 Uhr;
Juli u. August auch So, Mo 14.30 Uhr;
für Gruppen auch nach Vereinbarung;
Tickets: Tabak Götz, Neupfarrplatz 3,
93047 Regensburg

document Niedermünster

Eröffnung 2008 vorgesehen

document Schnupftabakfabrik

Informationen: Museen der Stadt Regensburg,
Dachauplatz 2–4, 93047 Regensburg,
Tel. *49 (0)941 – 507 14 42,
www.regensburg.de/museumsportal,
E-Mail: museen_der_stadt@regensburg.de
Zugang nur mit Führung; Fr 14.30 Uhr;

Sa + So 11.00 Uhr + 14.30 Uhr;
für Gruppen auch nach Vereinbarung;
Tickets: Tee- und Schokoladenhaus Hornung,
Gesandtenstr. 5, 93047 Regensburg

Domschatzmuseum

Krauterermarkt 3, 93047 Regensburg,
Tel. +49 (0)941 – 576 45,
www.bistumsmuseen-regensburg.de,
E-Mail: museum@bistum-regensburg.de
1.4.–1.11. Di–Sa 10–17 Uhr,
So + Feiertage 12–17 Uhr
2.11.–30.11. geschlossen
1.12.–31.3. Fr + Sa 10–16 Uhr, So + Feiertage 12–16 Uhr
26.12.–6.1. zusätzlich Di–Do 10–16 Uhr
24.12., 25.12., 1.1. geschlossen

Fürst Thurn und Taxis Museen – Schloss und Kreuzgang St. Emmeram

Emmeramsplatz 5, 93047 Regensburg,
Tel. +49 (0)941 – 504 82 42,
www.thurnundtaxis.de,
E-Mail: uweiss@thurnundtaxis.de
Regelmäßige Führungen

Kepler-Gedächtnishaus

Keplerstr. 5, 93047 Regensburg,
Tel. +49 (0)941 – 507 34 42,
www.regensburg.de/museumsportal,
E-Mail: museen_der_stadt@regensburg.de
Sa, So, Feiertage 10.30–16 Uhr
1.1., Karfreitag, 1.5., 1.11., 24.12., 25.12.,
31.12. geschlossen

Städtische Galerie „Leerer Beutel"

Bertoldstr. 9, 93047 Regensburg,
Tel. +49 (0)941 – 507 44 49,
www.regensburg.de/museumsportal,
E-Mail: museen_der_stadt@regensburg.de
Di–So 10–16 Uhr, Ostermontag + Pfingstmontag
10–16 Uhr
1.1., Karfreitag, 1.5., 1.11., 24.12., 25.12.,
31.12. geschlossen

Historisches Museum Regensburg

Dachauplatz 2-4, 93047 Regensburg,
Tel +49 (0)941 – 507 24 48,
www.regensburg.de/museumsportal,
E-Mail: museen_der_stadt@regensburg.de
Di, Mi, Fr, Sa, So 10–16 Uhr
Do 10–20 Uhr
Di–So 10–16 Uhr, Ostermontag + Pfingst-
montag 10–16 Uhr
1.1., Karfreitag, 1.5., 1.11., 24.12., 25.12.,
31.12. geschlossen

Museum in der Dreieinigkeitskirche

(Turmbesteigung möglich!)
Am Ölberg 1, 93047 Regensburg,
Tel. +49 (0)941 – 224 44,
www.dreieinigkeitskirche.de,
E-Mail: pfarramt@dreieinigkeitskirche.de
Mai–September täglich 14–18 Uhr

Naturkundemuseum Ostbayern

Am Prebrunntor 4, 93047 Regensburg,
Tel. +49 (0)941 – 507 34 43,
www.naturkundemuseum-regensburg.de,
E-Mail: fun@naturkundemuseum-regensburg.de

Reichstagsmuseum und Altes Rathaus

Rathausplatz 4, 93047 Regensburg,
Tel. +49 (0)941 – 507 44 11,
www.regensburg.de/museumsportal,
E-Mail: museen_der_stadt@regensburg.de
Regelmäßige Führungen.

Weiterführende Literatur

Thomas Aumüller, Die Porta Praetoria und die Befestigung des Legionslagers in Regensburg. Diss. TU München (2002) [im Druck]

Baualterspläne zur Stadtsanierung, hg. vom Bayerischen Landesamt für Denkmalpflege, Regensburg Bd. 1–10 (1973–1993)

Lutz-Michael Dallmeier, Fundort Regensburg. Archäologische Topographie der Stadt Regensburg (= Regensburger Studien und Quellen zur Kulturgeschichte 10), Regensburg 2000

Denkmäler in Bayern, Bd. III.37: Stadt Regensburg. Ensembles – Baudenkmäler. Archäologische Denkmäler, bearb. von Anke Borgmeyer u. a., Regensburg 1997

Denkmalpflege in Regensburg, hg. von der Stadt Regensburg, Amt für Archiv und Denkmalpflege, Abt. Denkmalpflege, Bd. 1 ff. (1989 ff.)

Artur Dirmeier / Wido Wittenzellner (Hrsg.), Die Spitalkirche zu Regensburg. Mausoleum der Zant, Regensburg 2000

Peter Brielmeier / Uwe Moosburger, Regensburg – Metropole im Mittelalter, Regensburg 2007

Karlheinz Dietz / Thomas Fischer, Die Römer in Regensburg, Regensburg 1996

Christian Forneck, Die Regensburger Einwohnerschaft im 15. Jahrhundert. Studien zur Bevölkerungsstruktur und Sozialtopographie einer deutschen Großstadt des Spätmittelalters (= Regensburger Studien, hg. vom Archiv der Stadt Regensburg, Bd. 3), Regensburg 2000

Friedrich Fuchs, Das Hauptportal des Regensburger Domes. Portal – Vorhalle – Skulptur, München/Zürich 1990

Anneliese Hilz, Die Minderbrüder von St. Salvator in Regensburg 1226–1810 (= Beiträge zur Geschichte des Bistums Regensburg 25), Regensburg 1991

Martin Hoernes, Die Hauskapellen des Regensburger Patriziats. Studien zu Bestand, Überlieferung und Funktion (= Regensburger Studien und Quellen zur Kunstgeschichte, hg. von den Museen und dem Archiv der Stadt Regensburg 8), Regensburg 2000

Achim Hubel / Manfred Schuller, Der Dom zu Regensburg. Vom Bauen und Gestalten einer gotischen Kathedrale, Regensburg 1995

Beatrice Kühl, Die Dominikanerkirche in Regensburg. Studien zur deutschen Bettelordensarchitektur im 13. Jahrhundert, in: Beiträge zur Geschichte des Bistums Regensburg 20 (1986), 75–211

Mittelalter in Regensburg. Bd. 1: Aufsätze, hg. von Martin Angerer und Heinrich Wanderwitz, Regensburg 1995

Peter Morsbach, Kunst in Regensburg, Regensburg 1995

Helmut-Eberhard Paulus, Steinerne Brücke (= Regensburger Taschenbücher 2), Regensburg 1993

Helmut-Eberhard Paulus, Regensburger Brunnen und Plätze. Geschichte, Funktion und Ikonographie (= Großer Kunstführer 203), Regensburg 1998

Helmut-Eberhard Paulus/Hermann Reidel/Paul W. Winkler (Hrsg.), Romanik in Regensburg. Kunst, Geschichte, Denkmalpflege (= Regensburger Herbstsymposion zur Kunstgeschichte und Denkmalpflege 2), Regensburg 1996 (vgl. auch die weiteren Bände dieser Reihe)

Werner Schiedermair (Hrsg.), Die Alte Kapelle in Regensburg, Regensburg 2002

Alois Schmid, Regensburg. Reichsstadt – Fürstbischof – Reichsstifte – Herzogshof (= Historischer Atlas von Bayern, Teil Altbayern, Heft 60), München 1995

Peter Schmid, Regensburg. Stadt der Könige und Herzöge im Mittelalter (= Regensburger historische Forschungen 6), Regensburg 1977

Ders. (Hrsg.), Geschichte der Stadt Regensburg, 2 Bde., Regensburg 2000

Stadtamhof vom Mittelalter zur Neuzeit, hrsg. vom Heimatverein „Statt am Hoff" und den Museen der Stadt Regensburg, Regensburg 2001

Richard Strobel, Das Bürgerhaus in Regensburg. Mittelalter (= Das deutsche Bürgerhaus XXIII), Tübingen 1976

Ders., Mittelalterliche Bauplastik am Bürgerhaus in Regensburg (= Das deutsche Bürgerhaus XXX), Tübingen 1981

Ders., Zweijochige Rippengewölbe in Regensburg, Hauskapellen der Gotik, in: architectura 35 (2005) H. 2, 113–137

Eugen Trapp, Regensburg und sein Mittelalter. Wege der Wiederentdeckung, Regensburg 1995

Helmut Wolff, Regensburgs Häuserbestand im späten Mittelalter, in: Studien und Quellen zur Geschichte Regensburgs 3 (1985), 91–198